左右之間　兩極之上

U0152165

左右之間　兩極之上
適度經濟學思想導論

洪朝輝

香港城市大學出版社
City University of Hong Kong Press

國際統一書號：978-962-937-610-9

出版
　　　香港城市大學出版社
　　　香港九龍達之路
　　　香港城市大學
　　　網址：www.cityu.edu.hk/upress
　　　電郵：upress@cityu.edu.hk

Conceptualizing Propriety in Economic Thought
(in traditional Chinese characters)

ISBN: 978-962-937-610-9

Published by
　　　City University of Hong Kong Press
　　　Tat Chee Avenue
　　　Kowloon, Hong Kong
　　　Website: www.cityu.edu.hk/upress
　　　E-mail: upress@cityu.edu.hk

Printed in Hong Kong

目錄

總序

從 20 世紀 80 年代末起，乘着中國改革開放的大潮，奔赴海外留學或工作的國人絡繹不絕。時至今日，諸多海外大學和研究機構，無論是人文社科還是理工農商領域，都有成績斐然的華人學者。出於聯誼交流及研究合作的需要，也出現了各種以華人學者為主的非盈利、無黨派的組織團體。如美國華人人文社科教授協會（Association of Chinese Professors of Social Sciences in the U.S.，ACPSS），成立於1995年，成員絕大部分是在美國獲得博士學位，並在大學和科研機構從事社會科學和人文學科教學研究的中國旅美學者。而全美中國研究聯合會（United Societies of China Studies，USCS）則是由一些這樣的學術團體聯合而成的組織，旨在促進學科之間和跨學科的學術交流、信息共享及項目合作。其目前的成員除ACPSS之外，還有國際中華傳播學會（Chinese Communication Association，CCA）、留美歷史學家學會（Chinese Historians in the U.S.，CHUS）、全球華人政治學家論壇（Global Forum for Chinese Political Scientists，GFCPS）、亞太管理信息系統研究學會（Association for Information System，AIS SIG-ISAP）、中國研究圖書館員學會（Society for Chinese Studies Librarians，SCSL）、北美華人社會學會（North American Chinese Sociological Association，NACSA）和國際華人心理與援助專業協會（Association of Chinese Helping Professional Psychologists-International，ACHPPI）等。

這套「海外華人學者研究叢書」就是全美中國研究聯合會的學術項目之一。本會成員所在領域不同，專業各異，所以本叢書所涵蓋的範圍自然比較寬泛。大致而言，本叢書的選題會包括但不限於：

* 民族和國家
* 國際關係
* 全球化

- 經濟學
- 傳媒及其影響
- 婦女和性別研究
- 中國社會的轉型
- 文學藝術
- 歷史
- 法制和法律

因為我們的作者都有中國文化的背景，他們的研究方向、材料選擇以及立論發明，即便所涉為一般的題目，也可能會論及中國社會和中國文化。這或許會是他們的論著與眾不同的優點。無論是利是弊，中國已經崢嶸於國際舞台。中華民族需要以清醒的心態和高度的智慧來面對世界的注視，與其他民族一起面對人類的共同挑戰和機遇，也分享共同的進步和福祉。本叢書的作者身為各界精英，兼具中外視野，相信他們的研究成果 有助於實現這個崇高的目的。

最後，我們誠摯地感謝香港城市大學出版社為這套叢書提供了出版和發行的平台，也同樣感謝諸位編輯的辛勤工作。

「海外華人學者研究叢書」共同主編
李國慶（俄亥俄州立大學）
李捷理（俄亥俄大學）
華世平（路易威爾大學）

自序

筆者自中國大陸來美讀書、教書、寫書已有35年。長期浸淫於「批判性思維」(critical thinking) 的學術環境，可能長於批評各種學派與觀點，但忽視「批判性創新」(critical creating)，容易出現批判有餘、建設不足的缺憾。但只「破」不立的「破」，是一種消極批判，只有為「立」而「破」的批判，才是一種積極和有效的批判，也是「破」的應有出發點和歸宿點。

筆者在美從事美國經濟史、中國經濟轉型和西方經濟學思想史的學習、教學和科研，一直期望對現有的經濟學思想提出一些「立」的觀點，尤其是寫作一本有關適度經濟學思想方面的專著，因為自以為適度經濟學思想長期缺位。這次，終於完成多年的成書心願，希望通過治學和治史，在學術上提供些許原創性記錄。

本書試圖融合史學、哲學和經濟學，來闡述適度經濟學思想，從東西方史學與哲學開題，以西方經濟學思想史的演變為脈絡，結合社會科學和自然科學的跨學科演化，系統論述適度經濟學思想的起源、定義、內涵、外延、結構和功能，提出研究適度經濟學思想所獨有的三元理論、三角範式、適度曲線和合宜政策，並探討未來經濟學發展的可能方向與選擇。所以，本書是一個多學科、跨學科、交叉學科的研究課題，也是史學、哲學和經濟學三大學科的淺顯集成。

本書與同類中英文專著相比，存在四大寫作特色。

其一，結構整體性。本書各章之間緊密相連、邏輯自洽，形成有機整體。雖然筆者曾經在2020年8月發表過一篇〈適度經濟學思想

的跨學科演化〉的論文，[1]但並沒有成為本書其中的一章，而是散見於每一章節中，所以並不影響全書的整體結構，與有些作者論文集式的「專著」不同，如阿瑟（W. Brian Arthur）的《複雜經濟學》。[2]

其二，資料豐富性。本書英文原始資料比較翔實和豐富，15萬字的書稿共有500多個註釋，全書註釋很少引用整本書或整篇文章，多數註釋盡量引用具體頁碼，重要引文提供英文原文，對一些重要的學術用語，也列出英文原文，方便讀者對照、查證，對於一些名著，如亞當‧斯密的《道德情操論》、《國富論》等，皆不採用流行的中文翻譯版本，而由作者直接從英文原文中翻譯，並保留英文原文，便於讀者比較與鑑別。

其三，內容通俗性。鑑於適度經濟學思想的特性，本書以定性研究為主，沒有使用任何數學模型。而且，盡量使用通俗的語言和例子，方便沒有經濟學和歷史學專業訓練的讀者，也能容易理解。

其四，觀點溫和性。本書的遣詞用句比較溫和、理性和中性，所舉案例大多貼近中國和美國的社會現實，但盡量避免偏激、極端和敏感，旨在與適度哲學的主題相符，堅持學術性、客觀性、平衡性。

此書的中文構思與寫作，起始於2017年以來所開設的「西方經濟學思想史」的博士課程，主要為筆者所在的美國福坦莫大學（Fordham University）與北京大學國家發展研究院合作培養的金融管理博士班所開。過去四年的獨特講課經歷，給了筆者與中國學生教學相長的難得機會，我們之間的見解分享和觀點交流，為本書的形成和發展增添了學術營養。自己參與博士論文指導的四位博士班學生——張祥國博士、徐元區、韓燕、孔欣——直接貢獻了有關主題的討論，並提供了許多建設性的修改意見。同時，通過主持博士班學生的多次讀書會，我從學生的討論中得到靈感啟發，他們包括

1　洪朝輝：〈適度經濟學思想的跨學科演化〉，《南國學術》，2020年第三期，第397–413頁。

2　W. Brian Arthur, *Complicity and the Economy*.

2019級的楊欣宇、位晨、胡光書、馬生聰、董寒冰、潘莉莉；2018級的紀開宇、靳曉東；2017級的李其諺和2016級的趙焱等。

在寫作過程中，筆者還得到各學科專家的鼎力相助，包括魯進教授和呂行教授所提供的人文學方面的啟示；高琴教授、田國強教授、孫美萍教授和王進傑老師所提供的有關經濟學方面的解釋；澳門大學《南國學術》主編田衛平先生對我的文章〈適度經濟學思想的跨學科演化〉[3]，提出了編輯方面的指正；匿名外審專家提出了專業評論和獨到建議；香港城市大學出版社陳明慧編輯也提供了許多幫助。在此一併致謝。

最後，需要感謝我的家人。太太沈瀾教授是我每一個重要理念的第一個檢驗者、批判者，無數次茶餘飯後的激烈辯論和同頻共振，為全書的順利完成提供了最大的幫助。女兒洪芊芊和洪曉曉利用她們對美國政府政策和企業運營的知識，對書中的一些觀點提出了質疑和建議，受益匪淺。特別需要一提的是，我父母無時不刻關心我的點滴成長，父親對中國經濟政策畢生的研究成果和母親對會計事業的一生堅持，都潛移默化地影響了我對經濟史的關注與熱愛。謹以此書獻給我親愛的父親洪傳浩和母親孫惠玉。

當然，書中的所有缺陷，皆由本人負責。

洪朝輝
初稿於2020年9月20日
定稿於2021年3月27日
美國紐約

3　洪朝輝：〈適度經濟學思想的跨學科演化〉，《南國學術》，2020年第3期，第397–413頁。

第一章

導論：適度經濟學思想

世界進入非常態的2020年代，客觀時代和主觀人性都需要認識和研究適度經濟學思想。作為學者，我們更需要探討建立適度經濟學思想架構的學術可能和學理準備，深入了解適度經濟學思想的內容與方法。

1.1 為何研究適度經濟學思想？

1.1.1 時代需要

時至21世紀，世界進入動盪、不確定、複雜、渾濁的時代，即所謂的VUCA (Volatile, Uncertain, Complex, and Ambiguous) 時代。[1]尤其是經歷了2008年的全球性金融危機和2020年的新冠病毒，人類充分體會了動盪不已、前景不定、複雜不清和混沌不明的至暗夢魘。

身處這種惡劣的情勢，人類的心智很容易走向兩極、忽左忽右、無所適從，要麼是「束手無策的慌亂」，要麼是「退避三舍的虛無」 (thrown up its hands and backed away)。[2]於是，無良政客往往乘機亂為、惡為和胡作非為，分化族群、強化對立、激化矛盾，以得一黨之利、一己之私，而「慌亂」或「虛無」的民眾也很容易在此時此刻，盲從一些政客和媒體的偏激、煽動和誤導，導致上下、左右、內外共同地推波助

---

1 Nathan Bennett and G. James Lemoine, "What VUCA Really Means for You," *Harvard Business Review* (January–February, 2014): 27.

2 W. Brian Arthur, *Complicity and the Economy* (NY: Oxford University Press, 2015), p. 7.

瀾，加大負反饋效應出現的速度和程度。民族主義、民粹主義、種族主義、專制主義等基本教義意識也趁機甚囂塵上，導致社會失去理智、走向極端、陷入瘋狂。類似現象在一戰和二戰前後已經多次出現，世界大戰、全球冷戰、經濟危機、天災人禍漸成常態，可謂記憶猶新、觸目驚心。

面對經濟領域的難適度、不確定、高風險狀態，我們更需要謹慎防範過熱的經濟泡沫和過冷的市場蕭條，探索解釋困境和擺脫困境的適度經濟哲學、理論和方法。所有這些時代的困境，在在顯示理性、中道和適度的心智和行為的必要與迫切。

1.1.2　人性需要

自中國孔子（前551–前479）、古希臘亞里士多德（Aristotle，前384–前322）以來，人類系統追求「中庸」、「適度」的理想已經超過兩千五百多年。此後，無數先賢前赴後繼，試圖超越「軸心時代」[3]的大師，也有許多國家的決策者持續實踐「中庸」、「適度」哲學，希望擺脫經濟困境。自亞當·斯密（Adam Smith, 1723–1790）開始，適度思想逐漸在西方經濟學中得到零碎但不系統地呈現和演繹，並得到各種人文學、社會科學和自然科學理論的驗證和拓展。

但是，知適度難、行適度更難，因為走極端、行極化，往往能使人類的選擇過程簡單、容易、高效，不需要苦苦求中、持續定位、自我糾結。而且，極化的聲音一般比較清晰、明確、富於激情，容易形成有效的戰鬥力、凝聚力和集體效應。加上，人類普遍的思維定勢決定了很難拋棄左右偏見、放棄保守與自由兩端，更難避免自私與狹隘，由此導致在行動上保持長期合作和持續適度更是難上加難。於是，由於人性貪婪與供需失衡造成的通貨膨脹或通貨緊縮，成了二百多年來世界經濟的普遍夢魘，揮之不去。例如，面對2020年全球新冠病毒，有人反應

3　德國思想家雅斯貝爾斯（K. T. Jaspers, 1883-1969）把公元前500年左右（前800–200年之間）出現在中國、西方、印度地區的人類文化突破現象稱之為「軸心時代」。Karl Jaspers, *The Origin and Goal of History* (N.Y.: Routledge, 2010), p. 1.

遲鈍、錯失防治新冠的最佳窗口期；有人驚慌失措，反應過度，封城、封路、封樓，經濟完全停擺；有人見到疫情和緩，立即復工復學，導致第二波疫情迅猛反撲；更有人幸災樂禍、隔岸觀火、以鄰為壑、推卸責任，拒絕佩戴口罩、反對社交距離，害人害己、禍國殃民。所有這些，都反映了人性在危難面前的「不及」或「過度」之缺失。雖然在百年不遇的大災大難前談適度，有點奢侈，但反思一定有利於未來更妥善地因應危機。

儘管理論和現實都證明，人類中的多數願意傾向中間選擇與溫和政策，但最終適度成為全民選擇的事實，卻少之又少，而由適度帶來歷史進步的景象，也成為一種奢望。也許，追求溫和的中庸之人，大多缺乏唐吉訶德式的激情，也少有「傳道士」般的執著，他們偏愛理性的語言和溫和的行動去捍衛執中的理念，於是，很容易在左右的喧囂聲中被邊緣化、被忽略，並被少數人拖向非理性、非適度的深淵。所以，適度的知易行難之事實，更多需要從人性深處去尋找答案，它應該是超越了文化、種族、國籍、階級、制度、政黨的界限。

今天，我們研究適度思想在經濟學中的演繹和互動，對於糾偏經濟政策的兩端、制約供需市場的失衡、完善經濟人的心性，其意義不言而喻。只要人類的共同弱點仍然存在，那麼適度思想的生命力永存。只要人類的心性還存在偏見、偏激、偏執，那麼，以適度思想為指導的經濟學一定具有現實的必要性和重要性。儘管非理性、極端化也許會成為特定時間、地點和人群的常態，適度也未必能夠戰勝不及或過度，但不及與過度的政策通過各自的對抗、磨合、互補，有可能自我糾錯、糾偏，逐漸孕育出一種趨於適度的導向。

必須指出，我們追求適度，但適度是一種理想，猶如均衡和理性，它在現實中出現的概率很低，成功的難度很高，但這並不排斥我們追求適度理想的努力。我們承認不及和過度是常態，人類糾錯的過程也往往是矯枉過正。但只有承認達到適度目標的難度，才有努力追求適度的意義。康德 (Immanuel Kant, 1724–1804) 承認，他不信上帝，但不反對上帝，為了維護道德，為了給理想或信仰設計實踐的準則，即使上帝是一個無法證明的假設，也很有必要為眾人的努力提供一個方向和標的，並假設肉體生命的結束並不是一切的終結。這樣，我們儘管可以

不信理想中的上帝，但沒有上帝，人類孜孜以求的道德律令就難以遵守與達到。[4]

在經濟哲學層面，我們可以不信適度的存在，但沒有適度的理想，經濟發展很可能失去發展的方向和基本的準則，更容易進入混沌、混亂和不確定的狀態。而這種適度理想的最現實經濟表現，就是供應與需求、公平與效率、就業與通漲、自由市場與政府干預都能夠取得適時、適地、適度地平衡與和諧。其實，這些適度的經濟現象並不是天方夜譚、空中樓閣的烏托邦，而是不時出現，並在現實中存在的時間愈來愈長，空間愈來愈廣，張力也愈來愈小。

1.2 學術呼喚

進入21世紀，適度經濟學的學術思想不斷顯現，因為現有的經濟學學科正在進入一個「動盪期」（upheaval）。[5]儘管250年來古典和新古典經濟學派仍然佔據西方經濟學主流，但是自1970年代開始，新制度經濟學、行為經濟學、文化經濟學和複雜經濟學等「新興」學派不斷地質疑、挑戰和修正傳統的經濟學經典，他們系統地對「經濟人」性質、完備理性、利益最大化、完全競爭、完全信息、市場完全出清等幾大基本假設和基石，提出全面而又深入的批判，也對一般均衡、正反饋、收益遞減、靜態封閉和數學建模等理論和方法進行了廣泛地質疑，因為這些傳統經典難以解釋現實中無處不在、無時不在的自然人（human）、非理性和有限理性、滿意最大化、壟斷競爭、信息不對稱、市場失靈，也沒法解釋非均衡、負反饋、收益遞增、動態演化的存在原因，更難以排斥實驗、計算機、定性和歸納等非數學研究方法的有效性和實用性。

於是，新時代呼喚新思想。但是至今，中外經濟學界尚未開始全面、系統地論述適度經濟學的思想、理論、方法和政策，儘管現有的一

---

4 Immanuel Kant, *The Critique of Practical Reason* (Cambridge: Cambridge University Press, 2015).

5 W. Brian Arthur, *Complicity and the Economy*, p. ix.

些經濟學學派和觀點，如演化經濟學、金髮女孩經濟、善惡經濟學等，已經隱含了某些適度經濟學思想的「閃光點」。

1.2.1　演化經濟學

演化經濟學（Evolutionary Economics）強調經濟學的演化性和有機性，與適度經濟學思想的動態性與歷史性相關，而且，它也與適度經濟學思想一樣，側重研究經濟發展的整體性、多樣性、複雜性。演化經濟學還推崇生物學的類比與隱喻方法，而不是牛頓經典物理學的機械和模仿，這也與適度經濟學思想類似。另外，演化經濟學所採用的滿意原則、追求更優結果，而不是傳統經濟學所追求的最優結果，與適度經濟學思想的相對性不謀而合。

但是，演化經濟學的思想本質與適度、中道並沒有任何直接聯繫。相反，它是以挑戰新古典經濟學的另一極端的面目出現，沒有考慮如何平衡與協調傳統與現代經濟學思想的適度選擇。[6]而這種以反一端的名義，進行另外一端的研究，正是適度經濟學思想所反對的，因為這將導致經濟學研究難以擺脫永無止境的左右搖擺，從一個極端走向另一個極端，這樣就很難推動經濟學研究的真正而又實質性的進步。

1.2.2　金髮女孩經濟

金髮女孩經濟（Goldilocks Economy）[7]旨在描繪經濟發展的一個短暫的黃金時期，也就是所謂的「偉大溫和」（Great Moderation），象徵着兩大經濟危機之間出現的經濟增長之佳境，顯示經濟發展出現了不冷不熱的溫和狀態。[8]

6　Ulrich Witt, "What is Specific about Evolutionary Economics?" *Journal of Evolutionary Economics 18* (2008): 547–575; Ulrich Witt, *Evolutionary Economics* (UK: Edward Elgar Publishing, Inc., 1993).

7　Celeste Kidd, Steven T. Piantadosi and Richard N. Aslin, "The Goldilocks Effect: Human Infants Allocate Attention to Visual Sequences that Are Neither Too Simple nor Too Complex," *Plos One*, May 23, 2012.

8　Ben Bernanke, "The Great Moderation," *Federal Reserve History* (https://www.federalreservehistory.org/essays/great_moderation), November 22, 2013.

儘管金髮女孩恰到好處的體驗與適度經濟學思想所期待的理想狀態有點類似，但是，這些「金色的美好」有可能是虛假、短暫、不可持續，也有可能為下一輪更嚴重的經濟危機提供條件，因為任何過低利率、過低失業率的現象不是適度，而是不及，它有可能為房地產泡沫、股市虛高、通貨膨脹準備了條件。同時，這類「黃金」時期有時又是銀行家們發財、投機的良機，廣大窮人則深受房貸或通脹的困擾，一旦如2008年的房貸泡沫破裂，有可能再度導致民眾的傾家蕩產。[9]

1.2.3 善惡經濟學

捷克經濟學家賽德拉切克（Tomas Sedlacek）於2009年發表《善惡經濟學》，先從神話來解釋經濟學中的善惡問題，然後再從經濟學中反觀神話與哲學。[10]其中的核心觀點繼承了亞里士多德的適度理念：適度就是善，不及或過度就是惡。作者從基本的善惡觀，批判人性貪婪無度的慾望，也批判古典經濟學對人性自利的過度張揚，認為這在客觀上鼓勵了人性之惡，更譴責人的非理性所表現出來的惡。他同時質疑數學對經濟學研究的主導影響，忽略了經濟學現象所常常出現的規律之外的例外和給定條件，最後，善惡經濟學強調經濟學所必須堅守的人性、倫理、道德和價值底線。

類似這些理念，應該屬於道德經濟學的範疇，而且《善惡經濟學》不是一本真正意義上的經濟學思想史，善惡經濟學也很難成為獨立和獨特的一門經濟學新學科，至多屬於一門與經濟哲學有關的著作。

總之，上述三大經濟理論都沒有直接、明確地提出適度經濟學思想這個術語，也沒有系統、全面和深入地論述適度經濟學的定義、哲學、理論、方法和政策，而這些正是本書的主題與努力。

9　Michael Hudson, "The Bubble Economy: From Asset-Price Inflation to Debt Deflation," *Counterpunch*, July 5, 2013.

10　Tomáš Sedláček, *Economics of Good and Evil: The Quest for Economic Meaning from Gilgamesh to Wall Street* (Oxford: Oxford University Press, 2011).

1.3 思想元素

　　一般而言，一個經濟學派由其特定的思想、理論、方法、模型和政策五大部分構成，但其思想是綱領，重中之重。只有理解了思想的真諦，才能更有效地認識和分析各個經濟學派的特點和異同。本書的核心是討論適度經濟學思想，而不是適度經濟學，旨在幫助經濟主體保持清醒、定力、理性和平衡。但在理解思想之前，有必要釐清思想要素的主要成份。所以，筆者希望通過借鑒東西方思想的核心內容，將「醒」、「悟」、「理」、「道」四大要素，融入適度經濟學思想，加深理解總體思想和具體適度經濟學思想的基本構成。

1.3.1 醒（Awakening）

　　「醒」是所有思想的第一元素，也是討論適度經濟學思想的一大要素。古希臘哲學家蘇格拉底（Socrates，前470–前399）對思想覺醒做出了很大貢獻，並顯示思想的覺醒至少需要滿足三大要點。

　　第一是極問，以問促醒。蘇格拉底習慣對學生不斷提問、追問、逼問，比如，他在與學生艾先斯（Aeshines，前425–前350）討論何為幸福時，前後發問了22次。[11]但在極問過程中，蘇格拉底其實在教導學生，任何知識都是可以被質疑和挑戰。基於這種境界，他才有可能培養出他的學生柏拉圖（Plato，前427–前347）的學生亞里士多德這類「犯上」的學生，並創造出「吾愛吾師，但吾更愛真理」的傳世名句。這種「以問促醒」的效用在於，對於任何主流和經典的經濟學理論，我們要敢於和善於不唯上、不唯書、不唯師，通過發問、質問和疑問，挑戰經典，不斷創新經濟學理論與方法。

　　第二是辯論，以辯促醒。蘇格拉底的特長就是通過對話和辯論，不斷闡明自己的觀點，凸顯對方的自相矛盾，促使對方修正原先的觀點，接受自己的論説，由此就能產生振聾發聵的催醒作用。尤其是他習慣通過悖論的陳述，促使學生警醒與反思，如著名的美諾悖論（Meno

---

11　Alan Adams Jacobs, "Free Will and Predetermination," *Advaita Vision*. http://www.advaita.org.uk/discourses/teachers/freewill_jacobs.htm.

Paradox)。[12]類似悖論在經濟學研究中廣泛出現,有助於激發經濟學家進行深層思考,有效解釋和解決由悖論所導致的困惑和困境,並由此思考和推出新的經濟學思想與理論,解決不斷湧現的經濟難題。

第三是啟蒙。蘇格拉底堅持哲學家代表光明,因為他們有能力將愚昧的眾人喚醒,開啟民智。他的學生柏拉圖在《理想國》中所記載的洞穴比喻(Allegory of the Cave),就是要求民眾在黑洞中轉身,而且要敢於走出黑洞,學會轉向,而不是安於落後的現狀、謹守傳統的舒適區、拒絕光明自由的選擇。[13]但這個「洞穴比喻」更深層次的含義是人類需要持續不斷地轉身、轉向和轉念。而且,這種創新不一定是線性地從黑暗走向光明、再從光明走向更大的光明,而有可能是循環轉向,從黑暗到光明,再從光明回到黑暗,但這種重複不是簡單的重複,而是辯證的揚棄。這正是適度經濟學思想所強調的角形範式、循環思維(參見本書第六章第二節)。

1.3.2 悟(Comprehension)

「悟」是思想的第二大元素,也是適度經濟學思想由醒入悟的一大表現。蘇格拉底式的醒是啟動人類思考的起點,而具有東方特色的思維方式,則有助於啟發人的悟性,提升思想的高度與深度。作為第二思想元素的「悟」包含了三層意思。

一是心悟。東方的儒、釋、道都推崇「悟」心,儒家視心性本然為悟性;佛家禪宗,提倡覺悟所在的悟境;道家則推崇虛心的悟道。悟性、悟境、悟道成為中國文化的重要精髓。二是覺悟。旨在透徹了解表面和暫時現象,找到自在、篤定和基本的方向。覺悟是思想中的一個重要節點,唯有覺悟,才能達到識明理、觀天下、通思想。三是通透。「通」是指知識的廣度:貫通古今、貫通中外、貫通左右。只有觸類旁

---

12 Gail Fine, *The Possibility of Inquiry: Meno's Paradox from Socrates to Sextus* (Oxford: Oxford University Press, 2014).

13 Plato, *The Republic of Plato*, 2nd. ed. Translated with notes and an interpretive essay by Allan Bloom. (NY: Basic Books, 1968), book VII, pp. 193–195.

通、聞一知十、舉一反三，才有可能達到通達境界。「透」是指知識的深度：透析深刻原理、透視複雜現象、透徹發展奧秘，清澈透明。而且，由淺入深、由表及裏、由虛及實是大徹大悟的根本。

所以，從思想層面，「醒」而不「悟」，等於無覺無悟；「通」而不「透」，只是一知半解。適度經濟學思想的感悟需要心悟和覺悟，旨在通透觀察主要經濟學派的特點，如此，才能悟出自己的獨特觀點與方法。

1.3.3 理（Reason）

思想的第三要素是「理」。除了「醒」「悟」能力以外，人類思想還需要整合「醒」「悟」的各種要素，歸納成理，建立抽象的思想體系和理論。同時，要從「理」中演繹萬物，「理一分殊」，並以一己之心，推及眾心之理，從個別到一般。這樣，來自歸納與演繹雙向努力的「理」，可以包含三大特點。

第一是理性。以亞當‧斯密為首的古典經濟學派推崇完備理性，善於使用實證和實驗等方法，理清和理順事物的前因後果，排斥偏見與極端。但現實中，理性已經成了人類的奢侈品，而適度思想正是支撐理性的重要槓桿，很多非理性、極端性、荒誕性的不適度言行，就是由於理性的缺乏所導致。

第二是邏輯。西方的邏輯提倡「同一律」，反對似是而非；還主張「無矛盾律」，沒有什麼事物同時既是它，又不是它；而且，西方邏輯更熱衷於「排中律」，如果A為真，那麼非A就是假，不存在半真半假、你真我也真的可能，涇渭分明、黑白兩極。邏輯就是對事物關係作出判斷的思維昇華，講究確定性和條理性，無似是而非、非模棱兩可、不自相矛盾，以獨特的思維方式綜合和呈現這個「理」。

第三是科學。科學的精髓是「發現」（discovery），而不是發明（innovation），科學的一大目的在於發現已存現象的規律。所以，科學「發現」與技術「發明」存在本質不同。李約瑟之謎（Needham's Grand Question）曾提出一大困惑，為何近現代科學大多發生在歐洲，而不是

中國？古代中國的四大發明不是科學發現，而是科技發明。[14]雖然改變世界的功臣是「發明」，但真正認識世界的原動力來自「發現」，「發現」是「發明」的前提，科學是技術的基礎。

很顯然，理性、邏輯、科學是傳統經濟學立身存命的基礎，但現實生活的缺理性、少邏輯、不科學的現象，比比皆是。對此理論與現實的矛盾，正好賦予適度經濟學思想出現和發展的機會。如何平衡經驗科學與實驗科學、經濟理論與客觀現實、保守思想與激進行為、政府干預與市場主導，就需要思想的力量和適度經濟學的創新。

1.3.4 道（Dao）

思想的第四個元素是「道」。除了「醒」「悟」「理」之外，「道」應該是思想的第四大元素，「理定而後方可得道」，「得道先須得理」。[15]儘管「理」很重要，但相對而言，理淺道深、理方道圓、理清道玄、理簡道繁，「道」中深藏着人類的智慧和思想，而不僅僅是知識和理論。而且，「萬物各異理」，但「道者萬物之所然」，也就是説，萬物之理各不相同，但萬物之道則是共同和共通的，也就是所謂的「理一分殊」或「道一理殊」。[16]東方的道可從三個方面理解：

第一是玄。西方英文教科書對中文「道」這個字，沒法找出合適的詞來翻譯，只能用拼音（Dao 或 Tao）應付。尤其是將道家思想演變為道教以後，就出現了玄學，更難説清。類似，福禍相倚相伏，既是一種轉化論，也是一種玄乎論，屬於「A而B」或「亦A亦B」的公式。[17]其實，道家的「玄」就是指「周行而不殆」的狀況。[18]以「道」為核心的中國文化，是智慧型文化，中國的經濟主體也是智慧型經濟，而不是理論型經

---

14 李約瑟，《李約瑟中國科學技術史》（北京：科學出版社，2006 年）。

15 龐樸：《龐樸文集・第四卷・一分為三》（濟南：山東大學出版社，2005 年），第 213 頁、第 215 頁。

16 龐樸：《龐樸文集・第四卷・一分為三》，第 214 頁。

17 龐樸：《龐樸文集・第四卷・一分為三》，第 2 頁、第 14 頁、第 20 頁。

18 龐樸：《龐樸文集・第四卷・一分為三》，第 120 頁。

濟。在中國，任何理論型經濟都有可能是災難性的，例如純粹的蘇聯計劃經濟和經典的西方市場經濟，在中國都很難成功。

第二是深。「道」的另一特點就是深邃和深刻，可圓可方、似圓似方、無圓無方。但從重要性角度，道理道理，先道後理，類似公理、原理、學理、哲理都要服從道理。人需要先得五道：知道、悟道、行道、合道、得道，才談得上格物、誠意、正心、修身、齊家、治國、平天下。需要指出的是，王陽明的「心即理」的「理」，主要指的是「道」，而不是西方思想意義上的理性、邏輯或科學。

第三是自然。《道德經》提倡「道法自然」。東方的道主要是指自然規律、宇宙本源，追求平淡和諧、回歸自然、體認人本，因為人生之短暫，不如自然之永恆。這一自然的思想作用於經濟學，就是植根於市場經濟的自然規律，回歸中道與適度。

所以，為了提升經濟學思想的深度和高度，經濟學家需要知「道」和悟「道」，並將「道」的元素運用到經濟學思想和理論，指導經濟學實踐與政策。適度哲學的精髓不僅得益於儒家的中庸，也與道家的和諧、辯證、無為、不爭等思想不謀而合，其中所體現的「自由放任」、「無為而治」、「不與民爭利」等經濟觀，更與適度經濟學思想的基本理念相合。尤其是，如果說「器」是形而下的物質，「道」是形而上的精神，那麼，「理」就是形而中的第三元。[19]

很顯然，儘管各種經濟學派貌似雜亂無章、浩瀚如煙，其實，每一個經濟學派都不外於五大要素：思想意識、經濟理論、研究方法、數理模型和經濟政策，但經濟思想往往決定理論、方法、模型和政策。所以，我們在創立一個適度經濟學學派之前，首先需要釐清和建構適度經濟學的思想。沒有思想的經濟學，只是一種工具、一個理論而已。許多傳世的經濟學家首先是思想家，其次才是經濟學家，他們是有思想的經濟學家。

總之，西學的醒，有利創新；漢學的悟，善於學透；西學的理，長於理性、邏輯和科學；但漢學的道，樂於思辨變通和回歸自然。而適度哲

19　龐樸：《龐樸文集・第四卷・一分為三》，第214頁。

學和適度經濟學思想的使命是融合與交叉思想的四大元素，將自由的「醒」思、透徹的感「悟」、科學的「理」性、自然的大「道」，進行創造性組合，最大限度地體現經濟學的思想魅力。

1.4 本書特點

首先需要說明的是，本書的主題不是「適度經濟學」，而是「適度經濟學思想」，因為一個成熟的經濟學學科應該包括它的數學模型和公式。但基於適度是一個難以定量、更無法數學建模的主題，所以，只能從經濟哲學的角度，提出一個思想框架、理論參照、研究方法和政策原則，期待更多方家能夠共同努力，盡快建構一門新的適度經濟學學派和學科。

1.4.1　跨學科嘗試

本書是論述適度經濟學思想的一本專著，它首次探討了適度經濟學思想的定義，文獻研究了適度經濟學思想的歷史脈絡和跨學科演化，並挖掘和論述了古典經濟學的平衡性、新古典經濟學的均衡性、制度經濟學的中和性、行為經濟學的主觀性、文化經濟學的共享性、複雜經濟學的組合性等具有適度經濟學思想的閃光點；首次建構和豐富了適度經濟學思想的「三元理論」和「三角範式」；具體討論了適度經濟學研究的組合方法，創立了適度經濟學曲線；設計與界定了適度經濟學思想的政策設計和執行準則；最後，根據2500年來西方經濟學思想的起、承、轉、合之發展歷程，筆者呼喚未來經濟學需要逐漸沿着相對適度、局部適度、有限適度、理性適度的方向，走向進化性組合、創新性綜合、包容性融合。

基於適度經濟學思想的跨學科性質，所以本書首先利用歷史學的研究方法，分析東西方文化產生異同的歷史背景。同時，借助哲學的智慧，尋找中庸與適度的內在鏈接和傳承變化。再次，運用經濟學範式，探索西方經濟學思想史的框架和思想，梳理適度經濟學思想的起源和發展。另外，還借鑒了物理學、生物學、計算機、邏輯學、心理學、政治學、社會學等其他自然科學和社會科學的知識，來強化對適度經濟學

思想的理解與解釋，為跨學科和多學科地建構適度經濟學，提供學科交叉的思想、學理、邏輯和方法。所以，本書是一部跨學科、多學科和交叉學科的專著。

1.4.2　本書結構

本書主題是定義適度哲學和適度經濟學思想，文獻研究適度經濟學思想的歷史發展和跨學科演化，建構和豐富適度經濟學的理論和研究範式，討論和創立其研究方法與曲線闡釋，最後提出其政策設計和執行的原則和準則。同時，本書首次以專著的形式，提出「適度經濟學」作為一個新興經濟學科的可能與方向。在全球新冠疫情持續蔓延之際，從西方經濟思想史的視角，探討適度經濟學思想，更有其時效性、必要性、可能性和現實性，而且，適度經濟學思想非常契合許多西方經濟學大家的一些觀點和思路，儘管他們沒有自覺、明確、系統地提出適度經濟學。全書各章的內容簡介如下。

第一章 (導論) 旨在分析建構適度經濟學思想的時代需要，突出問題意識和現實效應；強調知適度難、行適度更難的人性困境，由此凸顯推動適度經濟學思想研究的必要和重要；考察創立適度經濟學的學術準備，討論演化經濟學、金髮女孩經濟學、善惡經濟學與適度經濟學思想的某些聯繫；最後概述了全書的主要學術貢獻、主題內容和章節結構，以及寫作特點。

第二章是文獻考古、總結歸納了中國的中庸哲學與西方的適度哲學，並根據它們在經濟學方面的指導作用，比較了兩者的異同，最後提出適度哲學的六大要素，包括中間性、平常性、主觀性、歷史性、中和性和相對性，對適度經濟學思想的構成與發展提供了指導和規範。

第三章是站在西方經濟學思想史的視角，文獻研究、挖掘梳理、系統評價了適度思想在古典經濟學和新古典經濟學中的「蛛絲馬跡」，提出古典主義的平衡理論和新古典主義的均衡理論對適度經濟學思想所提供的啟發與借鑒作用。

第四章旨在討論制度經濟學和行為經濟學對適度經濟學思想的貢獻，包括老制度經濟學和新制度經濟學所揭示的功能中和性、價值

相對性、歷史演化性，也涵蓋行為經濟學所展示的有限理性、主觀性和心理性。

第五章側重考察文化經濟學與適度經濟學的相關性，強調文化經濟學所推崇的共享理念、多種調節與多元分配的思想，對適度經濟學思想的啟示。同時，結合適度哲學的六大要素和借鑒五大主要經濟學派的理念，筆者總結歸納了適度經濟學思想的外延、內涵、邊界、結構、功能，並將其定義為五大特性：平衡性、均衡性、演化性、共享性和適度理性。

第六章提出「三元」理論和「三元悖論」應該成為適度經濟學思想的主體理論，驗證適度思想在人文學、社會科學、自然科學進行跨學科應用的有效性和工具性，並設計了「三角範式」，作為理解和解釋適度經濟問題的一種分析工具和方法。

第七章根據適度經濟學思想的基本要求，分析了主流經濟學研究方法中各類曲線的優點與缺陷，設計和討論了適合適度經濟學研究的主要方法，提出分析適度經濟學問題的幾條原創性的「適度曲線」。

第八章討論了適度經濟學思想的政策原則，旨在界定決策者所應具備的適度素質和人格，建立合理評價適度經濟政策的原則，設計適度經濟政策的基本措施，確立適度經濟運行的幾大指標，以及制定防範和懲罰過度或不及經濟行為的方法。

第九章總結了全書的新觀點、新框架、新方法和新政策原則，並從西方經濟學思想史的視角，分析適度經濟學思想的歷史地位，提出未來經濟學發展的可能選擇與方向，呼喚經濟學研究逐漸沿着相對適度的方向發展，走向方法、學科、思想的和合，為這個無常的新時代，提供更多的選擇和可能。

總之，「適度」首先是一個哲學概念，但一旦運用到經濟學理論、方法和政策，就具有獨特的內涵和功效。在政府與市場、效率與公平、干預與自由兩極對立的發展進程中，經濟學的「適度」思想更加值得深入觀察與分析。筆者希望本書能夠有助於釐清流行的關於「中庸」和「適度」的歧義與偏見，批判性思考西方主流經濟學家關於適度經濟學思想的觀點，為「適度經濟學」的未來，提供一些思想、理論、方法和政策方面的學術準備。

第二章

適度思想的哲學淵源與定義

　　追溯思想的起源、探尋思想原創者的背景，是一種學術考古和詮釋的需要，也是還原歷史文獻的一種努力。解讀適度經濟學思想，同樣需要追尋其發展的學理路徑和文本依據。

　　詮釋學理論承認，詮釋者對歷史文本的闡釋，存在選擇文獻和解讀文獻的「前理解」和思想傾向，也就是研究者理解特定文獻的先行立場或視角，其一切理解「是基於理解者的前結構的先行的前理解，前結構將構成理解者的不可言喻的無可爭論的先入之見」。[1]本書的討論主題是適度經濟學思想，筆者希望通過對東西方有關中庸/適度思想的歷史文獻分析，通過重構問題、給定條件、規定預期，對歷史文本的生成提出新的詮釋與解讀。

2.1 孔子前後中庸思想的發展脈絡

　　經濟學的適度思想與東西方「軸心時代」的哲學思想密切相關，所以，先行分析東方哲學的「中庸」，有助於理解和定義西方哲學和經濟學的「適度」。

2.1.1　前孔子時期的中庸觀點

　　在東方，儘管中庸哲學的集大成者是孔子，但在孔子之前，眾多先秦文獻典籍都提到了中庸思想。

1　洪漢鼎：《詮釋學：它的歷史和當代發展》（北京：人民出版社，2001 年），第 205 頁。

其一，早在西元前11世紀，周文王姬昌在《周易·爻辭九五》中，已經提及「訟，元吉」，以中正也。表示九五陽爻，居於上卦之中位，表示謹守中正之道。《周易》還強調執中、行中，在文字中已經呈現出讚美中庸的意思，例如《周易》提到，「有孚窒惕，中吉」；「『得尚於中行』，以光大也」；「『鼎黃耳』，中以為實也」；「中以行正也」等。[2]

其二，《尚書》也大篇幅論及有關「中」的思想，要求為政者學習周公所提倡的「中德」和「中正」。一是要求行之於德，《尚書·盤庚中》認為，「汝分猷念以相從，各設中於乃心」，要求大家把自己的心放得中正。二是行之於中，要求為政者「施政教，治下民，當使大得其中，無有邪僻」；「凡行不迂僻則謂之中」；「若其行必得中，則天下歸其中矣」，強調以「中」為本，得「中」者得天下，道出適度、執中與平衡的重要。三是行之於刑，《尚書·立政》提出，「茲式有慎，以列用中罰」，強調設「中」於心，用刑謹慎，盡量不輕不重。對「中正」，《尚書·洪範》講得最為清晰：「無偏無黨，王道蕩蕩；無黨無偏，王道平平；無反無側，王道正直」，[3]將中庸、中道與至高的王道，相提並論。

其三，《周禮》也論及許多關於「中」的建言，如：「以五禮防萬民之偽，而教之中」、「以樂德教國子：中、和、祗、庸、孝、友」，[4]將「中」與教化和德性相聯繫。《左傳》也說：「民受天地之中以生，所謂命也」，[5]「中」開始與天地和命運發生了關聯。

2.1.2　孔子及後孔子時期的中庸思想

到了孔子的春秋時代，中庸思想日漸成型。孔子論述中庸的主要文本是《論語》，並由他的孫子子思（前483–前402）以《中庸》一書詳述，

2　周文王姬昌：《周易》，楊天才譯註。（北京：中華書局，2016年）。

3　佚名編：《尚書·盤庚》、《尚書·酒誥》、《尚書·呂刑》、《尚書·洪範》（布拉格，捷克：藝雅出版社，2017年）。

4　佚名編：《周禮·地官·大司徒》、《周禮·春官·大司樂》（北京：中州古籍出版社，2018年）。

5　〔春秋〕左丘明：《左傳》（武漢：湖北辭書出版社，2017年）。

還得到諸子百家和程朱理學的發展。大致而言，孔子的中庸思想存在四大涵義。

第一，中庸與不偏、中正、執中相合。《中庸》第一章就說：「中也者，天下之大本也」。[6]同時，《論語》所引的一段《尚書》逸文認為：「天之歷數在爾躬，允執其中」，[7]這是在假天的意志，要求聖賢具有責任擔當，堅持中正的治國方略。孔子還強調：「政者，正也。子帥以正，孰敢不正」，[8]推崇為官者，端正執中的重要，強調只有心身正，才能言行「中」。但孔子也承認，「不得中行而與之，必也狂狷乎」，[9]表示「中行」之士難求，但如果有積極進取的「狂」者和清高自守的「狷」者，也算不錯。

同時，《論語・先進》載：「子曰：過猶不及」，[10]意思就是，「過度」與「不及」一樣，都是不合適、不適度的。但在現實中，孔子發現：「道之不行也，我知之矣：知者過之，愚者不及也」，[11]也就是說，中庸之道之所以不能實行，是因為聰明人太過明白中庸之理，不為也；但笨拙的人又不懂中庸，不能也。其中一個暗示似乎是，寧「過」勿「不及」，因為民眾畢竟更推崇知者，而不是愚者。

此後，從先秦諸子百家到宋代程朱理學，大都將中庸當作了一種「政治正確」，爭相稱頌。其一，前述的《周易》，在戰國時期，被《易傳》得到進一步解釋，如《文言》提到：「龍，德而正中者也」，將中華民族的圖騰——龍，比喻為「中正」的象徵；「剛健中正，純粹精也」，表示卦中諸爻，剛強勁健、居守中正、通體不雜、純粹至精。再如《彖》所言：「利見大人，尚中正也」；「貞，正也。能以眾正，可以王天下矣」，體現出「尚中正」成了《周易》的基本綱領；還有《象》也提及：「大君之宜，行中之謂也」；「九二貞吉，中以行正也」，[12]類似的「中」、「正」

6　〔春秋〕子思：《中庸全解》（北京：中國華僑出版社，2016 年）。

7　〔春秋〕孔子：《論語・堯曰》（長春：吉林攝影出版社，2004 年）。

8　〔春秋〕孔子：《論語・顏淵》。

9　〔春秋〕孔子：《論語・子路》。

10　〔春秋〕孔子：《論語・先進》。

11　〔春秋〕子思：《中庸全解・四章》。

12　〔戰國〕佚名：《易傳》（布拉格，捷克：藝雅出版社，2018 年）。

的字眼比比皆是，尤其是將「中」與「正」緊密相連，似乎不「中」即「邪」、即「壞」、即「無志」也。

其二，此後的諸子百家也紛紛跟進，讚美和闡發中道。如《莊子》提出：「無入而藏，無出而陽，柴立其中央，三者若得，其名必極」，[13]表示既不可潛藏太深，也不可太過顯露，要如無心之槁木，適中而立，體現了道家與儒家在中道原則上的相通之處，當然，如果不藏、不揚和中道三元都能做到，可稱高人。孟子（前372–前289）也持類似觀點：「湯執中，立賢無方」，[14]「無方」即為不拘一格，沒有框框，就是中，[15]讚揚湯保持中正、唯賢是舉、執中用賢，此乃為人為政之根本。還有，韓非子認為：「去甚去泰，身乃無害」，[16]強調適可而止，不可過分；管子也提到：「中正者，治之本也」；「和以反中，形性相葆」，[17]此處「反」這個字，通「返」；「返」，即歸也，表示安和能歸返於適中，適中則安穩，所以形性能相保。上述文獻似乎表明，中國的儒家和道家文化大多重視「中」的境界，中庸成了諸子百家的一門顯學，「中」也成了先秦文獻出現頻率最高的關鍵字之一。

其三，到了宋代，程頤（1033–1107）進一步解釋說：「不偏之為中，不易之為庸。中者，天下之正道。庸者，天下之定理」，[18]把「中」、「庸」與天道、定理並稱。朱熹（1130–1200）也注道：「中者，不偏不倚，無過不及之名」。[19]也就是說，「中庸」是指無偏頗，以平常之心平衡矛盾、牽制兩極。

必須指出，「中」是不偏、不倚、中度、合節，涵蓋上下之間、左右之間、前後之間，以及內外之間的「中」，也就是說，「中」不僅是時間之

13　〔春秋〕莊子：《莊子・達生》，載《諸子集成》3（上海：上海書店，1986 年），第 117 頁。

14　〔春秋〕孟子：《孟子・離婁下》（布拉格，捷克：藝雅出版社，2017 年）。

15　龐樸：《龐樸文集・第四卷・一分為三》（濟南：山東大學出版社，2005 年），第 11 頁。

16　〔春秋〕韓非子：《韓非子・揚權》，載《諸子集成》5，第 30 頁。

17　〔春秋〕管子：《管子・宙合》，載《諸子集成》5，第 62 頁；《管子・白心》，載《諸子集成》5，第 228 頁。

18　〔宋〕程頤：《周易程氏傳》（北京：中華書局，2016 年）。

19　〔宋〕朱熹：《四書章句集注・中庸章句》（上海：上海古籍出版社，2006 年），第 23 頁。

「中」，也不僅是方位之「中」，更是指人的言行舉止要適中得當，[20]所以，「中」字除了是指中間或兩者之間以外，還指代言行的適度、合標，以及更高境界的內心平衡與和諧。[21]

總之，不偏不倚、中正執中是中庸最核心的思想。「一」是主張一致和大同，不承認對立與衝突，更不能容忍「二」；「二」是強調不同與兩元，反對一統與劃一；而中庸承認一分為二，但推崇將對立的「二」過渡到對立統一的「三」，也就是「參」。而「參」具有許多中國式的哲理，強調考察對立雙方的情況，提出適宜的建議與方法，包括「參考」、「參議」、「參詳」、「參看」、「參訪」、「參量」、「參謀」、「參透」和「參照」等，而這類「參」的效用，就是「用中」。[22]

第二，中庸的「中」是一種權。《孟子‧盡心上》說：「執中無權，猶執一也。所惡執一者，為其賊道也，舉一而廢百也」，[23]強調「執一」就是固執、不變；「執中」，則是實事求是，做出適度判斷和選擇。所以，「中」的要義在於「權」。但是，這種「權」首先是一種主觀判斷，沒有具體、明確、定量的規定性，而是側重一種理想狀態的描述。同時，這種權變與權衡不同，因為權變所強調的判斷標準是不斷變動，而「衡」則是不變，「權」只能依據當時當地多數人的常識和習慣而變，即所謂的「兩害相權取其輕，兩端相對取其中」，但「害」與「端」的標準隨時變化，所以需要不斷地「權」。

於是，中庸就成了一種動態和主觀的權變，非常人可達。《中庸》引用孔子的話形容了中庸之難：「天下國家可均也，爵祿可辭也，白刃可蹈也，中庸不可能也」，[24]也就是說，中庸比治理天下國家、辭去高官厚祿、承受刀鋒槍刃，更難、更不可能。中庸之難，難在常人往往忘記自己本性、心性和恆性，因為常人樂於幹大事、易事和討巧之事，而且常人

---

20 甘筱青、袁柯鎮：〈從軸心時代的中和思想到現代文明對話〉，《深圳大學學報》，2017 年第三期，第 21 頁。

21 王岳川：〈中西思想史上的中庸之道 ——《中庸》思想的發生與本體構成〉，《湖南社會科學》，2007 年第 6 期，第 39 頁。

22 龐樸：《龐樸文集‧第四卷‧一分為三》，第 31 頁。

23 〔春秋〕孟子：《孟子‧盡心上》。

24 子思：《中庸‧第六章》。

一般經不起慾望、名利的誘惑，要麼隨波逐流、無所適從；要麼好強鬥勝、鋌而走險；要麼不願堅持平淡、不甘寂寞平凡。

第三，中庸具有「和」的深刻意涵。明末清初的王夫之首先從拆字學角度認為：「中」這個字，「其字從口，而上下貫通，調和而無偏勝，適與相宜，故周子曰：『中也者，和也』」，也就是說，這個「中」字，上下貫通的一豎，就是起到了調和、中和的功能。其次，王夫之認為，「酌之以中，所以和順義理，而苟得其中，自無乖戾也。中為體，和為用，用者即用其體，故中、和一也」。由此表明，「和」與「庸」應屬一種手段，服務於「中」，「中庸」一體，猶如「中和」一體。還有，王夫之認為，「不偏而和，則與事物恰合，故又為當也，『發而皆中節』，當其節也。俗有『中用』之語，意正如此」，[25]其要義是，不偏不倚，不僅能致中，更能達和。

中庸所追求的人與事，都需要到達一種「中和」的境界。這種思想與提倡中庸的「士」的社會地位相關，因為「士」屬於典型的「中產階級」，面對上層的暴力侵權和下層的暴力維權，中產的「士」具有一種無可取代的和平功能，他們不僅反對上下層的暴力，更希望成為上下層之間的仲介，起到調和、中和與妥協的作用，維繫社會的穩定、和諧與進步。所以，「中」與「和」的功能可以產生有機互動，尚中、執中有助於達「和」，而達「和」也有助於返「中」。可謂求「中」則「和」，逆「中」則亂。[26]

同時，中和不僅是指調和具體事物和人物之間的矛盾，更是指中和與平衡自己的內心世界。《禮記・中庸》提到：「中也者，天下之大本也；和也者，天下之達道也。致中和，天地位焉，萬物育焉」。[27]這裏的「中和」就是指人的內心世界的平和與平靜，只有內心和諧和內心中正之人，才能達到人際關係的長遠和諧。而且，《易經》將這種中和提高到美學的範疇，認為中和之人一定至美，《易經・坤卦》認為：「君子黃

---

25 〔明〕王夫之：《說文廣義》卷 2，載《船山全書》，第 9 冊（長沙：嶽麓書社，1996 年），第 240 頁。

26 王岳川：〈「中庸」的超越性思想與普世性價值〉，《社會科學戰線》，2009 年第 5 期，第139 頁。

27 〔西漢〕戴聖編：《禮記・中庸》（布拉格，捷克：藝雅出版社，2017 年）。

中通理，正位居體，美在其中而暢於四肢，發於事業，美之至也」，黃色最美，因為「黃裳，元吉」，[28]這是否與黃皮膚、黃龍、黃河、黃袍存在關聯？

第四，中庸具有正向的價值判斷。中庸是儒家所尊奉的一種德行，甚至是一種信仰，不可妥協。《論語・雍也》強調：「中庸之為德也，其至矣乎！民鮮久矣」，[29]表明中庸應屬最高的一種道德，但人們已經長久缺乏這種道德。所以，中庸是一種價值判斷，不是價值中立或沒有價值，它具有引人向善和向上的正面動力。

《中庸》提到，中庸是君子與小人的分界：「君子中庸，小人反中庸；君子之中庸也，君子而時中；小人之中庸也，小人而無忌憚也」，[30]強調君子不僅修養內心，而且依守正道，而小人沒有為人之標準，沒有敬畏之心，樂於行險僥倖，習慣投機取巧。所以，《中庸》第一章還強調：「喜怒哀樂之未發，謂之中」，[31]這個「中」，就是性，而「天命之謂性」。所以，「中」就是天命之性，天命之性純粹中正，此乃人倫之根本，所以順性而為就是正路，[32]逆性而動就是邪路。總之，「孔子贊中庸為至德，至者至高至尚，至為重要。孔子學說中的至德，其一以貫之之德」。[33]

同時，在先秦諸子的解釋中，「庸」不是平庸或平常，而是恆常、有常，可供長久尊奉，行事做人需要始終如一。孔子曾高度讚賞具有恆常、恆德之人，他在《論語・子路》提到：「南人有言曰：『人而無恆，不可以作巫醫』」；[34]荀子也在《不苟》篇中強調：「庸言必信之，庸行必慎之」，[35]表示平常說話一定要有信用，平常行為一定要謹慎。所以，只有將執中、中正持之以恆地予以堅持，才能真正將中、庸兩德合二為

28　張瑞編：《易經》（廣州：廣東旅遊出版社，2017 年）。

29　孔子：《論語・雍也篇》。

30　子思：《中庸・第二章》。

31　子思：《中庸・第二章》。

32　李京：〈從中・庸到《中庸》〉，《孔子研究》，2007 年第五期，第 46 頁。

33　李京：〈從中・庸到《中庸》〉，第 46 頁。

34　孔子：《論語・子路》。

35　〔戰國〕荀況：《荀子・不苟》（西安：西安交通大學出版社，2015）。

一，完成中庸之道，並將中庸提升到孔子所推崇的仁的至高境界，也就是孔子心心念念的為仁有恆、時時不違禮、終生依乎仁的人生境界。[36]

2.2 亞里士多德前後適度思想的演化

在西方，適度思想的完成者應屬亞里士多德。根據王岳川的研究，早在西元前6世紀，就有了「適度」思想的影子，因為希臘詩人潘季里特在他的《祈禱詩》中說：「無過不及，庸言致祥，生息斯邦，樂此中行」，[37]但筆者暫時無法找到此詩的原始出處。不過，在亞里士多德前的50年左右，古希臘伊索克拉底 (Isocrates, 前436–前338) 確實提及適度一詞。[38]

西方的「適度」概念由亞里士多德大致完成，他有時用「appropriate」，[39]有時用「intermediate」，[40]有時又用「mean」。[41]亞里士多德關於適度的論述主要反映在他的《尼格馬可倫理學》書中，而休謨 (David Hume, 1711–1776)，尤其是亞當‧斯密 (Adam Smith, 1723–1790) 於1759年出版的《道德情操論》，對適度思想進行了拓展，斯密在1776年出版的《國富論》中也曾13次提及「適度」，並開始將適度應用於經濟學理論。儘管斯密之後的西方學者康德、尼采、盧梭和馬克思等，豐富和發展了適度哲學，但由於從斯密起，適度思想已經開始應用於經濟學，而本文探討適度思想是為適度經濟學尋找起源，所以，本章就省略了斯密之後西方適度哲學的論述。

36　李京：〈從中、庸到《中庸》〉，《孔子研究》，2007 年第五期，第 48 頁。

37　王岳川：〈中西思想史上的中庸之道 ——《中庸》思想的發生與本體構成〉，第 40 頁。

38　Isocrates, *Isocrates with an English Translation in Three Volumes* (Cambridge, MA: Harvard University Press, 1980).

39　Aristotle, *Nicomachean Ethics* (Canada: Batoche Books, 1999), p. 21.

40　Aristotle, *Nicomachean Ethics*, pp. 26–27.

41　Aristotle, *Nicomachean Ethics*, p. 27.

2.2.1 美德

亞里斯多德適度思想經過斯密等發揮和發展,形塑了西方的適度思想,而且與東方的中庸思想基本一致,但也有不同之處。

首先,亞里士多德認為,美德是一種「適度」(mean),目標是「居中」(intermediate);[42]與居中不同的「過度」(excess)、「不足」(deficiency),都屬於「惡」(vices)。當然,這種惡不是有意之惡,也不是刑事犯罪之惡,而是一種習慣之惡、缺德之惡、庸人之惡,以及一種沒有意願和能力掌握適度之惡;而介於這兩種惡之間的適度,則是他最推崇的「道德德性」(moral virtue)。[43]所以,亞里士多德對適度的價值判斷,儘管與孔子的中庸之道相似,但比孔子似乎更為強烈和鮮明,因為孔子至多將中庸列為區別君子與小人的標準,而亞里士多德則把適度作為善與惡的界限。

對此,亞當・斯密也認為,沒有適度(propriety),就沒有德性。[44]斯密的《道德情操論》提出道德情操必須涵蓋同情共理、正義良心、審慎仁慈與自制理性等核心價值,但制約這些核心價值的主軸是適度哲學。正如羅衛東等所論述,適度性(或合宜性)是貫穿《道德情操論》始終的核心概念,首先從文本結構而言,斯密將全書的第一篇定為《論行為的適度性》,其中第一章為《論適度感》,第二章和第三章都以適度為題,而且除第一篇外,《道德情操論》的其他篇章也都是圍繞着適度性這個核心之核心展開。其次,從書中出現的文字頻率而言,「適度」一詞(propriety)共出現327次,並均勻地分佈在每一篇章,《國富論》中出現「適度」的次數也有13次,相比較,他的著名的「一隻看不見的手」則只出現過一次。

---

42 英文譯文:"Therefore virtue is a kind of mean, since, as we have seen, it aims at what is intermediate."Aristotle, *Nicomachean Ethics*, p. 27.

43 英文譯文:"That moral virtue is a mean, then, and in what sense it is so, and that it is a mean between two vices, the one involving excess, the other deficiency, and that it is such because its character is to aim at what is intermediate in passions and in actions, has been sufficiently stated." Aristotle, *Nicomachean Ethics*, p. 32.

44 Adam Smith, *The Theory of Moral Sentiments* (Indianapolis: Liberty Fund, Inc., 1982), p. 294.

2.2.2 不偏不倚

　　與中庸哲學類似，「適度」的核心是不偏不倚，過度、不及都是適度的對立面，但適度、過度與不及之間的邊界，存在強烈的「相對性」(relatively)。[45]

　　亞里士多德羅列了人類德性的十四種核心價值觀，包括慷慨、溫和、羞恥、節制、義憤、公正、誠實、友愛、自尊、勇敢、堅強、大度、大方、明智等，其核心就是適度；為了提供適度價值的參照，他主張比較不及、過度與適度三者不同的概念。例如，在亞里士多德看來，慷慨不夠是吝嗇，慷慨過度是奢侈，而最適度的價值取向就是慷慨；再如，不夠勇敢是怯懦，過於勇敢則是莽撞，不偏不倚才是「勇敢」(courage)，過猶不及。[46]他還提到適度開玩笑的標準，如過度玩笑就會變成戲弄，而完全不開玩笑就屬於呆板。所以，玩笑需要分寸與適度，適度玩笑的品質就是圓通和機智，需要觸景生情、見機行事的能力。[47]他也提到一個簡單的不偏不倚的定量概念：如果「十」太多而「二」太少，那麼，「六」就是居中。[48]

　　適度的經濟學意義是「度」，尤其是定量的度，並且具有定量意義的標準或法則。但這個計量的適度，不一定是絕對的二分之一之「中」點，而是指一種適度的範圍和區間。[49]如古希臘美學提出審美的一個黃金分割定律，不是0.5，而是0.618。對此，雅典的巴特農神殿就是嚴格遵循黃金分割律的要求，來設計它的寬與高之比，形成一種勻稱、和諧與優美。它也表明，絕對的、過於完美的適度中點是不適宜的，給出一定的適度邊界和區間，更為現實、靈活和可供操作。

45　Aristotle, *Nicomachean Ethics*, p. 31.

46　Aristotle, *Nicomachean Ethics*, pp. 45–46.

47　Aristotle, *Nicomachean Ethics*, p. 69.

48　Aristotle, *Nicomachean Ethics*, pp. 70–71.

49　王岳川：〈「中庸」的超越性思想與普世性價值〉，第139頁。

　　斯密也強調需要不斷尋找適度的標準。例如，為了達到適度而又有意義的同情，當事人需要連續實踐，或連續試錯，由此培養一種總結和概括的能力。[50]斯密還揭示了一個基本的倫理原則：你可以利己，但不可以損人。利己不損人，符合常理；利己又損人，違反正義。[51]所以，在亞當斯密看來，商人的自利無可厚非，但必須是適度的自利，因此他在《國富論》中提倡的是利益和資源的交換，而不是毫無正義地掠奪。

2.2.3 目標雙重性

　　實行「適度」的目標既難也不難。亞里士多德認為，找到這個「中間」並不容易，[52]因為這需要一個正確的人，在正確的範圍、時間、方式、動機等方面行事。[53]亞里士多德將適度與人的德性和品行相聯繫，強調德性就是適度、就是最高的善和極端的正確，於是，這就加大了凡人達到適度的難度。

　　但古羅馬的西塞羅（Marcas Tullius Cicero，前106–前43年）在名著《論義務》中認為，適度（合宜）（拉丁文是decorum；希臘語是πρέπον；英文是propriety），可分為兩類，一是一種普遍的適度，存在於一切高尚的活動之中，也就是說，適度與高尚緊密相連，「因為凡是適

50　英文原文：“Our continual observations upon the conduct of others, insensibly lead us to form to ourselves certain general rules concerning what is fit and proper either to be done or to be avoided.” Adam Smith, *The Theory of Moral Sentiments*, p. 159.

51　英文原文：“In the race for wealth, and honours, and preferment, he may run as hard as he can, and strain every nerve and every muscle, in order to outstrip all his competitors. But if he should justle, or throw down any of them, the indulgence of the spectators is entirely at an end. It is a violation of fair play, which they cannot admit of.” Adam Smith, *The Theory of Moral Sentiments*, p. 83.

52　英文譯文：“For in everything it is no easy task to find the middle.” Aristotle, *Nicomachean Ethics*, p. 32.

53　英文譯文：“but to do this to the right person, to the right extent, at the right time, with the right motive, and in the right way, that is not for everyone, nor is it easy.” Aristotle, *Nicomachean Ethics*, p. 32.

度的都是高尚的，凡是高尚的都是適度的」；[54]另一種適度附屬於第一種，涉及高尚行動的具體和個別的現象。西塞羅對第一種適度的定義是「一種人依其本性區別於其他動物而產生的卓越（excellentiae）相一致的特性」。而第二種適度可以定義為「是一種與本性相一致，節制與克己在其中，以某種符合家世身分的尊嚴表現的適度」。[55]也就是説，西塞羅開始將適度分成高尚的卓越和具體的節制兩個層次，對常人而言，第一個很難達到，而第二個經過努力，可行、可及。

到了亞當・斯密，他不認同孔子、亞里士多德的高難標準，但開始借鑒西塞羅的第二種適度。斯密在《道德情操論》中提出「適度」的一大含義是「平庸」和「平常」（mediocrity），認為人們對適度的客觀評價要建立在一定程度的平庸基礎和標準之上；[56]而且強調，適度與同情一樣，是人人都可以做到的，因為適度與同情都是人與生俱來的一種自然稟賦。[57]

斯密的觀點與中國第一部訓詁書籍《爾雅・釋詁上》對「庸」的解釋相合：「庸，常也」，[58]具體指常行常道，朱熹也採納這種解釋，認為「庸，平常也」。[59]宋代的陳襄更強調，「中者，性之德也，庸者，性之用也，常也」。[60]徐復觀也認為：「所謂『庸』者，乃指『平常的行為』而言。所謂平常的行為，是指隨時隨地，為每一個人所應實踐，所能實現

54 英文譯文："We have next to discuss the one remaining division of moral rectitude. That is the one in which we find considerateness and self-control, which give, as it were, a sort of polish to life; it embraces also temperance, complete subjection of all the passions, and moderation in all things. Under this head is further included what, in Latin, may be called decorum (propriety); for in Greek it is called πρέπον. Such is its essential nature, that it is inseparable from moral goodness; for what is proper is morally right, and what is morally right is proper. The nature of the difference between morality and propriety can be more easily felt than expressed. Cicero, *De Officiis*, Latin Text with an English Translation by Walter Miller (Cambridge, Mass.: Harvard University Press, 1990), I:93.

55 Cicero, *De Officiis*, Latin Text with an English Translation by Walter Miller (Cambridge, Mass.: Harvard University Press, 1990), I:96.

56 Adam Smith, *The Theory of Moral Sentiments*, p. 27.

57 Adam Smith, *The Theory of Moral Sentiments*, p. 27.

58 佚名：《爾雅譯注》（上海：上海古籍出版社，2016 年）。

59 〔宋〕朱熹：《四書章句集注・中庸章句》，第 23 頁。

60 〔宋〕陳襄：《古靈集》卷十二《禮記講義・中庸》。見中華大典工作委員會：《中華大典》（昆明：雲南教育出版社，2007 年），第 4304 頁。

的行為」。[61]對此，王岳川的結論是，「執兩用中，用中為常道，中和可常行，這三層互相關聯的意思，就是儒家典籍賦予『中庸』的全部含義」。[62] 也許，「軸心時代」以後的學者降低了對「適度」、「中庸」的標準，認為適度不是可望不可及的言行規範，旨在鼓勵更多民眾學習和實踐適度。

當然，也有人將平民與中庸標準的關係，提出另類解釋。《荀子·王制》中提到：「元惡不待教而誅，中庸民不待政而化」，[63]表示對元兇首惡，不需教育，立即殺掉，但對待平常百姓，則不需要行政手段，而需要教育感化。北齊顏之推的《顏氏家訓·教子》也認為：「上智不教而成，下愚雖教無益；中庸之人，不教不知也」，[64]這是想說明上等智者不經教育而有所成，下等愚者雖受教育而無益，但平常百姓則是不經教育是不明白的。魯迅則直接將中庸歸入懶惰一類：「惰性表現的形式不一，而最普通的，第一是聽天任命，第二就是中庸」。[65]

2.2.4 理性

適度的一大要素是理性。與孔子的不同在於，亞里士多德強調適度這種德性是由理性決定的，而這種理性又決定了人的智慧。[66]由於處於極貧與極富的階層有可能失去理性，所以，亞里士多德將適度與德性、價值和理性緊密相連。

為了達到適度，西塞羅還提出需要遵循三大原則：一是讓慾望服從理性；二是促使自己的努力程度與事務的優先順序適度配合；三是注意一切會影響自己儀表與身分的事務。但他強調，這三大原則中的

---

61 徐復觀：《中國人性論史》（上海：華東師範大學出版社，2005 年），第 70 頁。

62 王岳川：〈「中庸」的超越性思想與普世性價值〉，第 135 頁。

63 〔清〕王先謙：《荀子集解》（北京：中華書局，1988 年），第 94 頁。

64 唐翼明編：《顏氏家訓解讀》（北京：國家圖書館出版社，2017 年）。

65 魯迅：《華蓋集·通訊》，見《魯迅全集》第 3 卷（北京：人民文學出版社，2005 年），第 26 頁。

66 英文原文：適度 "being determined by a rational principle, and by that principle by which the man of practical wisdom would determine it." Aristotle, *Nicomachean Ethics*, p. 28.

首要原則是慾望服從理性。[67]很顯然，達到適度目標的魔鬼是慾望，而理性則是適度的充分條件。

不過，西塞羅反對以國家利益為名，「理性」地犧牲適度和道德的標準，因為理性不是放棄道德標準的理由。他認為，由於一些事情性質的醜陋或可鄙，所以，即使為了拯救國家的利益，有智慧的人也會拒絕。[68]也就是說，他堅決反對以追求崇高目標和效益為名，犧牲道德和適度。他認為，只要存在醜惡，效益就不可能存在。不高尚的醜惡最違背自然，因為自然是希望一切事物處於正當、適度以及穩定的狀態，因此利益和鄙陋不可能同存。[69]這種不適度的典型表現就是對財富與權力的無限貪婪，並由此造成毀滅性後果。[70]對此，休謨在《人性論》中將適度的標準運用到人的利己行為，強調現實中的多數人一定是愛自己勝過愛別人，但不會自私到完全不顧他人的感受與利益。[71]

亞當·斯密也強調適度在於理性與自制。[72]一方面，自制（self-command）不如自控（self-control）嚴苛，因為自控類同宗教意義上的戒律，在性質和程度上更加嚴格；但另一方面，自控更具有理性，因為適度思想的第三大元素就是理性。自制的德行來自於對他人情感的了解與尊重，只有尊重他人的情感，才能自覺地克制過度激情、過度自我、過度叛逆，才能實現你與他之間的和諧，這也是「客觀的旁觀者」

---

67 英文譯名："In entering upon any course of action, then, we must hold fast to three principles: first, that impulse shall obey reason; for there is no better way than this to secure the observance of duties; second, that we estimate carefully the importance of the object that we wish to accomplish, so that neither more nor less care and attention may be expended upon it than the case requires; the third principle is that we be careful to observe moderation in all that is essential to the outward appearance and dignity of a gentleman... Yet of these three principles, the one of prime importance is to keep impulse subservient to reason. Cicero, *De Officiis*, Latin Text with an English Translation by Walter Miller (Cambridge, Mass.: Harvard University Press, 1990), I:145.

68 Cicero, *De Officiis*, Latin Text with an English Translation by Walter Miller (Cambridge, Mass.: Harvard University Press, 1990), I:159.

69 Cicero, *De Officiis*, III:35.

70 蕭高彥：〈西塞羅與馬基維利論政治道德〉，《政治科學論叢》，2012 年第 16 期，第 10 頁。

71 David Hume, *A Treatise of Human Nature: Being an Attempt to Introduce the Experimental Method of Reasoning into Moral Subjects* [1739], Book II (NY: Cover Publications, 2003), pp. 339–366.

72 Smith, *The Theory of Moral Sentiments*, p. 237.

(impartial spectator) 的精神和狀態。而自制的根本之道就是理性，理性與理智是狂妄、失控、縱慾的天敵。因害怕自己行為的負面後果而控制情緒只是治標之道，因恐懼所持有的自制，是表面的、暫時的和不徹底的，並會導致更加危險和更加狂熱的日積月累式的爆發。只有從情感適度性的原則、從客觀旁觀者的立場、從審慎自制的角度，才能真正使人駕馭和控制自己的激情，保持穩定、長久的自制和理性。斯密在1790年的《道德情操論》第六版，開始批判由於欽佩富人、輕視窮人所導致的道德情感的敗壞，而這恰恰是人類的一種不夠自制、不夠適度的天性，這種天性可能導致道德情感的腐敗。[73]

2.3 適度哲學的定義

綜合上述東西方文獻資訊，似乎可以給「適度」下一個既反映中外哲學，又對經濟學思想具有指導意義的定義：「適度是在一定時空條件下，常人所認同的一種不偏不倚的中間言行；這種中間言行來自常人的主觀、動態、理性、相對的權變，並具有正面和諧的功能與道德美德的取向」。這一定義，揭示了「適度」哲學概念的六項主要內涵。

2.3.1 適度哲學的六項內涵

第一是中間性。適度是一種不偏不倚的「中間」。「中間」（middle range）不等於「中點」（midpoint），它代表一個「中」心的區「間」。觀察、分析、決策需要運用一分為三的「三元」視角：不及、適度、過度，因為沒有兩端與左右的存在，就沒有「中間」；沒有好壞與長短的比較，更無法找到適度的邊界。所以，「一分為三」是適度的核心。[74]不過，這

---

73 參見英文原文："This disposition to admire, and almost to worship, the rich and the powerful, and to despise, or, at least, to neglect persons of poor and mean condition, though necessary both to establish and to maintain the distinction of ranks and the order of society, is at the same time, the great and most universal cause of the corruption of moral sentiments." Also, "To attain to this envied situation, the candidates for fortune too frequently abandon the paths of virtue; for unhappily, the road which leads to the one, and that which leads to the other, lie sometimes in very opposite directions." Smith, *The Theory of Moral Sentiments*, pp. 61, 64.

74 龐樸：《龐樸文集・第四卷・一分為三》，第266頁。

個「中間」不是「中點」，因為「中間」不是絕對的二分之一，而是一種適度的區間，根據不同情境，可以對適度的區間進行適度地移動與調整，範圍則是可大可小。

第二是平常性。這個「中間」是由常人所認定的一種常理、常識、習慣、風俗。儘管適度的標桿需要精英設定、推動、執行，但精英的努力需要得到眾人和常人的支援與跟從。而且，「中間」的標準必須受到常人的觀念和民意之制約，只能及時而又不斷地予以調整與變更，任何違背大多數民眾的適度言行和標準，是難以持久的。更重要的是，筆者贊同朱熹和斯密的觀點，適度不是常人可望不可即的夢想，而是通過努力，可以達到的現實目標。

第三是主觀性。這個「中間」產生於主觀的權變。為了尋找「中間」，需要借鑒康德 (I. Kant, 1724–1804) 的反例訓練，為特定的觀念劃界；[75]先界定不及與過度的邊界，最後判斷兩極之間的「中間」，執二用中。正如行為學中的激勵和差異原則所指出，主體是通過差異，來分辨不同的事物，對此，德國哲學家萊布尼茲 (Gottfried Wilhelm Leibniz, 1646–1716) 也發展了「兩極化的認識論原理」，即必須有正負兩極，人們才能認識這個世界。[76]這就是所謂的有比較，才有鑑別的道理。通過認識兩極對立，尋找適度中立。而且，界定適度的主體既包括精英，也不能排除平民，這是一種上下互動所漸進形成的主觀共識。必須指出，主觀是對應客觀、感性是對應理性，而且主觀與感性也存在許多類同。但是，主觀性不一定就是不理性。為了糾偏曾經的不及或過度，不同的理性決策者會採取不同的主觀選擇，並出現主觀的理性或理性的主觀之可能。

第四是歷史性。這個「中間」的認定具有歷史的演化理性。「中間」的標準存在動態和歷史發展的特點，昨天的適度有可能是今天的過度或不及。這也是建立適度經濟學數學模型的難點，因為，多數經濟學的數學建模之基礎是變量的靜止狀態。但適度標準的歷史性演化，屬於

---

75 Immanuel Kant, *Critique of Pure Reason* (NY: Barnes & Noble, 2004).

76 Leroy E. Loemker, "Gottfried Wilhelm Leibniz. Philosophical Papers and Letters," *Philosophical Quarterly 8* (1958): 283–285.

一種演化理性,儘管難以定量,但必須理性,旨在減少感性和衝動的短期行為。

第五是中和性。這個「中間」存在和諧的功能。因「中」而「和」、為「和」而「中」。「中」是減少兩極衝突、尋求左右妥協的前提。和平來自妥協,妥協來自執中、求中、謀中和踐中,可謂始於「中」,終於「和」。所以,「中」不僅是適度的精髓,也是推動社會經濟走向和諧、平衡與發展的重要元素。

第六是相對性。適度存在價值的相對性。適度具有一般意義的正面道德取向,但是,這種正面價值不是絕對和固定不變的,因為過度的適度,又是過度,物極必反;過度的過度或過度的不及,也許又是適度,矯枉過正。適度一旦被長期固化或過度崇拜,可能導致進步的動力缺乏、活力不夠,為固步自封、因循守舊、惰性無為,提供藉口。

所以,適度哲學是由中間性、平常性、主觀性、歷史性、中和性、相對性等六大要素構成,它們將是發現、理解和解釋適度經濟學思想的六把鑰匙。

2.3.2 適度哲學與中庸思想的比較

根據上述孔子中庸與亞里士多德適度哲學的闡述,它們在中間性、主觀性、相對性和道德性方面高度吻合。但它們也在下列幾點存在不同的側重。

第一,有關理性。孔子的中庸與亞里士多德的適度之最大不同在於理性。古希臘哲學的一大傳統和根基就是理性和邏輯,注重智慧知性,更推崇法律平衡與公正,並由此為今日的西方文化和西方科學提供了獨特基因。而孔子的中庸思想較少存在邏輯思想,也幾乎沒有任何有關理性的論述。相反,孔子崇尚道德評價、人性仁愛、心靈和諧。

第二,有關自由。孔子的中庸強調個人服從家庭、家庭服從國家、國家服從君王,所謂的君君臣臣、父父子子,而且側重入世的人倫守中,追求現實的妥協與和諧。而亞里士多德和亞當·斯密的適度則尊

重個人意志與自由，滿足個人的自利需求，儘管也強調形而上的美德追求。[77]

第三，有關中和。從亞里士多德的適度哲學發展而來的亞當·斯密的「客觀的旁觀者」觀點，沒有提及孔子中庸的「中和」思想。不過，這個「第三者」的功能旨在糾偏雙方的對立與衝突，希望用一種理性、適度、道德的視角，提出一種現實、理性和神性的「仲裁」，促使對立雙方能夠自省、覺悟，最後消弭衝突、達到和諧。所以，客觀的旁觀者與中和思想存在一定的交集。

除此之外，繼承了亞里士多德適度思想的斯密的道德哲學體係，也與儒家思想的體系存在許多內在的相似性。儒家的仁、義、禮、智與斯密的同情、正義、尊重、自制等，存在很多可以相互參照的內涵。還有，儒家的法統/正統同斯密的具有靈性的客觀旁觀者之間的關係，值得研究。加上，儒家的道統/君子與斯密眼中的法官和政治家，也需要關注。[78]

明確了適度哲學的定義之後，就需要文獻研究西方主要經濟學派的理論和方法，分析其中所蘊含的適度經濟學思想，並提出適度經濟學思想的定義和研究框架。

77　王岳川：〈中西思想史上的中庸之道〉，第 41 頁。

78　羅衛東：《情感、秩序、美德：亞當‧斯密的倫理學世界》(北京：中國人民出版社，2006 年)。

第三章

古典和新古典經濟學的平衡與均衡

　　亞里士多德的適度思想不僅影響了西方哲學界,也深刻影響了西方經濟學界。從古典經濟學、新古典經濟學、制度經濟學、行為經濟學和文化經濟學等五大流派中,都能找到亞里士多德「適度」思想的印記。本章試圖通過文獻研究的方式,梳理蘊含在古典經濟學和新古典經濟學中的適度觀點、視角和方法,為系統論述適度經濟學思想提供文獻支持。

3.1 古典經濟學的平衡思想

　　1733年,在亞當・斯密發表《道德情操論》前26年,英國詩人亞歷山大・蒲柏(Alexander Pope, 1688–1744)發表《人論》(*Essay on Man*),非常睿智地提出:「整個自然都是藝術,只是你未曾領悟;一切偶然都有方向,只是你沒能看清;一切不諧,都是你不理解的和諧;一切局部的惡,都是整體的善。高傲可鄙,只因它不近情理。凡存在皆合理("Whatever is, is right"),這就是清楚的道理」。[1]

　　我們在發掘古典和新古典經濟學中的適度思想時候,就需要在藝術中領悟、在偶然中發現、在混沌中理解,並將短期、局部、主觀的惡,理解為一種整體的平衡、和諧與良善,努力接近理想、放棄傲慢、發現存在、認識合理。

1　引自 W. Brian Arthur, *Complicity and the Economy* (NY: Oxford University Press, 2015), p. 172.

西方適度經濟學思想的萌芽可能起始於亞當・斯密。作為古典經濟學派鼻祖的斯密，他是集合道德哲學與經濟理論的第一人，通過兩部重要著作《道德情操論》(1759) 和《國富論》(1776)，綜合創新、銜接和發展了適度哲學，並為適度經濟學思想的創立提供了重要起點。

3.1.1　《道德情操論》的適度思想

斯密的《道德情操論》主要在道德、哲學和思想方面，為適度經濟學思想起到了「明道」的效用，而《國富論》則是在經濟理論與思想層次，起到了「優術」的功能。

《道德情操論》提出道德情操必須涵蓋同情共理、正義良心、審慎仁慈與自制理性等核心價值，但主導這些核心價值的主軸是適度哲學，並為市場供需平衡理論與經濟理性人格提供了哲學與倫理基礎。儘管《國富論》成為經濟學經典，但斯密卻認為，《道德情操論》「高於《國富論》」，[2]適度哲學在斯密的宏大道德哲學體系中，成了一個具有公理意義的基礎，也是指導其他學科（包括經濟學）的重大指南。[3]

儘管強調適度哲學的重要性與必要性並不是斯密的原創，但對於鑒定和確定何為適度，是斯密的一大倫理學創新，並對適度經濟學思想提供了重要資源。

其一，斯密推崇「客觀的旁觀者」(impartial spectator) 觀點，強調界定適度與否的評判者不能是你我兩個主觀的當事人，而是超然於你我之外的第三者視角，藉此張揚客觀、中道、適度的原則。而且，這個旁觀者是逐漸從現實的旁觀者，進化到理想的旁觀者 (ideal spectator)，最後進化為具有神啟、靈性、精神意義的無形旁觀者。

這個精神意義上的旁觀者是一個內在的人 (the man within)、胸中的那個人 (the inhabitant of the breast)，或者說是良心 (conscience)。[4]

2　D. D. Raphael, *The Impartial Spectator: Adam Smith's Moral Philosophy* (New York, Oxford University Press, 2007), p. 1.

3　Adam Smith, *The Theory of Moral Sentiments* (Indianapolis: Liberty Fund, Inc., 1982), p. 294.

4　Smith, *The Theory of Moral Sentiments*, pp. 27, 110, 153.

正如羅衛東等指出，斯密的「一隻看不見的手」猶如一隻適度性「約束下自我關照的手，每個人都按照自我關照的原則之指引去生活」，但卻在對適度性的「遵守中產生了一定程度的關照他人的效果，不知不覺中構建起了一個可能的社會」，[5]出現了社會生態的平衡。

其二，斯密根據關係的疏密程度，將旁觀者設想成與當事人可能存在的三種關係：陌生人、點頭之交和朋友，並描述了同一個體在不同情境下的行為差異。[6]所以，適度運用道德情操的一大條件是必須了解對方，與對方的激情出現一致。斯密對此提出兩個要點：一是充分知情對方；二是立場無偏中立。斯密認為，感情是否適度精確或明晰的標準，「只能在於公正的和信息充分的旁觀者的同情之感中」。[7]所以他提出，同情與被同情者所處的地理位置遠近所產生的同情程度，往往存在不同。

其三，斯密強調適度審慎與仁慈。為了自己的幸福，人們的動機和目標都會很自利，而這種自利的動機有可能產生負面的社會效應，所以要求我們審慎地自利：審慎評估自己的利己動機，審慎執行利己的行為，審慎預測利己的後果。斯密認為，「對自己幸福的關心，要求我們具有謹慎（prudence）的美德；對別人幸福的關心，要求我們具有正義和慈善的美德」。[8]但為了關心他人的幸福，則需要仁慈之德，因為仁慈之德有助於關心和增加他人幸福，其主要表現是抑制傷害他人的客觀後果。也就是説，好心不能辦壞事，如高調公開地施捨捐贈，期待被捐贈者的感激涕零，這是對受損者的二度傷害；類似，為了幫助受性侵的女性或慰安婦，召開公聽會，這也是典型的好心辦壞事。斯密在《道德情操論》第六章的小結中提出，關心自己和他人幸福的德

5　羅衛東、劉璐，〈基於亞當‧斯密「合宜性」理論的人類個體行為模型〉，《社會科學戰線》，2016 年第 7 期，第 45 頁。

6　Smith, *The Theory of Moral Sentiments*, pp. 223–224.

7　Smith, *The Theory of Moral Sentiments*, pp. 38–39.

8　Smith, *The Theory of Moral Sentiments*, pp. 294–300.

性存在五大要素或「五主德」：審慎 (prudence)、正義 (justice)、仁慈 (benevolence)、自制 (self-command)、適度 (propriety)。[9]

其四，《道德情操論》所揭示的許多核心價值可以被腦神經科學的實驗予以證明。例如，辛格 (Tania Singer) 證明每個人的大腦確實存在「同情共感」的神經元網絡，集中於大約8個腦區。另外，扎克 (Paul Zak) 的實驗為斯密的《道德情操論》提供了生理學和心理學的神經科學基礎。認為人的荷爾蒙存在鐵三角：催產素，管同情心；血清素，管懲罰；多巴胺，管慷慨。而且，三種荷爾蒙主導人的三種道德行為：同情、懲罰和慷慨。尤其是，同情心控制慷慨與懲罰。有多大同情，就有多大慷慨，兩者成正比；相反，同情心與懲罰、報復心成反比，報復心愈強、同情心愈少。對此，扎克為斯密《道德情操論》提供了一個「同情—慷慨—懲罰」模型 (The Empathy-Generosity-Punishment model)。[10]

斯密從人性的道德情操高度，提供了理解適度、觀察適度和力行適度的理念和參照。由此，就提升了適度的道德高度，為適度在經濟學的應用有了規範和發展的基點。更重要的是，斯密揭示了一個準則：行適度之策的關鍵是需要具有適度道德和情操的決策者，只有適度之人才可能制定適度之策。

3.1.2 「一隻看不見手」的適度經濟學思想功能

首先，必須澄清，亞當・斯密所提出的「一隻看不見的手」隱喻，與市場沒有直接聯繫，但與適度經濟學思想存在聯繫。[11]斯密一共在

---

9 英文原文："The virtues of prudence, justice, and beneficence, may, upon different occasions, be recommended to us almost equally by two different principles; those of self-command are, upon most occasions, principally and almost entirely recommended to us by one; by the sense of propriety, regard to the sentiments of the supposed impartial spectator." Smith, *The Theory of Moral Sentiments*, p. 262.

10 Paul Zak, elt., "The Neuroeconomics of Distrust: Sex Differences in Behavior and Physiology," *American Economic Review Papers and Proceedings*, 95 (2005): 360–364; Paul Zak, ed., *Moral Markets: The Critical Role of Values in the Economy* (Princeton, Princeton University Press, 2008); Paul Zak, "The Physiology of Moral Sentiments," *Journal of Economic Behavior & Organization, 77* (2011): 53–65.

11 洪朝輝，〈「一隻看不見手」的百年誤讀——文獻還原亞當・斯密的隱喻〉，《南國學術》，2021 年第一期，第 4-15 頁。

一篇文章和二本著作中，各一次提到「一隻看不見的手」（an invisible hand）。

例一，斯密第一次提到「一隻看不見的手」不是在他的《道德情操論》（1759年），也不是《國富論》（1776年），而是更早的1758年前寫成的「天文學史」。此文儘管在他生前沒有發表，但這是他在去世前燒掉了所有手稿之後，唯一不捨得燒掉的一篇文稿，可見他對這篇大作的珍愛。[12]1971年，此文第一次發表。[13]1980年，牛津大學出版社從斯密擔任過校長的蘇格蘭格拉斯哥（Glasgow）大學的檔案中，編輯出版了他的文集，第一次向世人展示斯密「一隻看不見手」的原始出處：

「可以觀察到，在所有多神宗教、野蠻人和異教的古代中，只有自然的不規則事件才被歸因於神靈的體制和力量。火燃燒，水復活；重物下降，而較輕的物質由於其自身的性質而向上飛行；這些都是物體自身性質的必然；即使木星的那隻看不見之手也從未發現並作用於這些物體」。[14]

這是斯密試圖從宇宙、木星或神的角度，解釋「看不見手」的局限，因為它們沒有發現或無法解釋地球上所出現的水與火的生生滅滅和地心吸引力的現象。

例二，第二次「一隻看不見的手」一詞出現在斯密於1759年出版的《道德情操論》第一版的第四部分第一章。他描述了一個自私的地主是由「一隻看不見的手」帶領，將他的收穫分配給為他工作的人：

「這位傲慢無情的地主望着自己廣闊的土地，沒有為（農民）弟兄的需要而思考，而是想像着由自己消耗全部的收穫……〔然而〕他的腸

12　Syed Ahmad, "Adam Smith's Four Invisible Hands", *History of Political Economy, 22* (1990): 142.

13　A. Macfie, "The Invisible Hand of Jupiter", *Journal of the History of Ideas, 32* (1971):595–599.

14　原文："For it may be observed, that in all polytheistic religions, among savages, as well as in the early ages of Heathen antiquity, it is the irregular events of nature only that are ascribed to the agency and power of their gods. Fire burns, and water refreshes; heavy bodies descend, and lighter substances fly upwards, by the necessity of their own nature; nor was the invisible hand of Jupiter ever apprehended to be employed in those matters." Adam Smith, *The Glasgow Edition of the Works and Correspondence of Adam Smith*, 7 vols. (Oxford: Oxford University Press, 1980), vol. III, p. 49.

胃承受能力與他的慾望之旺盛不成比例。多餘的（資源）他不得不分配給（他人）。因此，所有得利的人都源於這個地主的奢侈和遐想……（其實）富人……是被一隻看不見的手所帶領……在沒有意圖、並不知道的情況下，就會促進社會的利益」。[15]

這段引文的核心意思就是，富人的自利慾望無限，但富人的消費能力有限，但如果沒有富人的奢侈慾望和發財想像，富人就沒有動力去僱傭農民、投資土地和發財致富。一旦富人發財成功，他只能將無法消受的多餘資源，通過各種方式分配給他人，於是，主觀利己的富人，不知不覺地在客觀上為社會提供了好處和利益。

例三，第三次也是最後一次出現「一隻看不見手」的出處，是斯密在1776年出版的《國富論》。

「實際上，他通常既不打算促進公共利益，也不知道他對公共利益有多少促進。他寧願支持本國產業而不支持外國產業，只是想要確保他自己的安全；他這種重國內產業、輕國外產業的態度，是為了最大限度地達到產品的價值，是自利的目的使然。與許多其他場合一樣，他這樣做只是被一隻看不見的手引導着，去達到他並不想達到的目的。這種結果，往往既不會對社會更有害，也不是他意願的一部分。通過追求自己的利益，他常常比他真正希望促進社會利益時，更有效地促進了社會利益」。[16]

15　原文："The proud and unfeeling landlord views his extensive fields, and without a thought for the wants of his brethren, in imagination consumes himself the whole harvest ... [Yet] the capacity of his stomach bears no proportion to the immensity of his desires ... the rest he will be obliged to distribute among those...; all of whom thus derive from his luxury and caprice... The rich...are led by an invisible hand to make nearly the same distribution of the necessaries of life... and thus without intending it, without knowing it, advance the interest of the society...." Smith, *The Theory of Moral Sentiments*, p. 466.

16　原文："He generally, indeed, neither intends to promote the public interest, nor knows how much he is promoting it. By preferring the support of domestic to that of foreign industry, he intends only his own security; and by directing that industry in such a manner as its produce may be of the greatest value, he intends only his own gain, and he is in this, as in many other cases, led by an invisible hand to promote an end which was no part of his intention. Nor is it always the worse for the society that it was not part of it. By pursuing his own interest, he frequently promotes that of the society more effectually than when he really intends to promote it. Adam Smith, *The Wealth of Nations* (NY: Shine Classics, 2014), pp. 242–243.

斯密在《國富論》中第三次所提及的「第三隻手」的本意是，投資人重國內產業、輕國外產業的主要目的是為了「安全」，而不是直接利潤的最大化，儘管這種國內投資的安全性在客觀和長期意義上，有助於促進投資人的根本利益。這種為了投資安全的理性考慮，投資人滿足了古典經濟學的兩大假設：完備理性和追求利益最大化。[17]

很顯然，儘管上述「三隻看不見的手」的意思有所不同，但後面「兩隻手」都反映了一種看不見的平衡和適度功能：個人的主觀意願與客觀後果經常相反，自利的主觀慾望往往導致有利於社會和他人的後果。這種具有「神性」和「靈性」的平衡、制衡和適度功能，無處不在。

3.1.3　《國富論》與適度經濟學思想

如果說，《道德情操論》給適度思想、道德和觀念提供指導和規定內涵的話，斯密的《國富論》所揭示的市場理論，直接反映了適度經濟學思想的精髓。斯密在《國富論》提到市場的次數高達623次，儘管他沒有明確定義市場的內涵與外延，但他認為，市場是一個「公開和自由的市場」（an open and free market），[18]是買賣雙方進行自願交換的一種交易方式，買賣、供需或生產者與消費者雙方的較量，決定了市場交易的結果，而決定市場機制的最重要元素是價格，它就是供需雙方博弈的「第三者」，既客觀又可計量，而且價格能夠逼使交易雙方走向理性、適度與平衡。尤其是來自自由競爭的價格（the price of free completion）是最低的，而壟斷價格（the price of monopoly）則是最高的。[19]

例如，如果生產者過於貪婪，要價過高，那麼消費者必然選擇其他產品，於是導致供大於求，迫使生產者降價，出現經濟危機或經濟蕭條，最終損害自身利益；類似，如果廠家出價過低，實行傾銷，期待薄利多銷，但這將可能破壞市場價格機制，既會導致生產成本相對提

17　林金忠：〈從「看不見的手」到「市場神話」〉，《經濟學家》，2021 年第 7 期，第 14 頁。

18　Smith, *The Wealth of Nations*, p. 353.

19　Smith, *The Wealth of Nations*, p. 35.

高、員工工資相對降低、企業員工離職增加，也可能由此導致生產能力不足、低價產品的成本難以為繼、企業破產。

所以，在消費者追求最大滿足和生產者追逐最大利潤的博弈中，雙方只能妥協，服從「適度」原則。一方面，企業必須精打細算，最有效地利用人力和物質資源、降低成本，這樣，既降低了價格、保證了質量，又滿足了盈利的慾望，最終導致企業利益和全社會的利益平衡，促使資源的有效配置。另一方面，消費者也不能過於貪心，過度追求價廉物美，導致消費需求降低、購買力低下，其後果有可能導致市場出現供大於求，逼使企業倒閉，最後出現求大於供，物價反而暴漲，出現通貨膨脹危機。

這樣，在一個公平而又自由的市場體系下，價格是一個重大信號，如果糧食歉收，糧價一定上漲，於是就會激勵地主們投資農業、生產更多糧食，社會的糧食危機就會得到緩解，於是，個人利益和社會利益就可能得到理性而又適度地平衡。[20]

斯密在《國富論》第一卷第五章專門論述了商品的真實價格 (the real price) 和名義價格 (the normal price) 的關係。[21]在商業貿易中，斯密認為存在兩種價格：一是商品的名義價格，由貨幣來衡量；二是商品的真實價格，即獲取物品所需的力氣和風險，包括非經濟的風險，所以商品的真實價格是勞動力的數量，而不是貨幣的數量。而且，斯密在《國富論》第一卷第七章分析了市場價格 (the market price) 與自然價格 (the natural price) 之間的區別。自然價格是生產、製造、運輸商品到市場所使用的按自然率支付的地租、工資和利潤，所以，自然價格是中心價格，一切商品的價格都受到它的吸引和指引。儘管自然價格是每一個投資人希望在市場供需關係相等的情況下，能夠接受的價格底線，但市場供需關係總是隨時波動起伏，所以，因為供需關係的轉變而發生的價格改變就是「市場價格」。[22]

20　田國強：《高級微觀經濟學》（北京：中國人民大學出版社，2020 年），第 11–12 頁。

21　Smith, *The Wealth of Nations*, p. 20.

22　Smith, *The Wealth of Nations*, p. 31.

例如，某時某地的天災人禍，造成糧食供不應求，市場價格一定比自然價格高；類似，如果某時某地，參與投資和生產的人數超常增加，造成供大於求，則其市場價格會無限接近甚至低於成本。斯密的觀點是，一方面，當市場價格走高的時候，會有大量投資者和勞動力湧入，結果將導致供給大於需求，造成市場價格逐漸走回自然價格；另一方面，當市場價格偏低的時候，由於無利可圖，導致大量投資者和勞動力撤回，這讓供需逐漸平衡，於是乎，市場價格與自然價格再次持平。

由此表明，這個價格的客觀信號是根據適度的同情和推己及人的要求，確定兩類價格：一是前述的市場價格，平衡供需衝突；二是理想狀態的、完備理性的、擁有充分信息對稱的、中道客觀的適度，類似於自然價格。適度理論對社會發生的正面作用，與價格機制對經濟運行和市場供需所發揮的平衡作用類同。[23]所以，價格、市場、客觀的旁觀者與適度一樣，猶如一道閥門，能夠抑制人性的過度貪慾、激情的失控，人需要追求財富的「油門」和衝動，但必須借助理性和適度的「剎車」，這也是《國富論》的思想基礎。「如果這樣來理解，那麼，斯密在《道德情操論》和《國富論》中的人性假定是完全一致的」，[24]「斯密問題」也就成了一個偽問題。

其實，斯密尤其注重市場的平衡（balance），以及通過平衡所實現的適度。他在《國富論》中90次提到「平衡」一詞、13次提到適度與不適度（propriety and impropriety），深刻揭示了適度經濟學思想的平衡性。例如，他首先非常注重貿易的平衡，29次提及和論述了這個問題，但他既反對貿易赤字（unfavorable balance of trade），[25]也反對在其他領域的過度平衡（over-balance），[26]體現了適度的思想和原則。同時，他認為所有法定的政府干預（statutory regulations）必須適度（great propriety）；[27]另外，銀行可以向商戶支付預付款，但必須適度地支付

23 羅衛東、劉璐：〈基於亞當·斯密「合宜性」理論的人類個體行為模型〉，第41頁。

24 羅衛東、劉璐：〈基於亞當·斯密「合宜性」理論的人類個體行為模型〉，第42–43頁。

25 Smith, *The Wealth of Nations*, p. 230.

26 Smith, *The Wealth of Nations*, p. 75.

27 Smith, *The Wealth of Nations*, p. 50.

預付款 (propriety advance)，[28]而且，在銀行、銀行家與貿易商的交易過程中，也要牢記適度的原則。[29]尤其是，他強調了對等適度的原則 (equal propriety)，[30]提醒交易雙方需要理性、同情、互相尊重和推己及人。

所以，建立在適度哲學基礎上的市場供需理論，能夠指引個體行為理論與社會秩序理論的鏈接與平衡，並為後來的經濟學家組合經驗證據與數學模型提供了一條可行與邏輯自洽的路徑，最終將哲學、倫理、情境三大維度納入經濟分析的框架之中，為適度經濟學思想的發展，提供了巨大的可能與機遇。[31]

3.2 新古典經濟學的均衡性

如果說，斯密的價格論和市場論所蘊含的供需平衡理論，奠基了經濟學適度思想的方向，那麼新古典主義的一般均衡理論 (general equilibrium theory)，則為適度經濟學思想提供了更豐富的元素。這一理論的最重要貢獻者是劍橋學派代表馬歇爾 (A. Marshall, 1842–1924)，他在1890年提出一般均衡和均衡價格理論，一定程度上體現了適度經濟學思想的理念。

3.2.1 一般均衡理論

1890年，馬歇爾發表《經濟學原理》，提出「均衡價格」三要點，與斯密的平衡和適度原則，存在異曲同工之妙。[32]馬歇爾運用邊際效用理論，說明需求數量隨着價格下跌而增加，隨着價格上漲而減少；同時，他運用邊際生產費用理論，證明價格高則供給多，價格低則供給

---

28 Smith, *The Wealth of Nations*, p. 164.

29 Smith, *The Wealth of Nations*, p. 176.

30 Smith, *The Wealth of Nations*, p. 445.

31 羅衛東、劉璐：〈基於亞當‧斯密「合宜性」理論的人類個體行為模型〉，第 45 頁。

32 Alfred Marshall, *Principles of Economics: Unabridged Eighth Edition* (NY, Cosimo, Inc., 2009) [1890], pp. 281–291.

少。更重要的是,他結合需求規律和供給規律,發現均衡價格規律,睿智地提出,當供給價格和需求價格取得一致時,需求量和供給量也會一致,並形成均衡價格。[33]

很顯然,馬歇爾新古典主義提出的一般均衡價格系統,揭示了三大要點。第一,對消費者而言,均衡價格能夠幫助他們在給定價格下,確定自己所需要的投入,在給定的預算下進行消費,最大化自己的消費效用,既不浪費,也不奢侈;第二,對生產者而言,企業也需要受到給定價格的約束,來決定投入與產出的數量,最大化自己的生產利潤,既不能好高騖遠、高估自己的能力,也不能低估自己的產能、浪費寶貴資源;第三,在這一供需雙方所形成的價格體系下,每個產品市場和投入市場都會達到總供給與總需求的均衡。所以,為了確保得到唯一的、可預測的均衡,新古典經濟學理論提出收益遞減的假設:如果一個廠商在市場上的競爭力遙遙領先,那麼它會遇到更高的成本或其他形式的負反饋,結果市場份額將穩定在某個可以預測的唯一的均衡水準上。[34]

同樣,與一般均衡理論類似,經典博弈論(classical game theory)研究的主題是,在給定博弈對手可能選擇的策略、行動和資源配置的情況下,一個行為主體需要根據某種判斷標準,選擇適度的策略、行動和資源配置,旨在達到最優的行動選擇。再如,理性預期經濟學(rational expectations economics)研究的主題是,什麼樣的預期符合所有這些預期共同創造的結果,或者說,平均而言,能夠被所有這些預期共同創造的結果所驗證?這種便捷的均衡理論(equilibrium shortcut),不失為研究經濟模式的一種自然方法,同時也為數理分析(mathematical analysis)留下了用武之地。[35]

很顯然,馬歇爾把傳統經濟的供給決定論(斯密的勞動價值論)與邊際學派的需求決定論進行了有機結合。他認為,商品的市場價格決定供需雙方的力量均衡,猶如剪刀之兩刃,共時與交互地發生作用,

---

33 Marshall, *Principles of Economics,* pp. 302–315.

34 Marshall, *Principles of Economics,* pp. 411–417.

35 Arthur, *Complicity and the Economy*, p. 4.

從而建立起均衡價格論。[36]馬歇爾還認為,人類的進步似乎存在兩種相反的力量,一方面是追求滿足,猶如汽車油門,促使人類不斷追求利益最大化;另一方面是避免犧牲,抑制衝動或過度,猶如車閘,謹慎行事。其實,油門與車閘的功能不存在價值判斷,[37]它們反映了適度與均衡思想的共同亮點,符合前述的適度哲學的第三要素——權變原則。

3.2.2 均衡理論的基準與參照

新古典經濟學理論首先提出理想性的基準點和參照系,儘管在現實中這種接近完美的假設和理想很難實現。但為了數學建模的需要,這類純中又純的基準點成為必要,而且作為經濟發展目標的設計,確立高標準的追求,有助於激勵各自的努力程度和方向。

所以,新古典經濟學在古典經濟學的理性與逐利最大化的兩大假設基礎上,由瓦爾拉斯 (Leon Walras, 1834–1910) 提出另外三大假設。其一是完全信息假設 (full or perfect information),假定經濟當事人在簽訂合同、進行交易時,都對產品的價格、質量、效用、生產方法瞭如指掌,而且,他們一定會根據足夠的信息做出決策,因此供求雙方不可能互相欺騙,騙也沒用,因為一定會被對方或遲或早地發覺。

其二是市場出清假設 (market clearing),假定價格具有完全的彈性,而且可以自動調節,那麼,各種市場總是可以實現需求量與供給量的總體相等,既不會存在持續過剩,也不會存在持續短缺。也就是說,所有市場的產品都是可以出清的,保持完美的平衡、均衡和守恆,這個價格就被稱為市場出清價格或均衡價格。

其三是完全競爭假設 (perfect competition),表明每一個行業的無數企業,進行完全競爭,但由於每一個企業非常小,所以它們不可能對整個行業造成任何重大影響,並形成壟斷地位。尤其是,每個企業都使用同樣的技術與同樣的成本生產同樣的產品,產品的出售價格一致,企業沒有任何定價權;但如果一旦出現定價權,就可能出現壟斷。這

36　Marshall, *Principles of Economics*, pp. 276–280.

37　Marshall, *Principles of Economics*, pp. 58–59.

樣，只有滿足了這些條件，市場才是最好的，其結果才會達到帕累托最優。一旦偏離這個完全競爭的模型，就形成了壟斷。[38]這些假設就反映了第一類基準經濟理論，代表了一種理想的目標。[39]

但在現實中，經濟人需要在給定的約束條件下，對自己的行為和行為的結果進行選擇和取捨，取得最優的「均衡結果」，這個結果也許是一個利己利人利社會的均衡，促使生產者與消費者通過彼此之間的有形或無形的博弈，取得所有商品的市場競爭均衡。[40]這種均衡背後的理論與哲學支撐，就是適度。

3.2.3　一般均衡理論的適度思想

新古典經濟學派所推崇的一般均衡理論在以下三大方面，體現了部分適度經濟學思想。

其一，均衡無限慾望與有限資源、均衡公平與效率的矛盾。自利慾望的無限與經濟資源的有限是一個永恆的難題。新古典經濟學在斯密古典經濟學的三大生產要素（勞動、土地和資本）的基礎上，[41]增加了第四大要素：企業組織所有者。[42]對此，科斯（Ronald Coase, 1910–2013）也認為，不僅馬歇爾提到了組織，克拉克（John Bates Clark, 1847–1938）也提及組織的存在對企業家的協作功能（coordinating function）。[43]當然，還包括經濟主體受到時間、知識、技術、管理、資料和自由資源的限制。對此，基於慾望的無限和資源的有限，人類必須對基本條件約束下的有限資源，進行適度哲學第三原則所提倡的「權變」、評估和選擇，旨在盡可能減少資源消耗、增加產出，最大限度地滿足社會需求。[44]於是，由新古典主義經濟學、邊際主義、洛桑學派所

38　Léon Walras, *Elements of Theoretical Economics: The Theory of Social Wealth* (Cambridge: Cambridge University Press, 2014).

39　田國強：《高級微觀經濟學》，第 8 頁。

40　田國強：《高級微觀經濟學》，第 46–47 頁。

41　Smith, *The Wealth of Nations*, p. 27–31.

42　Marshall, *Principles of Economics*, pp. 243–261, 602–623.

43　R. H. Coase, "The Nature of the Firm," *Economica 4* (1937): 388.

44　田國強：《高級微觀經濟學》，第 3 頁。

派生出來的帕累托改進（Pareto improvement），就推動了福利經濟學（Welfare Economics）的創立和發展。

福利經濟學強調經濟研究的主要動機就是幫助社會的改進（"help social improvement"）。[45]福利經濟學的第一基本定理證明競爭市場制度在配置資源方面的最優性，因為競爭均衡導致個人理性逐利的行為與社會資源的最優配置，實現了完美統一的相容。[46]鑒於市場不是萬能、市場一定存在失靈的事實，經濟學家就需要設計市場的適用邊界。例如，一旦出現新古典主義三大假設的失靈，包括資訊不完全、市場不完全競爭、存在外部效應等，帕累托改進和福利經濟學就可能提出一系列修正和糾偏市場失靈的機制，防止市場的無效配置。再如，福利經濟學所推崇的轉移支付競爭均衡（competitive equilibrium with transfers），就是旨在對個體的財富進行重新分配，在效率與公平的兩難中走中道、行適度，最後到達經濟均衡。[47]同時，根據福利經濟學的第二定理，任何一個帕累托最優配置，都可以通過對個體財富的適度地重新分配之後，推動競爭市場機制的成功實現。其核心要義就是，面對市場可能導致分配不公、資源配置不均、貧富嚴重分化的現實，可以考慮使用政府的稅收政策，如累進所得稅、遺產稅等，進行抽肥補瘦；也可以增加各類補貼和優惠、推出產業政策扶持、增加關稅、資助義務教育等政策。[48]

由此就展示了適度經濟學思想的最基本功能：如果過度使用市場機制，導致效率有餘、公平不足，就需要發揮政府的功能，予以糾偏，尤其是在公共服務方面，包括公共衛生、公共教育、生態環境保護、收入分配等；同樣，如果政府干預過度，出現無效市場，就需要發揮市場的機制。但是，適度經濟學思想的要義是，一旦市場競爭過度，絕不是取消市場，不能因噎廢食；同樣，一旦效率低下，也不是放棄政府，

---

45 A. C. Pigou, *The Economics of Welfare* (London: Macmillan and Co., 1929), third edition, p. ix.

46 Vilfredo Pareto, *The Mind and Society*, ed. by Arthur Livingston. (NY: Harcourt, Brace & Company, 1935); 田國強：《高級微觀經濟學》，第 616、621 頁。

47 田國強：《高級微觀經濟學》，第 625 頁。

48 Nicholas Kaldor, "Welfare Propositions of Economics and Interpersonal Comparisons of Utility," *The Economic Journal, 49* (195) (1939): 551–552.

而是需要市場與政府的適度協調和運作，通過初始稟賦的再配置，對財富進行再分配、對競爭市場再運作，尤其是不能干擾價格、搞亂市場，[49]因為這些舉措都不符合適度哲學的六大元素。

其實，適度也是一種理想狀態，與古典與新古典主義的五大假設類似，很難達到，甚至無法達到，但沒有這個適度的標桿和基準，人類一定更容易走向兩極，要麼不及，要麼過度。

其二，競爭均衡也體現了適度原則。競爭均衡與一般均衡緊密相連，是指消費者效用最大化和生產者利潤最大化的同時，所有商品的市場總需求（aggregate demand）不超過市場總供給（aggregate supply）（及市場出清）的狀態。所以，競爭均衡理論的適度思想主要體現在競爭均衡的福利性質，也就是說，一方面，競爭均衡需要考慮資源的最有效配置，但一方面，更需要考慮這種資源配置的平等和公平效用。

例如，在治療新冠病毒的過程中，儘管非常時期，給了公權力高效調配資源的權力，減少了摩擦系數，但有效的治療有可能導致不公平的資源傾斜，出現弱勢團體的民眾就醫率低、死亡率高的事實。於是，經濟學家就需要強化對消費和生產的外部性現象進行研究，探討效率與公平的均衡，這也是後來福利經濟學所面對的適度難題。[50]

其三，一般均衡理論初步完成了數學建模，計量展現了適度經濟學思想的精髓。1874年，先有瓦爾拉斯使用數學模型，解釋眾多微小經濟個體是如何通過市場的相互作用，達到均衡狀態。隨後，意大利經濟學家帕累托（Vilfredo Pareto, 1848–1923）對數學模型進行了改進。他們兩人與馬歇爾類似，都希望研究均衡的效率和社會發展的最優，強調需求和消費者偏好之間的聯繫，以及廠家的生產與利潤最大化之間的關係。對此，瓦爾拉斯認為，只要價格變量的個數與方程的個數相等，則均衡就應該存在。[51]

49　田國強：《高級微觀經濟學》，第 629、643 頁。

50　田國強：《高級微觀經濟學》，第 539 頁。

51　田國強：《高級微觀經濟學》，第 537 頁。

　　但是，新古典主義均衡理論的最大問題是過於理想化，正如西蒙（H. A. Simon, 1916–2001）所指出，這是一種「靜止的均衡經濟學」（the economics of static equilibrium），[52]缺乏歷史和演化的觀點看待經濟現象，而且過於強調最優，而在現實中，經濟主體往往只能得到暫時的滿意或勉強可以接受的後果。

　　總之，古典經濟主義所彰顯的供需平衡和新古典主義所追求的價格均衡，仍然是至今西方經濟學的主流。必須一提的是，「平衡」與「均衡」存在一定的不同意思。「平衡」（balance）主要是指兩個之間的力量（如需求與供應），作用在一個載體上（如市場），儘管各個力量可能相互抵消，但市場這個載體仍然保持原來的運動狀態，而且可以使用外力（如政府），進行不斷地制衡和調試，爭取達到平衡的目的。而均衡（equilibrium）是指對立各方（如效率與公平、價格與成本），在數量、比例和實力方面相等，如果兩個力量達到均衡，不僅大小相等，而且方向相反，如效率愈高，公平就愈差；價格愈高，成本就愈低。

　　儘管自1970年代以來，大批經濟學家對古典和新古典的「雙衡」（平衡與均衡）思想提出了重大挑戰，甚至全盤否定，但適度經濟學思想的中道原則，要求我們對前人的貢獻，既要批判它們的不足，也要強調它們存在的價值和歷史的貢獻。尤其是，「雙衡」思想為適度經濟學思想奠定了基礎、規定了起點，為進一步豐富與完善適度經濟學思想，提供了必不可少的依據和條件。

52　Herbert Simon, "Bounded Rationality in Social Science: Today and Tomorrow," *Mind & Society, 1* (2000): 26.

第四章

制度經濟學的中和性與
行為經濟學的主觀性

除了古典和新古典經濟學「平衡」與「均衡」思想對適度經濟學思想，提供重大基礎作用以外，制度經濟學和行為經濟學也蘊含了許多適度經濟學的思想元素。通過細緻的文獻研究，有助於我們挖掘和開拓適度經濟學思想的學術寶庫。

4.1 制度經濟學派的中和性

首先，制度經濟學包括舊制度經濟學和新制度經濟學，它們的許多觀點全面反映了適度哲學的三大特性：中和性、歷史性、相對性。

4.1.1 舊制度經濟學派的中和努力

舊制度經濟學產生於20世紀20年代，是基於對新古典經濟學的批判而應運而生，它屬於美國土生土長的經濟學理論。對舊制度經濟學派的中和性做出主要貢獻的經濟學家是康芒斯 (J. R. Commons, 1862–1945)，他的思想立場相對接近中道和中和，主要表現在以下五大方面。

其一，康芒斯推崇制度與法律的中和功能。康芒斯強調解決衝突、調和利益的中堅力量是法律，而這種制度的重中之重是法律制度，因為法律能夠起到最有效的中和作用，有助於交易雙方和勞資雙方和平、合理、合法地解決糾紛，而交易雙方之所以不會陷入你死我活的零和遊戲，是因為雙方還存在相互依賴的彼此需要，由此將幫助資本主義

社會尊重法律制度、淡化階級對立、避免戰爭衝突，並促進經濟能夠可持續地發展。[1]

康芒斯在強調法律作用的同時，尤其推崇法院的作用。對此。他提出一個「合理價值」（reasonable value）的重大概念，認為合理價值並不是任何個人對合理事物的看法，而是「法院根據原告和被告之間的不同訴求，所作出的合理決定。它是客觀的，可以用金錢衡量，並且是強制性的」。[2]它表明通過法院這個合集體與法律於一體的制度，是可以中和不同個人的利益，並得到衝突雙方都可以接受的強制性安排，以此緩和社會衝突。某種意義上，面對原告與被告，法官的功能類似亞當·斯密所推崇的「客觀的旁觀者」，他代表了一種客觀性、制度性和強制性的法律。[3]

對此，康芒斯特別強調最高法院的意義，因為它代表了一種非書面的憲法（unwritten Constitution）。[4]他認為美國之所以在1930年代走出一條與德、意法西斯國家不同的道路，最高法院起了關鍵的作用，因為它抑制了美國壟斷資本主義的發展，而壟斷資本主義是向法西斯主義過渡的橋梁。[5]在法院的努力下，法院的判決既可能對壞的社會規則進行懲罰，也可能將好的社會習俗演化成法律的一部分，也就是將「地方的一個實踐變成國家的普通法」（A local practice becomes common law for the nation）。[6]

但是康芒斯忽略了文化對制度的制約作用，因為「壞」文化能對「好」制度起到破壞作用。例如，儘管法院作出了判決，但如果主流文化是一個唯權、唯錢、唯上的人治文化，那麼「有法不依」的現象將是比比皆是。所以，不能離開文化談制度。

1　John Commons, *Institutional Economics: Its Place in Political Economy* [1934], vol. 1, with a new introduction by Malcolm Rutherford. (New Brunswick: Transaction Publishers, 2009), p. 4.

2　John Commons, "Institutional Economics," *American Economic Review, 26* (1936): 244.

3　Commons, "Institutional Economics," 248.

4　Commons, "Institutional Economics," 248.

5　Commons, "Institutional Economics," 246.

6　Commons, *Institutional Economics*, p. 712.

其二、集體和組織。舊制度經濟學試圖超然於個人主導的市場和國家主導的政府，提出具有適度調節功能的、介於個人與國家之間的集體。康芒斯的集體理論提出了一種制度意義的集體假說，他認為制度就是「集體行動對個人行動的控制」(collective action in control of individual action)。[7]而且，根據康芒斯的觀點，企業、公司、工會、僱主協會或貿易組織對個人工作規則 (working rules) 的制約，比國家政治的集體行動更加有力。[8]也就是說，個人不僅受一般社會性和國家級規則的制約，也受到特定組織規則的限制。這與其後科斯 (Ronald Harry Coase, 1910–2013) 所強調的企業之作用，不謀而合，因為企業也是介於個人與國家之間的一個重要集體。

根據康芒斯的論述，表面上，集體行動控制個人行動會導致個人自由和利益受損，但這種控制的目的與結果總是對個人有益，因為集體行動在人與人之間建立了權利和義務的邊界關係，也建立了沒有權利和沒有義務的社會關係。例如，集體行動能夠有效要求個人實施某個具體目標、避免某種可能、克制某種行為；集體行動能夠對個人產生安全感、服從感、自由感；集體行動的運行規則成為指導個人經濟行為的共同原則；而且，集體行動還能夠幫助、強制、阻止、決定一個人能或不能、必須或不必、可以或不可以做什麼事情。尤其是，康芒斯認為，這種集體組織的建立和集體組織規則的制定，都是根據個人之間衝突、談判、妥協和契約的經驗中所總結和提煉出來的。於是，一些組織領導者的決定就提供了未來可依循的慣例和工作規則。[9]這樣，這個具有制度特性的集體，通過集體行動，能夠有助於協調人與人之間的利益衝突，約束變化無常的非理性個人行為，並最終決定合理的制度安排，促使個人行動符合社會的利益。

其三、理性交易。康芒斯認為，古典和新古典等傳統經濟學一直以物質的商品為研究對象，這是一種物質經濟學。但他主張經濟學研究的主題應該從舊概念的商品 (commodities)、勞動力 (labor)、慾望

7　Commons, *Institutional Economics*, p. 1.

8　Commons, *Institutional Economics*, p. 70.

9　Commons, *Institutional Economics*, p. 72–73.

(desires) 等，拓展到經濟活動的最基本形態——「交易」(transection)。這樣，「交易」就從簡單的物品或勞務之間的轉移，進化到人與人之間的關係，促使交易具備了人文意義。於是，傳統的買賣活動、經理對工人的管理、國家對個人的徵稅等等，都可以通過「交易」聯繫和歸納在一起，進行深入的研究和比較。[10]

康芒斯強調，經濟活動的「交易」可分買賣交易（Bargaining Transaction）、管理交易（Managerial Transaction）和限額交易（Rationing Transaction），但這些交易是地位平等的人們之間或者上級和下級之間的社會活動單位。基於此，「交易」這個單位就可以更有效地解釋和解決「衝突、依存和秩序」這三者的關係，顛覆了傳統的「商品、勞動、慾望、個人和交換」這些舊概念。於是，人們的交易性質就與倫理、法律和經濟緊密相連，法經濟學和倫理經濟學也就可能成了兩門新的學科。[11]

而且，康芒斯將「交易」提升到了一個制度層面，就是所有權的交易，而這種所有權的交易一定涉及交易雙方的社會習慣、傳統和風俗。他們不同或相同的文化、價值和觀念，很大限度地決定了他們交易的數量、質量和結果。於是，交易就具有了文化和價值的色彩，經濟學的本質也就可能從物質經濟學轉型到制度經濟學，甚至為以後文化經濟學的出現，打開了一片天地。

其四、調和階級衝突。康芒斯不僅是一個學者，更是一個實踐家，在美國進步主義運動期間，他幫助威斯康星州州長出謀劃策、執行政策。康芒斯既拒絕保守調和，也反對激進革命。他一方面接受利益衝突的現實，但另方面，極力主張在衝突中進行協商和妥協，主張在解決現實問題時，需要提倡一種互諒、互讓、協商、雙贏的緩解衝突模式，其核心是三方對話，包括企業、勞工和政府，制訂三方都能接受的最大公約數的方案，顯現了舊制度主義所推崇的多重利益體相互依存的價值

10　Commons, *Institutional Economics*, p. 4.

11　Commons, *Institutional Economics*, pp. 59–68.

觀，也反映了康芒斯既不是激進的個人主義者，也不是完全保守的集體主義者。[12]

　　在實踐中，康芒斯主張政府發揮積極的制度建設和調解作用，這種制度建設也是一種中道，既不是服從個人的自利，也不是推翻政府、另起爐灶。這樣，他就把政府的角色從一個消極的「守夜人」，轉化為適度的調解人，中和了不同利益集團的對抗，平衡與協調了個人自由、政府權力和法律強制三者之間的張力。[13]

　　需要指出的是，康芒斯的著述以其親身經歷為案例，研究了威斯康星州勞資雙方的集體談判、訂立失業保險法案的過程。面對企業與勞工之間的嚴重分歧，威斯康星州政府於1911年成立「威斯康星產業委員會」，邀請由勞資雙方代表共同參加的咨詢小組，最後成功通過立法。康芒斯將這個委員會的功能提升到政府的「第四個分支」，成為解決勞工問題、緩和勞資衝突的一大選擇和補充。由此證明，合作精神、集體談判是解決衝突的有效方法。[14]

　　其五、綜合和交叉研究。康芒斯的中和主張也是一種具有適度功能的綜合研究的努力。康芒斯的舊制度經濟學將法學、經濟學和倫理學進行了有機的綜合和交叉，並導致「交易」具有了法律的制度高位和倫理的道德高度，促使「交易」具有了許多非物質性、制度性和人文性的元素，由此就極大拓展了交易的內涵與外延，促使「交易」走出傳統經濟學的狹隘境地。[15]

4.1.2　新制度經濟學派的中和貢獻

　　除了康芒斯舊制度經濟學派的中和努力以外，新制度經濟學的代表人物科斯也創造了一種企業理論，推出一個新型的集體概念：企業。

12　Malcolm Rutherford, "Introduction to the Transaction Edition." In John Commons, *Institutional Economics*, p. xii.

13　John Commons, *A Sociological View of Sovereignty* [1899–1900] (New York: Augustus M. Kelley, 1967), p. 45

14　Commons, *Institutional Economics*, p. 3.

15　Commons, *Institutional Economics*, p. 58.

1937年，科斯的第一篇著名論文就希望扮演一種「中和」的作用：在兩種「假設」的缺口架起一座「橋樑」：一是使用價格機制，來調節資源的假設；二是利用企業家合作，來調節資源的假設，而填補價格和企業家之間重大缺口的橋樑，就是企業組織。[16]

儘管科斯不怎麼喜歡康芒斯，因為康芒斯不敬畏理論，但科斯的新制度經濟學、法經濟學、交易成本理論，與康芒斯的交易理論存在密切關係，因為康芒斯將「交易」性質的解釋擴展到產權經濟 (proprietary economics)，[17]為科斯的通過談判所完成的交易費用概念 (transaction cost)，提供了應用的現實可能和潛在空間。[18]另一位新制度經濟學重要代表諾斯 (Douglass North, 1920–2015) 也認為「交易成本是經濟業績的關鍵」(the costs of transacting are the key to the performance of economies)。[19]

科斯在1960年發表的《社會成本問題》中，詳細論證了企業不同於市場的幾大功能與原因。其一，市場交易的特點是人人為己，個個謀求自己利益的最大化。而企業內部交易，是交易雙方的利益基本協調和一致，因為如果實行自私或損人利己的機會主義、如果雙方互相進行欺詐，對誰都沒有好處，很可能是雙輸。所以，他認為企業雙方的傷害是互相的 (reciprocal harm)，當A在傷害B的同時，A也在傷害A自己。他以牛吃麥為例，如果一頭牛吃了附近的農作物，其結果是牛的主人得利、肉類供應增加，但農作物的供應就減少，價格就上漲。於是，就需要做出選擇：要肉還是要農作物？對此，科斯認為，這需要由市場上的牛和農作物的價值和價格決定，以及需要評估，為了獲得各自價值所可能犧牲的代價誰更大？[20]類似，張五常在1973年發表的「蜜蜂的寓言」，也

16　R. H. Coase, "The Nature of the Firm," *Economica, 4 (*1937): 389.

17　Commons, *Institutional Economics*, p. 8.

18　Coase, "The Nature of the Firm," 390–391.

19　Douglass North, "Institutions and Economic Growth: An Historical Introduction," *World Development, 9* (1989): 1319.

20　R. H. Coase, "The Problem of Social Cost," *Journal of Law and Economics, 3* (1960): 2–6.

提出讓市場和契約來決定養蜂人與果農之間相互所發生的利與害的關係，政府不要介入。[21]

基於這個問題，薛兆豐提及愛潑斯坦（Richard Epstein）的一個觀點：假設衝突雙方是同一個人，問題也就迎刃而解。例如，假定牛與小麥的主人都是一個人，這時，是否允許牛吃小麥就取決於當時當地的市場，牛肉和小麥各能賣多少錢？如果小麥的價格高於牛肉，那主人一定設法不允許牛吃小麥；但如果牛肉的價格更高，那主人不僅允許牛吃小麥，還要給它享受音樂、給它按摩。[22]這一「傷害效應」的思路（harmful effects），[23] 是對斯密「客觀旁觀者」思想的發展。如果斯密的「客觀旁觀者」是設計一個客觀的第三者的話，那麼科斯的產權爭議是將兩位當事人合二為一，設計一個主觀的第三者，兩者存在互補的異曲同工之妙。一個是客觀旁觀，一個是主觀換位，其中所體現的「共生有機體」揭示了一個道理：我們互愛互讓，雙方得利；我們互傷互害，則雙方共輸，雙贏與雙輸其實就是異位同體。由此所發展的一種「同情共理」思想，也為適度經濟學思想的豐富與完善提供了新的視角。

其二，市場交易平等，但企業交易各方的關係為內部行政關係，存在等級結構制度的垂直特徵。在單個企業內部，資源配置不是靠談判解決，而是通過行政命令完成，企業家具有指揮的權力。這種集權的特徵，導致企業比市場更能夠減少交易的行政成本，減少交易的不確定性。[24]它意味着外部市場需要自由，但內部企業需要集權。外部的民主選舉需要一人一票，窮人、富人、男人、女人一視同仁；但企業內部必須實行一股一票、多股多票。政治可以民主，經濟不能民主，沒有股份的工人不能與企業老闆享有同等的投票和決策地位，不然就失去了現代企業的本質。

---

21 Steven Cheung, "The Fable of the Bees: An Economic Investigation," *Journal of Law and Economics, 16* (1973):32–33.

22 引自薛兆豐：《薛兆豐經濟學講義》（北京：中信出版集團，2018），第 78–83 頁；參見 Richard Epstein, *Takings: Private Property and the Power of Eminent Domain* (Cambridge: Harvard University Press, 1985).

23 Coase, "The Problem of Social Cost," 18.

24 Coase, "The Problem of Social Cost," 16.

其三，市場交易的特徵是外部交易，各方地位完全獨立，而企業的特徵是交易完全內部化。在企業內部，消除了各種生產合作要素之間的個別討價還價，這樣，生產要素的所有者之間就不需要討價還價（without the need for bargains between the owners of the factors of production），[25]由此就節約了交易成本。而且，企業組織通過決策的專業化和內部信息的有效溝通，會增加決策的理性化，因為專業有助於理性與冷靜，而外行會導致情緒與衝動。另外，內部信息的溝通也能減少機會主義行為，比較容易發現對方的欺詐行為，促使企業增強自身的應變能力。

其四，儘管市場能夠較有效地控制生產成本，但企業則能夠更靈活地因對經濟危機，因為企業具有一種經濟組織的替代形式（alternative form），「能夠給出比使用市場所產生的成本更低的成本，但卻能夠獲得相同的結果，從而提高生產價值」（could achieve the same result at less cost）。所以，「企業代表了一種替代方法，通過市場交易來組織生產」（the firm represents such an alternative to organising production through market transactions）。[26]科斯指出，企業的出現是為了解決市場難以解決的問題，因為企業之間如果能夠簽訂長期合約而不是短期合約，由此就會產生另一種資源配置的方式。而且，一旦市場失靈，企業就能產生一定的存在價值和替代價值。[27]尤其是，科斯強調，僅靠市場的價格機制是不夠的，需要企業家的協調功能（the co-ordinating function of the "entrepreneur"）。[28]由此表明，交易成本的降低不能只靠價格與市場，還需要企業或企業家作為替代予以補充與調節。

25　Coase, "The Problem of Social Cost," 16.

26　Coase, "The Problem of Social Cost," 16.

27　Coase, "The Nature of the Firm," 390–391.

28　Coase, "The Nature of the Firm," 389.

4.1.3　其他制度經濟學家的中和觀點

除了科斯強調了企業的適度和中和作用以外，其他經濟學家和理論也補充了企業的一些獨特作用。

第一，扎克 (Paul Zak) 等經濟學家認為，企業能夠減少不確定性。良好的制度能降低不確定性，企業間的信任能夠減少交易成本。[29]不確定性是盈利的天敵，而有限理性和機會主義是不確定性的主要原因。於是，經濟發展就不能太依賴反覆無常的市場，應該尋求非市場形式的組織安排：企業，因為企業作為一個整體，其內部的行動是集體決策的結果，任何個人所獲得的結果，取決於其他人是如何做出選擇，集體內的任何個人追求純粹的效用最大化，都是不可能的，實現企業整體的帕累托最優才是共同努力的方向。但具體而言，需要以下三個條件來減少不確定性。

一是形成心理默契。溝通經濟學 (economics of communication) 認為，人們通過在熟悉環境中的長期交流，能夠產生一種「口中沒有、心中全有」的默契，共同的工作經歷能夠產生一種「心照不宣」的同頻共振和言行共鳴，並有可能產生集體無意識或潛意識的動力，最後就能減少溝通的成本、緩解不確定性、穩定各自的心理預期。[30]

二是形成決策焦點 (focal point)。這個「焦點」理論由經濟學諾獎得主謝林 (Thomas Schelling, 1921–2016) 於1960年提出。他認為，在雙方溝通缺失的前提下，「人們通常可以在彼此合作的情況下，與他人協調出他們的意圖或期望」，但這種協調和博弈的成敗取決於雙方是否存在一個「焦點」，而這個焦點的發現取決於各自所處的時間、空間和個性。[31]決策焦點有時來自雙方的直覺和默契，而不是理性、邏輯與科學。這種焦點的出現，就意味着合作契機的出現，有助於雙方找到預期、做出判斷、減少不確定。類似兩個長期的牌友和棋手，一定能在適

29　Paul Zak and S. Knack, "Trust and Growth," *The Economic Journal, 111* (2001): 295–321.

30　Karen Middleton and Meheroo Jussawalla, eds. *The Economics of Communication: A Selected Bibliography with Abstracts* (NY: Pergamon Press, 1981), pp. xi–xvi, 1–7.

31　Thomas Schelling, *The Strategy of Conflict* (Cambridge: Harvard University Press, 1960), p. 57.

當的地點和時間找到決策焦點。當然，專業高手難以與業餘人士合作，因為業餘者往往不按牌理出牌，雙方很難找到「焦點」。同質的企業文化就有助於出現心理默契、心領神會和決策焦點。

三是抑制個人偏好。人的主觀偏好一定千奇百怪，但企業文化具有重塑員工觀念、改變員工傾向的能力與機制，因為如果員工不服從或不習慣特定的企業文化，只能自行或被迫離職。作為對比，在一個企業外的民主社會，公民可以不服從總統，而總統卻難以因此而開除公民的國籍。所以，企業能夠約束和限制文化的多樣性、複雜性和不確定性。其後果是企業可能創造出聯合一體的文化，形成一定程度的忠誠與信任，促使個人的偏好受到集體文化和企業制度的抑制。例如，許多大企業樂於提供統一的企業制服，這裏的「制服」既是名詞，更是動詞，表示「制服」員工個人偏好、統一員工價值的一種符號。對此，美國社會和文化就存在一大悖論：一方面，社會愈來愈多元、自由、獨特；另方面，美國社會的信任度卻較高，僅次於德國和日本。對此悖論，福山認為，美國社會靠的是結社傳統。也就是說，美國一方面是「鷹」，鷹是不合群的，永遠單飛，即「鷹隼不群」；但另方面，美國社會是循道合群，只要是同道，就能合作，如美國眾多的教會、企業和非政府組織，導致社團主義盛行。[32]由此也就表明，企業在面對個人利益與社會利益衝突之時所體現的中和作用。

第二，企業能夠彌補不完全契約。由於有限理性、機會主義、不確定性、信息不對稱等必不可免，人們在契約簽訂以及履約過程中，常常出現契約失靈的困擾。也就是說，人太狡猾，一紙契約根本管不住，而許多社會關係是建立在不具有法律效力的書面契約或口頭承諾的基礎之上，尤其是在一些缺乏法治傳統的國家，如中文的「信」字，就是「人」、「言」的意思，表示信任不需要法律，君子一言、駟馬難追，君子重然諾！對此，在解決不完全契約的問題上，企業有可能發揮以下幾個獨特的作用。

---

32 福山：《信任：社會美德與創造經濟繁榮》，郭華譯（桂林：廣西師範大學出版社，2016年），第 251–275 頁。

一是企業文化能夠形成一種良性傳統風氣和社會規則，適當彌補正式契約的不完全性。法學家羅豪才曾提出一個「軟法」的概念，它就是介於法與沒法之間，類似自然法和社會習俗，其主要的表現形式是介於法律與道德之間的規章制度、鄉規民約。[33]波蘭尼（Karl Polanyi）也提出「能動社會」（active society）的概念，就是指一個基於習慣、規則、風俗而形成的社會，它也許是介於市場與政府兩極之間的中間。[34]類似，中國傳統曾經崇尚「無訟」文化，例如在清朝康熙年間，浙江平湖人陸稼書先後任職浙江嘉定和靈壽知縣，凡遇糾紛，均能動之以情、曉之以理、喻之以法，有效彌補了法律和法規的無情和無理，導致兩縣政情人和，出現「無訟」之境。這些「軟法」、「能動」和「無訟」等元素，作用於企業文化，就能生成一種彌補甚至超越法律和契約的社會資本、靈性資本和良好習俗。

二是企業能夠傳遞有效資訊，降低履約風險。優秀的企業文化能夠向市場傳遞正確的「信號」，幫助企業在市場中及時、有效地尋找、反饋、了解和選擇消費者，建立、維護和改進企業與客戶之間的信任，由此得到一種「貨幣選票」，因為交易所呈現的金錢，就是一種貨幣選票，表達消費者對企業的認可。[35]

三是企業能夠建構一種信用經濟（credit economy）。信用經濟學由德國舊歷史經濟學派代表希爾布蘭德（Bruno Hildebrand, 1812–1878）創造，他提出人類的貨幣經濟經歷了以物易物的自然經濟，到以貨幣交易的貨幣經濟，再到以信用交易為核心的信用經濟。表面上，信用經濟主要是發生在金融界或貨幣領域，但背後的核心是信用，就是遵守信用協議，否則，就會產生信用風險。[36]如果在一個缺乏信用文化的國家實行信用經濟，再嚴格的制度，也玩不過文化和習慣，也就是說，在信用的問題上，文化比制度還重要，「有法可依」敵不過「有法不

---

33 羅豪才：《軟法的理論與實踐》（北京：北京大學出版社，2010 年）。

34 引自郭於華：〈導讀：福山的慧眼：社會資本的積累與自我社會的力量〉，見福山：《信任》，第 iii 頁。

35 李龍新：〈從企業到企業文化的經濟學解釋〉，《商業研究》，2013 年第 2 期，第 115–120 頁。

36 David Lindenfeld, "The Myth of the Older Historical School of Economics," *Central European History, 26* (1993): 405–416.

依」、藐視法庭。扎克就建議設計一些制度和組織來促進信任和幸福，因為制度、信任和道德情操三者之間，存在一個良性的因果關係，信任指數降低的一大原因是社會、政治和經濟不穩定，而且從生理學而言，良好的預期和人際的信任能降低緊張情緒。[37]

除了比較企業與市場不同的功能外，科斯也引入政府這個參照，比較市場、政府與企業的不同功能，顯現了企業的獨特優勢。[38]他討論了政府干預的適度問題，認為政府的行政干預也許能夠有效、甚至可能減少成本，所以，政府干預不一定是不明智的（not necessarily unwise），但是，真正的危險在於「政府對經濟體系的廣泛干預」（extensive Government intervention）。[39]在這裏，他強調，不應認為政府對資源的行政性分配，一定比通過價格機制的分配要差，因為「市場的運作本身並不是沒有成本」（The operation of a market is not itself costless）。[40]但是，類似政府的干預和分配必須受到限制（curtailed），而且這種干預必須要有邊界（the boundary line）。[41]這種邊界意識，就是適度哲學的第一要素「中間性」的基本要求，也是能夠減少相互傷害效應的重要手段。

所以，如果市場是無形、政府是有形的話，企業就是一半有形、一半無形、有時可見、忽隱忽現的實體。而且，鑒於無形市場的穩定性和預期性存在天然的缺陷，也鑒於政府存在強烈的主觀性和政策性，這樣，企業、集體、社區和組織就能在市場和政府的兩極對立中，顯現其獨特的中和、中道、平衡與適度的功能。

37　Paul Zak, "The Physiology of Moral Sentiments," *Journal of Economic Behavior & Organization* 77(2011): 62; Paul Zak, "The Neurobiology of Trust," *Scientific American*, June (2008): 88–95.

38　Coase, "The Problem of Social Cost," 17–18.

39　Coase, "The Problem of Social Cost," 28.

40　R. H. Coase, "The Federal Communications Commission," *Journal of Law and Economics, 2* (1959): 18.

41　Coase, "The Problem of Social Cost," 18.

4.2 制度經濟學派的價值相對性

在本書第二章提到，適度哲學的六大要素之一是它的價值相對性，這一思想元素得到制度經濟學派的強化與發展。

4.2.1相對價值論

康芒斯在1934年出版的《制度經濟學》（*Institutional Economics*）一書中，提出了相對性（Relativity）理論，其中隱含了反對絕對性（absolutism）的適度思想和中道原則。

第一，康芒斯的價值相對性理論認為，價值與文化密切相關，並由文化決定價值大小、高低、優劣，不同文化決定不同價值取向。所以，價值判斷與文化評價相似，不可能存在可計量的普適標準。儘管在特定時空，也許存在一些特殊的標準，但價值判斷也不能作為評價各種經濟運行或經濟行為是否健康、正確、合理的統一標準或唯一標準。[42]

很顯然，由於康芒斯將人際關係引入制度研究，而不同的人必然存在不同的傳統、習俗、價值和規則，於是，主觀習俗就將對財產控制權產生影響。[43]同時，康芒斯區分了習慣（habits）、共同實踐（common practices）和普通法（common law）的不同，強調習俗常常「作為普通法而出現」，[44]因為習俗來自過去的經驗，人們需要依據習俗來計劃和指導未來的行為。所以，習俗能夠給人們帶來預期的安全，成為人類傳統恆久的一部分。但是，習俗存在差異和好壞，而且在交易過程中，會導致人際衝突，所以，必須對不同習俗進行適當選擇。[45]另外，由於習俗有好有壞，有的被認可，有的被譴責，於是，習俗就具有了強制力：對遵守習俗的人提供保護，而對違反習俗的人則進行制裁。

42　Commons, *Institutional Economics*, p. 386–389.

43　Commons, *Institutional Economics*, p. 144–149.

44　John Commons, *Legal Foundation of Capitalism* [1924] (New Brunswick: Transaction Publishers, 1995), p. 302.

45　Commons, *Legal Foundation of Capitalism*, p. 300.

對此，康芒斯提出「制度公民」(citizens of an institution) 的概念，因為人一生下來就被各種制度性的習俗和價值影響，也與家庭、企業、集體等社會各要素發生聯繫，於是，就會產生集體人類的意志 (collective human will)，並出現制度化的觀念 (institutionalized mind)。[46]所以，制度離不開人，人離不開習俗，而習俗必然具有價值的相對性。其實，相對主義的實質就是主張沒有絕對，它所追求的目標是經驗、思想、價值。這也反映了適度經濟學思想的一大核心：多講相對、少講絕對；多講具體，少提普世。

第二，在經濟活動中，沒有一種科學標準，能合理選擇純粹的自由放任政策或純粹的政府干預政策。因此在把握、權變適度的標準之時，需要理解適度價值的相對性。康芒斯根據洛克 (John Locke, 1632–1704) 內在觀念與外在世界完全分離的理論，提出將制度分成內部機制 (internal mechanism) 與外部機制 (external mechanism)，其中內部機制的制度包括傳統、道義規則、風俗，以及正式的私人規則，強調真理不能絕對把握，但可以通過試錯接近真理。[47]

類似，制度還可分為正式制度和非正式制度，正式制度是指有形的法律、規則和契約，以及法律和規則所建立的等級結構，形成強制力，但康芒斯強調權力運用需要有選項，其要義是強制力的限制 (limits of coercion)。[48]而非正式制度是人們在長期交往中無意識形成的，由價值信念、倫理規範、道德觀念、風俗習慣和意識形態等因素組成，而其中的意識形態是核心，它們構成正式制度安排的理論基礎和思想準則。當非正式制度與正式制度、制度變遷的方向取得一致時，社會就可能節約制度運行成本，並減少制度變遷的阻力。

46　Commons, *Institutional Economics*, p. 74.

47　Commons, *Institutional Economics*, p. 16.

48　Commons, *Institutional Economics*, p. 331.

4.2.2　意識作用

　　到了新制度經濟學派的諾斯，他開始更加強調習俗行為的意識模式（mental models）和信仰體系（belief system），強調制度的理解與「觀念、意識、神話、主義和偏見」（ideas, ideologies, myths, dogmas, and prejudices）的演變有關，而且這些文化元素對今天實踐的影響，提供了「路徑依賴」（path dependence）。[49] 諾斯尤其強調，「意識模式」部分來自文化、部分來自經歷，其中，文化由代際之間知識、價值和規則的轉型而來，而經歷則是非常具有地方性和特殊性，不同的文化環境一定存在各種獨特，這樣，人的意識模式也就存在多元特徵。[50]

　　由此，新制度經濟學派就把文化當作制度的載體，而正式制度或外部制度只有與非正式制度或內部制度相容的情況下，才能發揮作用。因此，適度和有效的制度安排必定是正式制度和非正式制度的優化組合。但是，由於非正式制度充滿了相對性、主觀性、演化性，導致社會各界很難適度地處理非正式制度的不確定性，所以，諾斯就認為經濟主體需要正式制度予以制約，「制度的組成就是為了減少人際交流的不確定性」。同時，新制度經濟與新古典經濟學的一大不同是，新制度經濟學能夠將經濟學理論的觀念、意識介入分析的過程和機制，能夠模型研究政治程序在經濟表現中的關鍵作用，並解釋「市場的無效性」（inefficient markets）。[51]

　　所以，新制度經濟學提供了一種適度的研究方向，將主觀的意識與比較客觀的正式制度進行經濟學框架下的貫通，而且，又在比較僵硬的正式制度下，植入相對性的價值體系與意識模式，促使經濟制度更具有人性化、多樣化和個別化，從而推動制度轉型和建設更具有活性、韌性和可持續性。

49　Douglass North, "Economic Performance Through Time," *American Economic Review, 84* (1994): 365.

50　Douglass North, "Institutions and Economic Theory," *The American Economists, 36* (1992): 4.

51　North, *Institutions and Economic Theory*, 4 & 5.

4.3 制度經濟學思想的歷史演化性

新舊制度經濟學派共同主張，經濟學的研究對象不是靜態的，而必須是變化、演化和動態的，具有鮮明的歷史性，由此反映了適度哲學的第四大特性：歷史性、演化性和動態性。對此，布什（Paul Bush）就認為，制度經濟學的實質是「演化經濟學」（evolutionary economics）。[52]

4.3.1　凡勃倫的努力

首先，舊制度經濟學派創始人之一凡勃倫（T.B. Veblen, 1857–1929）在1898年，系統批判了新古典經濟學的靜態理論。[53]他認為，新古典經濟學過度使用靜止和先驗的固定模式，缺乏一個動態演化的框架來分析人類社會的經濟活動，由此必然導致經濟理論脫離實際現狀。類似，康芒斯也強調，經濟學家需要從歷史、實踐和經驗的角度研究經濟學，注重調查研究的經驗方法，應該重證據、輕理論。

所以，總體而言，舊制度經濟學派批判新古典的靜態模型分析，反對狹隘使用經濟變量、忽略非經濟變量，反對過度關注價格信號的非現實性。尤其是，舊制度學派反對新古典主義過度推崇理性主義、個人主義和共利主義，包括以理性主義為核心的工具性價值（instrumental values），但忽略了以傳統和習俗為基礎的禮俗性價值（ceremonial values）。[54]作為對比，舊制度學派借鑒實用主義哲學、進化論和心理學等方面的成果，提出影響經濟行為人決策的因素是多元的，希望適度和有機結合工具性和禮俗性兩大價值，但尤其強調制度中的習慣與規則對行為人決策所可能產生的決定性影響。而且，在討論工具性價值與禮俗性價值之時，制度學派開始運用否定之否定的辯證法（the

---

52　Paul Bush, "The Theory of Institutional Change," *Journal of Economic Issues, 21* (1987): 1075.

53　Thorstein Veblen, "Why is Economics not an Evolutionary Science?" *The Quarterly Journal of Economics, 12* (1898): 373–397.

54　Bush, "The Theory of Institutional Change," 1079–1080.

dialectical nature of behavior)，強調經濟行為首先具有工具性，然後是禮俗性，最後是兩者皆有。[55]

4.3.2 制度變遷理論

新制度經濟學派為了強調經濟學的演化性，提出制度變遷理論。諾斯認為，「歷史上最明顯的教訓之一是，政治制度固有地傾向於產生無效的產權，從而導致停滯或衰落」。[56]但另一方面，制度變遷能夠促使各利益集團找到屬於自己利益最大化的平衡點和中間點，同時，為了滿足這種利益最大化，利益主體會對利益函數做出最有利的契約安排，由此就會促進原利益結構的變動，推動新的制度安排的出現。這種對舊制度既繼承又創新的揚棄過程，就是一種動態演化和理性適度的過程。

由此表明，制度變遷是一個從制度均衡到不均衡、再到均衡的不斷演變過程。[57]尤其是，諾斯提出「路徑依賴」理論，深刻反映經濟學除了古典和新古典所強調的工具理性 (instrumental rationality) 之外，還有更重要的演化理性 (evolutionary rationality)，[58]今人一定需要從前人的經歷路徑，尋找歷史的教訓與經驗，避免今後少走老路、彎路和邪路。

4.3.3 研究方法

在經濟學研究方法論方面，康芒斯不贊成同屬舊制度經濟學派的凡勃倫觀點，因為凡勃倫完全拒絕傳統和正統的經濟學理論，而康芒斯則提倡「非二分法」(non-dichotomist) 的適度研究方法，主張對傳統需要進行批判地繼承。對於康芒斯這種適度的研究方法，張林引用

---

55 Clarence Ayres, *Toward a Reasonable Society* (Austin: University of Texas Press, 1971), p. 241.

56 Douglass North, "Institutions and Economic Growth: An Historical Introduction," *World Development, 9* (1989): 1321.

57 North, "Institutions and Economic Growth: An Historical Introduction," 1319–1321.

58 North, "Institutions and Economic Theory," 6.

拉姆斯塔（Yngve Ramstad）的論述，[59]認為：1）這首先是一種進化的方法，經濟過程不斷演化，各類結果難以預測，所以，它們不一定會趨向均衡；2）這是一種現實主義方法，反對通過抽象來組織經濟理論，類似新古典的完全競爭假設就是屬於過於浪漫和理想的臆斷和抽象；3）這是一種經驗主義的方法，強調經濟理論需要經驗和背景的支持，而不是通過想像、感悟來確定經濟理論的有效性；4）這是一種整體主義的方法，鑒於人類行為的複雜性、系統性和綜合性，所以，不能將人類動機生硬而又孤立地區隔成經濟、社會或者政治的動機，也不能將人類的所有行為都假設成單一、完備和純粹的理性；5）這是一種文化研究的方法，旨在將文化背景和要素引入經濟研究的變量之中，研究集體、探討價值、突顯相對主義；6）這也是一種非機械論的研究方法，將經濟概念與現實存在的制度予以結合，而不是將經濟概念結合到價格機制等人為制度所引導的範疇中，而且，經濟事務的平衡或秩序不是來源於市場的自發力量，而是由社會創造，並且通過制度來保證；7）這更是一種強迫的方法，因為經濟行為的假定來源於強迫的結構，權力制度和權力關係決定經濟行為結果的評價。[60]

很顯然，新制度經濟學引入演化、現實、經驗、整體、文化和非機械的理論，有助於在研究方法上「軟化」經濟學，如法蘭克‧汗（Frank Hahn）所指出，一百年後，「經濟學將變得比現在更加軟性的主題」（economics will become a "softer" subject than it now is）。[61]西方經濟學從古典時期的定性為主，到新古典的定量為主，逐漸發展成以數學為體、經濟學為用的本末倒置的極端狀態。為了挑戰和修正數學化、靜態化、絕對化的主流經濟學，1970年代後的新制度經濟學在方法論上似乎出現了一種適度傾向：一是促使經濟學側重動態的歷史、軟性的制度和個別的具體，降低經濟學的數學門檻，將經濟學再度回歸成一門具有適度邊界和相對價值的軟科學。[62]二是強化經驗性的實地調查和

59　Yngve Ramstad, "John R. Commons' Puzzling Inconsequentiality as an Economic Theorist," *Journal of Economic Issues, 29* (4) (1995): 991–1113.

60　引自張林：《新制度主義》（北京：經濟出版社，2005），第 71–72 頁。

61　Frank Hahn, "Next Hundred Years," *Economic Journal, 101* (1991): 47.

62　North, "Institutions and Economic Theory," 6; North, "Institutions and Economic Growth," 1319–1332.

檔案資料分析,注重準確的定義和自洽的邏輯來論述真實世界,強調現實經濟世界與數學符號系統是無法建立完美和相容的匹配系統。於是,面臨保證分析效率和堅持真實性之間的兩難選擇,新制度經濟學派學者如科斯等,大多選擇保證真實,而且拒絕使用任何數學公式和模型。這種研究方法的努力,旨在糾偏過度的數學化傾向,但仍然保留適度的數學建模方法。其實,研究方法論的變化,也是一個不斷調整的適度過程。

很顯然,制度經濟學在經濟學理論和方法論方面所顯現的中和性、相對性和演化性,是對適度經濟學思想的貢獻。有「中」才能有「和」;有「中」才能凸顯處於左右之間的「相對」,避免絕對;也只有具有「中和」的意識,才能在關注靜態的當下之外,考慮昨天的演化路徑。所以,制度經濟學所蘊含的中和性、相對性和演化性之核心就是「中」,只有走中道、行適度的經濟學思想,才能在學理、方法和實踐中逐漸趨衡、趨和、趨盛。

4.4 行為經濟學的有限理性

行為經濟學與制度經濟學思想存在邏輯聯繫。經濟行為是演化的、動態的、制度性的,所以,經濟行為就很難做到完備理性和客觀理性。就像布什所定義的,制度就是「社會所規定的一組特徵相關的行為」(a set of socially prescribed patterns of correlated behavior)。[63]而且,行為的本質就是一種價值。[64]

較早提出有限理性理論的經濟學家應屬西蒙(H. A. Simon, 1916–2001),他的努力也豐富了適度哲學和中庸思想的主觀性、中間性和變動性,並自覺不自覺地發展了適度經濟學思想。行為經濟學得益於1930年代興起的行為學,其中,行為學大師斯金納(Burrhus Frederic Skinner, 1904–1990)的貢獻很大。到了1950年代,行為學發展成為一個體系,而且行為學大師開始結合經濟學進行跨學科研究。自從1970

63　Bush, "The Theory of Institutional Change," *Journal of Economic Issues, 21* (1987): 1076.

64　Bush, "The Theory of Institutional Change," 1077–1078.

年代以來，經濟學諾貝爾獎已經四次頒給了七位與行為經濟學或有限理性理論有關的學者，包括1978年的西蒙、2002年的心理學家卡尼曼（Daniel Kanehman）和佛農（Vernon Smith）、2013年的席勒（Robert Shiller）、法馬（Eugene Fama）和漢森（Lars Hansen），到了2017年，經濟學再度被行為經濟學成功「俘虜」和成功「交叉」，諾貝爾獎竟然第四次授予塞勒（Richard Thaler）。行為經濟學的累累碩果既表明行為經濟學向主流經濟學「造反」成功，也可理解為主流經濟學對行為經濟學的「招安」有效。與斯密的完備理性不同，有限理性的假設也與亞里士多德的適度思想如出一轍。行為經濟學所主張的有限理性，以及它與適度經濟學思想的關聯，可以從以下三個方面予以理解。

4.4.1　完備理性迷思

早在1955年，西蒙就直接挑戰亞當·斯密的理性「經濟人」（economicus）假設和迷思，因為這個最為重要的古典經濟學基石，正是突出強調「經濟人」的理性。這個經濟人被假定擁有足夠清晰和數量的知識，具有組織良好且穩定的偏好系統，具備一流的計算能力，[65]但這只是一種迷思和想像。塞勒也認為，許多極為「理性」、「科學」的經濟學模式，根本無法精確預測經濟發展的趨勢，例如，沒有一個經濟學家能夠預見2008–2009年金融危機的到來，「更糟糕的是，許多經濟學家還以為這一危機以及此後的發展，簡直就是不可能發生的」。[66]塞勒用一種諷刺的口吻來定義經濟學：最優（Optimization）＋均衡（Equilibrium）＝經濟學（Economics）。[67]但在現實中，經濟學理論的前提（premises）都是有缺陷的（flawed），所以人的行為既不可能達到最優的結果，人的觀念也一定存在偏見。[68]

65　Herbert Simon, "A Behavioral Model of Rational Choice," *The Quarterly Journal of Economics,* 69 (1955): 99.

66　Richard Thaler, *Misbehaving: The Making of Behavioral Economics* (New York: W.W. Norton & Company, 2016), p. 3.

67　Thaler, *Misbehaving,* p. 4.

68　Thaler, *Misbehaving,* pp. 4–5.

很明顯，在現實中，有限理性或沒有理性的行為比比皆是。例如，受「炫耀性價格」和「揮霍性價格」的心理影響，有人就是只買貴的，不買好的，因為愈貴愈使消費者「感到是貴族的和榮耀的」（noble and honorific），出現所謂的「凡伯倫效應」。[69]很有意思的是，凡伯倫既是舊制度經濟學派的創始人，也是提供行為經濟學消費不理性理論的大師，橫跨兩個學派，[70]由此也說明制度經濟學與行為經濟學的相關性。而且，人經常缺乏自我控制的能力，最集中的表現就是多數人只側重眼前利益，忽略長遠和整體利益。例如，人一般會屈從短期誘惑，結果導致儲蓄防老計劃或健康生活方式大都被普遍忽略。[71]

對此，行為經濟學還認為，正因為人的理性不夠完備，所以經常過於貪婪、缺乏節制，過度從事機會主義和投機活動，樂於彎道超車、免費搭車。於是，適度就成為指導人類經濟行為的重要指南。所以，西蒙認為，有限理性是行為經濟學的中心主題。[72]

與此有限理性相關的「狄德羅效應」（The Diderot Effect），也值得使用適度哲學的視角予以觀察。18世紀法國哲學家狄德羅（Denis Diderot, 1713–1784）不僅以編撰第一部百科全書而聞名，而且還發明了一個與經濟學有關的「狄德羅效應」。此效應緣起狄德羅得到一件禮物——華貴的長袍，於是，為了與此匹配，狄德羅就失去了「理性」，連續重置了書桌、花毯、椅子、雕像、 架、鬧鐘等本來完全沒有必要更換的東西，最後，他後悔當初因為虛榮而丟棄了舊長袍，並因此寫了一篇文章「後悔扔掉我的舊長袍」（"Regrets on Parting with My Old Dressing Gown"）。[73]1988年，麥克萊（Grant David McCracken）根據

69　Thorstein Veblen, *The Theory of the Leisure Class ── An Economic Study of Institutions* (NY: Macmillan, 1899), p. 70. 很有意思的是，凡伯倫既是舊制度經濟學派的創始人，也是提供行為經濟學消費不理性理論的大師，橫跨兩個學派。Malcolm Rutherford, "The Old and the New Institutionalism: Can Bridges Be Built?" *Journal of Economic Issues, 29* (1995): 449.

70　Rutherford, "The Old and the New Institutionalism," 449.

71　Thaler, *Misbehaving,* p. 8.

72　Herbert Simon, *Models of Bounded Rationality: Empirically Grounded Economic Reason* (Cambridge: The MIT Press, 1997), vol. 3, pp. 267–274.

73　Denis Diderot, "Regrets on Parting with My Old Dressing Gown," translated by Kate Tunstall and Katie Scott. *Oxford Art Journal, 29* (2), August 2016, pp. 175–184, published on June 12, 2016. https://doi.org/10.1093/oxartj/kcw015

這個現象，提出「狄德羅效應」；[74]1999年和2005年，經濟學家施羅爾（Juliet Schor）對「狄德羅」效應所帶來的一種攀升消費的慾望（The Upward Creep of Desire），進行了詳細的分析。[75]儘管對「狄德羅效應」的解釋可以見仁見智，但無法否認這種效應的本質，就是有限理性或缺乏理性的消費行為，並最終導致經濟主體的後悔，無端增加了消費和浪費，當然也刺激了需求、增加了供應。

4.4.2 有限理性約束

基於人類有限理性的普遍存在，人類需要適度約束和管控有限理性的經濟行為。西蒙認為，理性必須受到以下給定條件的約束：1）可供選擇的備選方案；2）對風險與收益的關係作出清楚界定；3）如果收支之間出現衝突，能夠確定它們之間的取捨、偏好的順序。[76]其核心就是，人的能力和資源的局限，導致了人的理性受到限制。

同時，西蒙強調，在討論有限理性之時，必須考慮五大現實要素：風險、不確定、信息不對稱、備選方案和複雜性（risk, uncertainty, incomplete information，alternatives, and complexity）。[77]這五大約束條件逼使完備理性的理想難以實現，也決定有限理性的不可避免。

需要指出的是，西蒙在1955年的著名論文中並沒有提及有限理性（bounded rationality），而只提到近似理性（approximate rationality），[78]兩者其實存在一定的區別，因為Bounded Rationality更應被譯成「受限理性」或「約束理性」，而不是「有限理性」，只有「約束理性」才是介於「完全感性」與「完備理性」之間的概念，具有真正

---

74 Grant David McCracken, *The Long Interview—Qualitative Research Methods Series 13* (Newbury Park, CA: A Sage University Paper, 1988).

75 Juliet Schor, *The Overspent American: Why We Want What We Don't Need.* (NY: Harper Perennial, 1999), pp. 143–168.

76 Simon, "A Behavioral Model of Rational Choice," 100.

77 Herbert Simon, "Theories of Bounded Rationality." In *Decision and Organization: A Volume in Honor of Jacob Marschak*, edited by C. B. McGuire and Roy Radner. (Amsterdam: North-Holland Publishing Company, 1972), pp. 163–164.

78 Simon, "A Behavioral Model of Rational Choice," 114.

的「適度」經濟學意義，表明人類應在過度與不及之間，追求「適度理性」或「適度感性」。

很顯然，人們需要追求理性最大化，但在現實中，這一目標一定受到內部和外部條件的制約（internal and external constraints），[79]所以，最多只能追求適度理性或約束理性。到了1972年，西蒙在真正提出「有限理性」理論時，也強調約束，認為「對參與者的信息處理能力的約束之理論，可以稱為有限理性理論」。[80]但1991年，西蒙又強調理性的「有限」（the limits），認為有限理性就是「關於人類的能力（如何）去最佳或最滿意地適應複雜的環境」。[81]

到了2000年，西蒙對有限理性做了更明確的定義，強調不僅外部資源的有限決定了理性的有限，而且決策者內在的信息和能力的有限，也決定了理性的有限（the 'inner environment' of people's minds）。外在與內在的雙重有限性，決定了人們追求滿足的現實選擇，理性的有限就是因為受到能力的嚴重限制（Rationality is bounded because these abilities are severely limited）。[82]塞勒他們的定義更直接明了地強調了人類行為的「有限性」和「複雜性」：「行為經濟學是心理學和經濟學的結合，旨在考察市場運行中的一些人群所表現的人類的有限性和複雜性」（limitations and complications）。[83]

複雜經濟學創始人之一阿瑟也認為，古典經濟學派的「完美理性」無法解釋複雜現實的原因有二：一是人類的邏輯思維能力無法應付複雜現實，於是人類理性的有限性就成為了必然；二是行為主體不止一個，在眾多主體互動情況下，互相之間無法精確預測對方或他方的行

79　Simon, "A Behavioral Model of Rational Choice," 100.

80　Simon, "Theories of Bounded Rationality," p. 162.

81　Simon, "Rationality and Organizational Learning," *Organization Science, 2* (1991):132.

82　Herbert Simon, "Bounded Rationality in Social Science: Today and Tomorrow," *Mind & Society, 1* (2000): 25.

83　Sendhil Mullainathan and Richard Thaler, "Behavior Economics," *National Bureau of Economic Research Working Paper Series* 7948 (Washington, D.C.: National Bureau of Economic Research, 2000): 1.

為，於是，他們的行為就不可能存在「客觀、明確和共同的假設」，這將導致前景更加混沌不明，完美的邏輯推理也只能失靈了。[84]

4.4.3　有限理性改進

西蒙認為，人類對有限理性的認知從古希臘就已開始。到了1746年，伏爾泰在哲學辭典 (The Dictionaire Philosophique) 提出，「最佳是很好的敵人」('the best is the enemy of the good')，與此對應，他提出：「最優是滿足的敵人」('Optimizing is the enemy of satisficing')，深刻反映了適度經濟學的思想精髓，顯示人類不要被「最優」的偏見所綁架，次優、甚至心理上好像 (as if) 可接受的結果，就是一個比較適度的期望和結果。[85]所以，管理自己的理性預期 (rational expectations)，就成為有限理性的一大主題，更是人類因應複雜與不確定環境，所擁有的無奈但有效的方法。[86]

同時，面對這些有限理性的行為，塞勒與他的合著者借用了弗里德曼 (Milton Friedman, 1912–2006) 的「自由主義家長」(Libertarian Paternalists) 理念，希望由私營企業僱主、制度和政府三方共同「助推」(Nudge) 民眾作出比較正確的選擇，尤其是在民眾常常不夠理性的兩大領域：退休金和健康保險。[87]塞勒他們特別以美國的糖尿病和肥胖症為例，在2009年左右，美國的肥胖人比例高達20%，而且60%的美國人認為自己體重過重或肥胖，但他們根本沒法自覺和理性地控制自己的飲食和煙酒，因為他們不是絕對理性的「經濟人」(Econs or homo economicus)，而是正常的「自然人」(human)。於是，對這些不自覺、不自制、不理性的人群，外界和外力的「助推」就成為必要，因為助推「能夠大大改變人類行為的因素」。[88]當然，他們再三強調，這種「助推」不是強制 (mandate)，也不是干預 (intervention)，而是給行為主體

84　W. Brian Arthur, *Complicity and the Economy* (NY: Oxford University Press, 2015), p. 31.

85　Simon, "Bounded Rationality in Social Science: Today and Tomorrow," 26.

86　Simon, "Bounded Rationality in Social Science: Today and Tomorrow," 29.

87　Richard Thaler & Cass R. Sunstein, *Nudge: Improving Decisions about Health, Wealth, and Happiness* (N.Y.: Penguin Books, 2009), pp. 5–6.

88　Thaler & Sunstein, *Nudge*, p. 7.

提供更多選擇。[89]而且他們還堅持，不能把政府的良性助推，演變成惡性的「亂推」或「胡推」（sludge）。[90]

這種「自由主義家長制」思想和政府「助推」理論，類似「君主立憲制」，其實質就是適度和中道，既不能完全拋棄政府這個「家長」，也不能完全依賴個人理性和市場自由；同時，這個「家長」不能是專制的家長，必須是「自由主義」的家長；尤其是，適度的建議和幫助是「助推」，過度的「幫助」就是干預、限制、「亂推」。所以，塞勒與合著者的本意很明確，就是希望他們的建議能夠走中道、行適度，這樣「就有可能吸引政治分歧的雙方」（might appeal to both sides of the political divide），並相信「自由主義家長制」的政策，可以被保守的共和黨和自由的民主黨都能接受，[91]這就是他們所共同推崇的「真正的第三條道路」（The real third way）。[92]

這種借助政府來「助推」市場和個人決策的思想，早在1790年，亞當・斯密在《道德情操論》第六版，就已經有所感悟。面對18世紀70年代開始的英國工業革命，斯密對1759年出版的《道德情操論》第一版，進行了重大修訂。當時，斯密對英國社會嫌富愛貧的習性，開始表示失望，認為「這種傾向是為了欣賞和幾乎崇拜富裕和有權勢的人，鄙視或至少忽略了貧窮者和小人物⋯⋯也是我們道德情操敗壞的一個重要而又最普遍的原因」，[93]並強調「為了達到這種令人羨慕的境地，財富大亨們經常放棄美德之路；不幸的是，通往一條（美德）的道路和通往另一條（財富）的道路有時截然相反（very opposite directions）」。[94]尤其是，基於對貪婪商人和瘋狂市場的失望，斯密開始對法官和政治家（offices, statesmen, magistrate）寄予厚望，並提出愛國的兩個要素：愛政府與愛人民，因為「在通常情況下，愛國似乎涉及兩個不同的原則：首先，對實際建立的那種憲法或形式的政府（government）有一定程

89　Thaler & Sunstein, *Nudge*, p. 6.

90　Thaler & Sunstein, *Nudge*, pp. 231–238.

91　Thaler & Sunstein, *Nudge*, p. 13.

92　Thaler & Sunstein, *Nudge*, p. 255–256.

93　Smith, *The Theory of Moral Sentiments* (Indianapolis: Liberty Fund, Inc., 1982), p. 61.

94　Smith, *The Theory of Moral Sentiments*, p. 64.

度的尊重；其次，迫切希望使我們的公民同胞（fellow-citizens）盡可能安全，受人尊重和幸福。一個不願意遵守法律和服從民事法官（civil magistrate）的公民，當然不是一個好公民」。[95]

　　當然，這個「助推」思想很容易引發歧義，因為如果「被助推者」的商人和個人理性有限，難道「助推者」的政府官員就一定具有更多理性？誰能用實證和邏輯證明，官員的「動物性」一定比商人的「動物性」更少？如果這樣，怎麼解釋大量存在的官員腐敗貪婪和胡作非為的事實？而且，由此還出現了一個悖論：既然行為經濟學家們否定完備理性存在的可能，那為什麼又希望通過政府的助推，來幫助民眾逼近完備理性、彌補非理性？這是否有點打着有限理性的旗號，反對有限理性呢？既然推崇有限理性，是否需要將有限理性進行到底？另外，被行為經濟學家所認定的「非理性」錯誤決策，其實是一種演化理性，因為犯錯本身就是一種財富和積累，人們就是在不斷犯錯中進步、演進，失敗是成功之母，杜絕犯錯，就是否認演化。

4.5 行為經濟學的主觀性

　　行為經濟學不僅強調理性的有限性，而且信奉經濟行為的主觀性和演化性，與適度經濟學思想不謀而合。對此，可以從下列三方面予以理解。

4.5.1　前景理論

　　行為經濟學的「前景理論」（The Prospective Theory）反映了經濟行為的主觀性，它由經濟學諾獎得主卡尼曼（Daniel Kahneman）和他的合作者於1979年發現。前景理論是建立在批判「期望效用理論」（Expected Utility Theory）之上。而「期望效用理論」則假定人的風險決策行為都是理性的，幾乎不考慮具體個人的主觀追求和主觀概率之不同，並認定這種理性能力就是一般和共同的經濟行為。這一期望效

95　Smith, *The Theory of Moral Sentiments*, p. 231.

用理論「主導了風險決策的分析,已被普遍接受為理性選擇的規範模型,並被廣泛用作經濟行為的描述模型」,還因此假定,「所有有理智的人,都希望遵守該理論的公理(axioms),而且大多數人實際上在大部分時間都是這樣做的」。[96]

作為對比,「前景理論」則通過幾類人的選擇實驗,證明許多人的偏好常常違反「期望效用理論」的公理,發現個人的決策選擇其實取決於預期和結果的差距,而不是結果本身,因為人在決策時,往往先在內心建立一個「前景」、預期或參照點(the reference point),然後去衡量每個行為的結果是否符合預期或參照點。對於高於期望值的收益結果(positive prospects),人們經常出現對風險的厭惡,樂於收穫確定性很高的收益;對於低於預期的損失結果(negative prospects),人們又表現出對風險的喜好,寄希望於下次的好運來彌補和奪回這次損失。也就是說,人在獲利時,不願冒風險;遭遇損失時,則更可能冒險,因為「確定性似乎增加了損失的厭惡性以及對收益的渴望性」(certainty increases the aversiveness of losses as well as the desirability of gains)。[97]

但是,損失和獲利是相對於預設的「參照點」而言,一旦參照點改變,對風險的態度也就改變。這個參照點其實就代表了適度點,需要根據時空和自我條件的變化,不斷調整和權變參照點的目標與範圍,這種調整具有相對性和主觀性,而這也是滿足和適應人的有限理性的重要手段和目標。

同時,根據「前景理論」,人們對小概率的黑天鵝事件往往非常敏感,對大概率的白天鵝事件則常常估計不足。例如:中彩票和賭博的成功概率很低,所謂的「十賭九輸」,但總有人前赴後繼、樂此不疲;同樣,出車禍的概率也很小,但多數人還是願意買保險,任由保險公司大概率盈利。所以,卡尼曼認為,賭場和保險公司的盈利,就是建立在相

---

96 Daniel Kahneman and Amos Tversky, "Prospective Theory: An Analysis of Decision under Risk," *Econometrica, 47* (1979): 263.

97 Kahneman and Tversky, "Prospective Theory: An Analysis of Decision under Risk," 269.

當部分人的這種有限理性的主觀心理之上。[98]但是，對吸煙致癌、飲酒傷肝這樣的大概率事情，很多人卻常常忽略、輕視。所以，理性經濟人假設前提下的「期望效用理論」，屬於傳統和規範的經濟學，指導人們「應該」怎麼做（應然）；而「前景理論」則屬於行為經濟學和實證經濟學，描述了人們「事實」上是在怎麼做（實然）。

另外，「前景理論」還存在一個重要的「加權功能」（The Weighting Function），[99]基本意思是人成功100次得到的快樂，難抵失敗一次的痛苦，因為人的心理存在一個增量損益的「快樂—痛苦」曲線。如果增量得到的快樂指數是0.5倍左右的話，而損失所帶來的痛苦指數則是在2.5倍左右，兩者正負相差3倍左右。例如，你今天投資1000元股票，得利10%，賺100元，共得1100元，你的快樂指數只是增加50%而已；但如果明天你在1100元的基礎上，虧了10%，即損失110元，還剩下990元，但你的痛苦指數因此卻增加了250%。這樣，你因虧損所導致的痛苦比收益所得到的快樂，增加3倍。這一實驗結果就對經濟人理性構成挑戰，因為經濟人是從純計量的角度計算得失，1000元的本，虧了100元，只是10%而已，怎麼可能產生3倍的痛苦？但這種理性思考卻忽略了人對財富增量的加倍關注，因為我本來已贏了10%，即1100元到手，現在只剩990元，所以我損失了110元，而不是100元。更重要的是，我的心理損失難以計量，類似賭徒的心理，求勝、翻本的意願高度膨脹。[100]

4.5.2　有限自利和有限意志力假設

塞勒等學者從有限理性中，還衍生出了有限自利（Bounded Selfishness）和有限意志力（Bounded Willpower），它們與有限理性一起，構成了人類特性的三重有限性（three bounds of human nature）。

98　Kahneman and Tversky, "Prospective Theory: An Analysis of Decision under Risk," 269.

99　Kahneman and Tversky, "Prospective Theory: An Analysis of Decision under Risk," 280.

100　Kahneman and Tversky, "Prospective Theory: An Analysis of Decision under Risk," 288.

「有限自利」旨在陳述一個「適度」的事實,很多人既不是完全的自私自利,也不是徹底的大公無私,而是介於兩者之間的「有限利己」或「有限利人」,而且,更多的人是有時利己,有時利他,不可能無時不刻地絕對利己或利他,這其實就是蘊含了中道的原則。這一「有限自利」的思想挑戰了古典經濟學和新古典經濟學所主張的經濟人完全自利的假設。比如,按照古典經濟學假設,如果A比B好,理性人一定選A,而不是B。但在現實中,不少人就是選擇了比較差的B,原因很多。

一是在我選擇時,我不知道哪一個更好,人的判斷存在普遍的滯後效應,所以,我們經常會吃後悔藥;二是如果有商家告訴我A比B好,我的逆反心理會要求我偏不選A,因為無商不奸,凡是「奸人」推薦的,我偏要反對;三是如果我有辯證思維,會認為事物的好壞是相對的,如大學招生辦選擇大學新生,我知道這個A學生比B學生好,但我估計這個好學生很可能也申請了哈佛,而且也會被哈佛錄取,更可能的是,這個學生也會接受哈佛、放棄我們大學。所以,為了提高我們學校錄取的成功率,我就偏不錄取這個A學生,最好的學生常常不是最合適自己學校的學生。對此,塞勒他們舉了一個美國民眾慈善捐款的例子,按照人人自利的原則,人是不應該將有限的金錢捐給他人,但是在1993年,73.4%的美國家庭進行了捐助,捐款的平均金額佔他們年收入的2.1%,而且47.7%民眾每週貢獻了4.2小時的義工時間。[101]

還有一個是「有限意志力」(bounded willpower) 假設,類似「有限資源」(bounded resource) 和「有限能力」(bounded capability)。它是強調,相對於人的無限慾望,人的意志力、資源、能力和手段總是嚴重稀缺。理由很簡單,如果沒有稀缺,那所有慾望都可以實現,而如果慾望都能實現,那就不需要有限行為和適度行動了。塞勒他們強調,那種把經濟人追求最優的假設應用到平常的民眾之中,完全是過於理想,因為「我們中的多數總是吃得多、喝得多或者花得多,但鍛煉、儲蓄或工作得很少」。[102]所以,當制度經濟學和行為經濟學都強調,我們就是

---

101 Sendhil Mullainathan and Richard Thaler, "Behavior Economics," *National Bureau of Economic Research Working Paper Series* 7948 (Washington, D.C.: National Bureau of Economic Research, 2000): 6.

102 Mullainathan and Thaler, "Behavior Economics," 5.

一些有限理性的常人、而不是完備理性的經濟人之時，也反映了適度哲學的第三要素：平常性和平庸性，不要把常人想像成如此理性、全能與完美。對此，諾斯也認為，「個人通常會根據不完整的信息，以及主觀推導的錯誤模型採取行動，而信息反饋又通常不足以糾正這些主觀模型」，所以，「找到經濟效率接近於必要條件的經濟市場，屬於特殊或例外」。[103]

4.5.3 心理賬戶理論

「心理賬戶理論」（Mental Accounting）也反映了人類經濟行為的主觀性。1985年塞勒發現了這個心理賬戶理論。他在文章開篇引用了我們常人經常所犯的不夠理性的四大錯誤例子，其中一個案例是，一對夫婦在外地釣魚成功，然後將三文魚空運到自己家，結果航空公司把魚弄丟了，賠償300美元，最後兩人去餐館花了225美元吃飯，這是他們兩人一生中最貴的晚餐。如果兩人的年收入各增加150美元，他們是不會把這個300美元的進項立即吃完。原因在於，常人的心中都有不同的賬戶，一個是「意外收入」（windfall gain account），一個是「食物賬戶」（food account），花掉意外收入不心疼，而花在食物賬戶的款項就不捨得，這就是心理記賬的問題。[104]其實，常人還有一個「心理時間賬戶」的問題，因為有人對花費3個小時看電視很樂意，而有人對浪費20分鐘逛商店，卻心疼不已。

這類由於主觀心理因素所導致的不同消費觀念，直接影響了不同人群的經濟行為，並對現實經濟產生不可低估或難以預估的作用。對此，經濟學家既要直面這種有限理性的心理和行為，更要預測這種行為對社會經濟的可能影響，並設計相應的經濟政策，盡可能減少這類行為的負面作用。

103　North, "Institutions and Economic Theory," 4 & 5.

104　Richard Thaler, "Mental Accounting and Consumer Choice," *Marketing Science, 4*(1985): 199–200.

4.6 行為經濟學的心理性

行為經濟學家強調經濟學與心理學的密切關係。這種心理因素直接決定生產供應與市場需求，而且這種心理因素與適度經濟學思想的主觀要素也存在關聯。

4.6.1 對比效應

心理的對比效應直接影響人的經濟行為。賽勒認為，測定人的生活品質、幸福指數的高低，與人際心理的對比直接相關。傳統經濟學只關心物化了的和可計量的收入、住房、資產，由此來界定人的生活質量，並推斷出人的幸福指數的高低。但心理學家強調，人的幸福感主要來自橫向對比和縱向對比。[105]自古以來，人就是不患寡而患不均，比上不足，就會難過；比下有餘，自然快樂；大家共同貧困，感覺麻木。所以，人的幸福指數與金錢不是線性的對應關係，生活質量也與經濟條件的關係不大，而主要受人們心理的主觀判斷所左右。正如一句俗語所說：「拿起筷吃肉，放下筷罵娘」，如果沒肉吃，不會罵娘；正因為有了肉吃，提升了心理期望值，對現狀反而更加不滿。

4.6.2 歷史性

人類經濟行為存在歷史性。根據「適度」定義的第四要素，判斷和尋找經濟行為的適度區間，必須考慮人類行為的「歷史性」（historicity），因為理性的有限性和理性的演化性說明，人的當下行為既依賴即時的場景，更與歷史場景密切相關。

汪丁丁認為，人的理性是具有歷史縱深、不斷變動的演化理性，受到歷史情境和主觀想像的嚴重局限。[106]當然，一旦引入有限理性、歷史性，古典經濟主義完備理性的普適性、科學性、客觀性、唯一性就受到

105　Mullainathan and Thaler, "Behavior Economics," 1–13.

106　汪丁丁：《行為經濟學要義》（上海：上海人民出版社，2015 年），第 147-228 頁。

挑戰，經濟學的幾大基石也將受到質疑，包括一般均衡和靜態的邏輯框架。

4.6.3 特殊性

行為經濟學還側重研究人的經濟行為的特殊性、個別性和局部性。這與塞勒的性格也有關係，因為人如其文，他的文章非常通俗易懂、幽默風趣，在他與人合作的名著*Nudging*（助推）的「致謝」（acknowledgement）中，竟然感謝芝加哥一家麵館的員工，並承諾「下週我們會再來」（We'll be back next week）。[107]他自嘲自己很懶，所以只研究有興趣的東西，而有興趣的東西一定具有特殊性，而不是普遍性，如被前人早已規定好了的經典課題，一加一等於二之類，就極其乏味。這很像多數人最感興趣的不是所有人的幸福故事一樣，而是各個不幸家庭的悲劇情節。所謂的好事往往不出門，但壞事一定傳千里。

但是，也正因為行為經濟學強調人類行為的特殊與主觀，所以就很難對有限理性做出統一的假說。統一假說的前提是數學建模，但行為經濟學是難以對千奇百怪的有限理性的人類行為，進行數學建模。很顯然，要描述完備的純理性行為，在數學上不難實現；但要將全世界70多億不同個人的有限理性、沒有理性、極端理性和極端不理性的行為，全都用一個模型予以清楚描述和解釋，那就是一個「不可能的任務」。這樣，行為經濟學就無法提出一個可以統領全部相關文獻的系統性框架，也缺乏一組核心假說。這也許是至今為止，行為經濟學仍然難以成為西方主流經濟學的一大原因。

總之，行為經濟學所推崇的有限理性、主觀性和心理性，其實就在強調我們都只是個平常人（human），而不是「經濟人」，這一理念深刻反映了適度經濟學思想的精髓。而且行為經濟學所堅持的主觀心理、歷史演化和變動預期對經濟行為的主導，也與適度哲學與適度經濟學思想存在交集，尤其是它的「參照點」構成和變動，更豐富和強化了適度經濟學思想。

---

107 Thaler & Sunstein, *Nudge*, p. viii.

第五章
文化經濟學共享價值與
適度經濟學思想定義

除了古典經濟學、新古典經濟學、制度經濟學和行為經濟學以外，文化經濟學的許多思想、理論與方法也蘊含了適度經濟學的思想，拓展了適度經濟學思想的深度與廣度。

一般認為，將文化價值研究作為文化經濟學主題的文化經濟學派，出現於1970年代。海頓（W. Hendon）自1973年開始主編發行「文化經濟學雜誌」（*Journal of Cultural Economics*），成為文化經濟學派誕生的一個標誌。從1979年開始，文化經濟學國際研討會開始舉辦，並從1993年起，正式成立文化經濟學國際學會（The Association for Cultural Economics International）。以文化價值為研究主題的「文化價值經濟學」（economics of cultural value），是旨在研究影響經濟發展的文化因素，它比以文化產業為研究主題的「文化產業經濟學」（economics of cultural industry），[1]更具有適度經濟學思想的內涵。

大致而言，文化可以被定義為四大要素：一是它由個體組成的群體所共享（a group of individuals）；二是它存在一種共享的信念和相關群體的偏好（shared beliefs and preferences of respective groups）；三是它具有傳播性（transmitted）；四是它能對人際交往產生非正式的約束（informal constraints）。[2]

---

1 Ruth Towse, *A Textbooks of Cultural Economics* (Cambridge: Cambridge University Press, 2019).

2 Marco Castellani, "Does Culture Matter for the Economic Performance of Countries? An Overview of the Literature?" *The Society for Policy Modeling, 41* (2019): 703; Luigi Guiso, Paola Sapienza, & Luigi Zingales, "Does Culture Affect Economic Outcomes?" *Journal of Economic Perspectives, 20*(2006): 23; Jeanette D. Snowball, *Measuring the Value of Culture* (NY: Springer, 2008); Samuel Bowles, "Endogenous Preferences: The Cultural Consequences of Markets and Other Economic Institutions," *Journal of Economic Literature, 36*(1998): 75–111.

　　與文化的定義相關，文化經濟學就是研究相關群體的「共享信念」和「偏好」，是否對經濟發展產生影響？他們是怎樣影響經濟發展？這種文化影響與制度作用之間，存在什麼關係？一般而言，文化經濟學研究主要體現在經濟與宗教研究、社會規則（social norms）、社會個性（social identity）、社會公正、意識形態、信任、家庭之間的關係。

　　例如，目前，一些文化、意識和觀念開始大量與經濟學發生交叉，如宗教經濟學、幸福經濟學、公平經濟學、信任經濟學等。行為學大師卡尼曼與塞勒等在1986年發表的兩篇有關「公平經濟學」（Fair Economics）的文章，建議將公平引入經濟學研究，類似將道德、幸福、宗教、正義、信任與經濟學相結合的研究一樣，皆可歸入文化經濟學。[3]另外，德國腦神經科學家辛格（Tania Single）等也在2015年主編有關「關愛經濟學」（Caring Economics）的論文集，提出關愛經濟學。[4]

　　總之，文化經濟學的分析主題是個人的想法和行為是怎樣通過社會資本、社會關係、社會學習、社會演化等管道和方式進行傳播。這樣，文化經濟學與制度經濟學、行為經濟學的發展就存在密切關係，因為文化常常通過制度發生作用，也往往對經濟行為呈現正面或反面功能，並對企業管理、生產效率和資產價值直接發生影響。

5.1 適度的共享理念

　　文化經濟學的一大核心是尋求「共享」的信念與偏好（shared belief and preference），這個共享價值（shared values）的理念是介於普世價值（universal or common values）與個體價值（individual values）

3　Daniel Kahneman, Jack L. Knetsch and Richard Thaler, "Fairness and the Assumptions of Economics," *The Journal of Business, 59* (1986): 285–300; Daniel Kahneman, Jack L. Knetsch and Richard Thaler, "Fairness as a Constraint on Profit Seeking: Entitlements in the Market," *The American Economic Review, 76* (1986): 728–741.

4　Tania Single and Matthieu Ricard, eds., *Caring Economics: Conversations on Altruism and Compassion, between Scientists, Economists, and the Dalai Lama* (NY: Picador, 2015).

之間的適度公約數，所以，它具有中道和中庸的文化功能，值得深入分析。

5.1.1 共享價值與普世價值

首先，普世價值或共同價值強調的是兩個或多個群體內現有和現存的相同價值，它表示的是一個存量的概念，對團體和群體之間合作之前的共性要求很高，尤其是合作的起點很高，兩者在價值觀上一開始就需要高度與全面的吻合。

例如A文化追求自由與獨立，而B文化追求穩定與集體，那它們就很難在這兩大理念上進行合作。而且，一旦A文化將自己的個體價值設定為普世價值，就具有不可挑釁的政治正確，那麼，A與B不僅無法合作，而且衝突也將不可避免。這種單方面定位自己的個體價值為普世價值的觀念，難免存在強制性和正式性的約束和不對等關係，違反了上述有關文化的第四定義：「非正式約束」，而且，這種居高臨下的「普世價值」，往往具有一種道德的優越感和政治的霸凌感。尤其是，「普世價值」意味着所有國家、民族與文化必須共同遵守，放之四海而皆準，古今中外，概莫例外。這種理念，與制度經濟學、行為經濟學和文化經濟學所強調的主觀性、變動性、心理性、歷史性和有限理性都是難以吻合。

其次，個體價值是建立在自己獨特歷史、文化和傳統的價值，這些價值也許最適合本民族或特定文化的生存與發展，但不一定是其他民族，更不應該是所有民族的最佳選擇。例如，A文化信奉基督教，B文化信仰伊斯蘭教，C文化堅持印度教，而宗教信仰的本質大多是排他的，他們三者是難以在宗教信仰體系裏相容、妥協與合作，如信仰一神的基督教是無法與信仰多神的印度教，在信仰神的數量問題上進行妥協，他們只能其他領域去拓展合作的空間與可能。所以，這種過度強調特殊性和個體價值的傾向，是難以同其他不同質的個體文化或民族，進行有效和長期的合作。

而共享價值就與普世價值不同，因為它是建立在求同存異、和而不同的基礎之上，它不一定是兩者已經存在的共同價值，而是經過努力，

可以一起發掘、合作與發展的正在進行時態或未來時態的共享價值和觀念。也就是說,共同與普世是既定的存量,而共享則是增量,共享的增量可以建立在合作各方理念的最大公約數之上,而且,各方可以不斷努力、發現、豐富與權變這些增量。對此,各方既要承認、尊重和保留各自的存量,但更要尋找、培育和發展增量,將存量與增量視為兩種不同的軌道和路徑,既可以並行不悖、雙軌運作,也可以根據不同時空,有所側重、有所取捨地適度發展,但共同的目標就是推動快速和有效的合作。

例如,「多黨制」很難成為東西方之間的普世價值或共同價值,但是「民主」則是東西方各國之間應該共享的價值,而且各方可以立即以民主為主題展開合作,並在合作過程中,不斷界定和擴展各自認同的有關民主的定義、類別和行動方案,不斷豐富、調整、完善各自對民主形式和內容的理解,尋找最大和更大的合作公約數,尤其是尋求不偏不倚的適度民主的區間。

文化經濟學的共享價值體現在許多領域,限於篇幅,這裏側重討論與適度哲學有關的企業文化中的共享價值問題。狹義的企業文化是指以價值觀為核心的意識形態,而廣義的企業文化則可以擴展到物質文化、制度文化、行為文化、精神文化、宗教文化等。簡而言之,企業文化可以定義為:企業積累並由員工共享的思想、價值和行為準則,以及其外在的表現。[5]

企業的優先之一是減少交易成本、提高經營效率、最大化經濟收益,為了達到這個目標,政府監管、法律制度、契約安排、制度安排、資訊對稱都很重要,但是鑒於人的有限理性、天生自利、機會主義,以及行為不確定性和複雜性等因素,有形的政府、法律與制度有時會失靈,於是,就需要一些文化要素予以補充、甚至主導,如幸福、默契、共識、共享、忠誠、關愛、信任、信仰、倫理、合作(協同)、團隊等11大無形

---

5 Siew Kim Jean Lee and Kelvin Yu, "Corporate Culture and Organizational Performance," *Journal of Managerial Psychology, 19* (2004): 340–359; Vijay Sathe, "Implications of Corporate Culture: A Manager's Guide to Action," *Organizational Dynamics, 12* (1983): 5–23.

的、精神的文化內涵。所以，一個成功的企業需要建立共識、減少交易成本、增強凝聚力。

美國經濟學家迪屈奇（Michael Dietrich）指出：人們對世界的不同認識，會造成高昂的交易成本，因為認識不同，行為不同；行為不同，就會產生摩擦，就會增加順利交流和有效交易的障礙和成本。[6]於是，需要建立一種企業文化來推動員工共識，增強企業員工的一致性、協調性、向心力、凝聚力，具體而言，就是需要建立「適度」的共享意識、共享三觀、共享利益、共享凝聚力和共享效率。

5.1.2 適度共享要義

需要強調是，共享是企業文化的重點，但共享不能過度，也不能不及，只有適度共享才是企業文化的核心之一。所以，我們在論述企業的共享文化之時，尤其需要重視其中的適度本質與要義。

其一，適度的共享意識。西蒙認為，需要靠「忠誠」才能建立共享的意識形態，[7]而福山則認為需要靠「信任」來建立共享意識，[8]兩者其實存在一定的交集點。很顯然，忠誠是一種企業的軟實力，對內可以形成凝聚力和戰鬥力，對外則可以產生抗拒力、削弱負面的外部性。由於企業文化的本質就是構建各種共享的群體意識，而構建群體意識的一大條件就是忠誠和信任。而且，忠誠和信任來源於習慣，包括道德義務和共同責任等，而不是功利的計算。[9]但是，共享的意識、忠誠和信任必須適度，因為忠誠與信任不夠，就難以構建共享的企業文化；而過度的忠誠與信任，則會導致企業走向集權和專制。

其二，適度的共享價值。價值和價值觀大多來自社會規則（social norms），包括習慣、習俗、信念等非正規的約束。福山認為，「價值共享

6　Michael Dietrich, *Transaction Cost Economics and Beyond: Towards a New Economics of the Firm* (London: Routledge, 1994), pp. 37, 1–7.

7　西蒙：《西蒙選集》，黃濤譯（北京：首都經濟貿易大學出版社，2002 年），第 472 頁。

8　福山：《信任：社會美德與創造經濟繁榮》，郭華譯（桂林：廣西師範大學出版社，2016 年），第 16 頁。

9　福山：《信任》，第 12 頁。

締造信任，而信任則具有巨大的且可衡量的經濟價值」，[10]而且，「一個群體是否能維持一種共享的『善惡觀』（language of good & bad），對於建立信任，產生經濟收益至關重要」。[11]對此，福山高度讚美德國人的學徒制，類似中世紀的行會，嚴格訓練、嚴格考證，成為德國民族的工匠精神之搖籃。[12]學徒制主要存在三大功能：共享價值、忠誠意識、工匠精神。同樣，這類共享的價值觀也必須適度，有些社會習慣有可能成為阻礙經濟績效持續增長的負面因素，如師徒之間的絕對服從，有可能導致有錯難改、積重難返、缺失創新環境。

其三，適度的共享利益。空談共享的意識和價值是不夠的，要想馬跑，必須給馬吃草。所以，需要提倡在企業中實行適度的共享利益和共享分配機制。對於這種共享利益的機制，目前存在許多不及或過度的傾向。

首先是傳統的「所有者獨佔股權」，顯然缺乏共享機制，因為它堅持只有企業的所有者，才有資格分享利益和利潤，強者和富者通吃，誰出錢、誰得益、誰負責，但這也可以理解為權利與責任共擔的模式，責權利三者無縫對接、清晰純粹，減少了產權和分配的交易成本。

其次是「所有者和經營者共享股權」。隨着職業經理人地位的提升，企業內部創立了「委託—代理人制度」，旨在激勵企業經理的積極性，但在中國，這一制度有可能導致國有企業產權的新一波不清晰，因為企業所有者與經營者可能再度合二為一，出現所有者缺位現象。對此，也許就需要考慮另外一對的委託—代理關係，即社會與企業之間形成委託—代理關係，由社會作為主人，委託企業代理，迫使企業經營承擔社會責任。但誰是社會？社會的實體由誰構成？

另外一種共享利益的模式則是「所有利益相關者分享股權」，建立「利益相關者模式」（stakeholder）。鑒於股東和經理主導的模式可能導致勞動者利益的邊緣化，「利益相關者模式」旨在主張勞動者、消費者、貸款者、供應商和企業所在地區的居民，都要共同參與公司治理，

---

10 福山：《信任》，第 15 頁。

11 福山：《信任》，第 269 頁。

12 福山：《信任》，第 219 頁。

旨在分享企業利益，限制大股東權力，防止小股東利益被剝奪。這種分配模式在中國的歷史悠久，如清朝的晉商，年終分紅有一個一分為三的傳統：東家一份；掌櫃與帳房先生一份；夥計們一份。[13]問題是，在實踐中，一旦過度發展這類共享利益的模式，有可能出現以「混合所有制」為名，巧取豪奪現有私營企業的資產和利潤，打擊民營企業家的經營積極性，重蹈1950年代中國公私合營的悲劇，出現21世紀公私合營2.0版。

其四，適度的共享凝聚力。效率來自凝聚力，包括職工集體的凝聚力和社會的凝聚力，而凝聚力的大小是人際關係是否協調或者協調到何種程度的體現，也就是說，人際關係愈和諧，企業凝聚力愈強，所謂的家和萬事興。但是，決定企業職工是否能夠團結一致、是否具有凝聚力的關鍵因素是道德的力量。對此，厲以寧曾提到，「共苦」就是一種道德境界，與利益機制關係不大，如一旦企業遭遇破產危機，追逐個人利益最大化的理性員工，一般都會選擇跳槽。於是，能否留住企業危難之中的員工，主要靠的是關公義氣、精神信任和道德認同，也靠患難與共、同舟共濟的信任與同情。[14]同樣，一個人對家庭的認同，不是靠有價和有形的利益，而是靠無價和無形的親情、責任和道德。

當然，這種共享凝聚力的過度發展，也可能導致侵犯個人的應得利益，因為過度強調道德境界和同甘共苦，有可能出現道德「綁架」，違反員工正常的個人意願。而且，如果僱主在企業渡過難關後，不思回報員工的當年奉獻，而是繼續予取予求，導致員工的奉獻是沒有期限地有去無回，這樣所形成的凝聚力一定不可持續，而且會導致道德價值的根本性崩壞。

其五，適度的共享效率。也可稱共享的超常效率，主要是指靠道德和感情所達到的效率，與物質刺激、市場機制、政府強制等關係不大。但這種超常效率所產生的後果，卻是所有利益相關者都能共享的利益

---

13 郭婷：〈大院往事 ── 晉商發家史（三）〉，「中華人」（Chinese People）網站。http://www.zhonghuaren.com/Index/detail/catid/10/artid/424ffcd2-0f5b-4818-b066-9d4be3e137a1/userid/0b7717c5-0834-4f0f-861e-28d4fc70b458

14 厲以寧：《文化經濟學》（北京：商務印書館，2018年），第151–152頁。

與效率，所以也可稱共享效率。根據厲以寧的研究，超常規的共享效率一般在三種場合出現。

一是在正義戰爭時期，如抗日戰爭，市場和政府的功能嚴重弱化，但民族主義和愛國主義能夠激發民眾的超常規效率，義務奉獻、志願參戰成為抗日戰爭時期一些中國民眾的一種常態，這種自我犧牲的行為顯然與理性、自利、利潤最大化等古典經濟學的假設，沒有必然聯繫。二是在巨大自然災害後的救災時刻，人溺己溺、捨己救人的非經濟人行為比比皆是。三是移民團體和社會，如闖關東、走西口、下南洋，面對這群背井離鄉、孤立無助的群體，政府和市場的調節基本無效，但存在鄉親之間互相幫助的道德調節。[15]

其實，這類超常規效率還發生在許多家族企業，因為家族企業能夠培養一種獨特的信任文化。例如，三兄弟往往共同相信，儘管父親根據市場和經營的現實狀況，對投資方向與力度存在短期傾斜，由此將導致兄弟之間的暫時「不公」，但三兄弟共同相信，父親會實行「長期公平」，因為一旦企業盈利之後，父親一定會將新利潤，傾斜投資到當初做出犧牲的兒子所管理的部門，對他們予以加倍補償。所以，親情所建立的一種血緣基礎上的信任，能夠催生一種及時、有效、多方接受的補償機制。這就是厲以寧所提的家族企業兩本賬：利益賬和超利益賬，或者是物質賬和感情賬。[16]

而且，為了強化這種信任和提升超常效率，家族企業往往實施兩種戰略：一是「親中求賢」，即不固守長子繼承和兒子繼承，允許更有才的女兒、侄子、外甥等親戚繼承；二是「賢中求親」，即將賢才從外人轉化為親人，如女婿、兒媳、乾兒子、乾女兒等等。[17]日本人所推崇的女婿文化，就是通過賢中求親的管道，保證企業的代際傳承。另外，家族企業文化與家庭文化密切相關，曾國藩就曾強調，只有家庭的精神財富

---

15 厲以寧：《文化經濟學》，第 153-154 頁。

16 厲以寧：《文化經濟學》，第 374 頁。

17 厲以寧：《文化經濟學》，第 377 頁。

得以傳承，才能保障其物質財富的長期傳承與壯大。他的家訓和精神財富就是「五到」：身到、心到、眼到、手到、口到。[18]

需要指出的是，中國一些企業基層員工或農民工的道德核心，也許主要體現為樸素的關公義氣。上述四種非常團體在非常時期所產生的超常規生產效率，其實不是什麼古希臘的貴族德性和孔孟的君子仁德，因為道德必須講是非，而義氣則可以不問是非，只問親疏。但在中國文化中，道德與義氣常常被混為一談、合二為一。對此，羅斯在《正義論》裏提出二大概念：一是善的界說（conception of good），即追問好與壞；二是正的界說（conception of right or justice），即追問對與錯。[19]不少東方人習慣問好與壞的價值判斷，注重感情、非理性，如《論語・子路》就提倡「父子相隱」，親親相隱；[20]而一些西方人則樂於追問對與錯、理性判斷。所以，類似超常的共享效率不能完全不提倡，因為這將導致企業經營失去文化的支撐；但也不能過度提倡，因為這有可能導致自利、有限理性和個人主義完全沒有存在的空間。適度經濟學的思想就是要促進善與正、好壞與對錯、經濟與道德、權利與義務、東方與西方的平衡、中和與融合。

上述五個適度「共享」，其實存在邏輯關係或因果聯繫。首先，他們的共同目標是提升企業的效率；其次，為了提升效率，需要建立適度的共享意識，然後才能建立適度的共享價值；但這些務虛的共享意識和觀念，需要有實實在在的共享利益才能可持續；而有了這些精神和物質的共享條件，才有可能出現共享的凝聚力，最後達到共享的效率，甚至超常的效率。

但是所有上述共享必須遵循「適度」的原則。如果過度共享，一有可能使企業成了「江湖」和「幫派」，義務過度、權利不足；二有可能成為變相的理想「烏托邦」，人人奉獻、個個分享；三是為企業主濫權、侵權、集權提供溫床和條件。而且，測定企業經營效益也不能只看一時

18　曾國藩：《曾國藩家書家訓》（天津：天津古籍書店，1991）。

19　John Rawls, *A Theory of Justice* (revised edition), (Cambridge: Harvard University Press, 1999), pp. 3–4.

20　《論語・子路》。

一地的凝聚力，需要強調演化理性，綜合考察長期與短期效應。另外，企業的性質也很重要，鐵路管理可以而且需要實施集中和專制的模式，但高科技、互聯網企業就不應該，也不需要。尤其是，在短期內，企業民主和多元也許可能導致交易成本提高，而專制的成本也許一時較低、效率很高，但從長期而言卻不盡然。而且，眾多事實已經證明，民主治理儘管難以達到最優，卻可以避免最差；而專制管治有可能得到最佳結果，但也容易出現最差惡果，而且一旦出現惡果，糾錯和糾偏機制匱乏。所以，正確的原則就是適度民主、適度集中和適度共享。

5.2 適度的調節與分配

面對政府調節與市場調節的經常失靈和永恆兩難，文化經濟學提倡具有適度意義的第三種調節：道德調節，它將道德視為調節和分配資源的一大要素，[21]而道德則屬於文化的範疇。這種道德調節反映了超然於市場調節與政府調節兩極的適度原則，既有助於制約市場的過度貪婪，也能削弱政府的過度干預，旨在平衡市場與政府的不同效用，為經濟活動的健康運作和可持續發展提供富於人性和德性的支援。

眾所周知，在市場和政府出現之前，人類文明的維繫與發展既不靠政府與制度，也不靠市場與技術，而是靠道德，其中包括習俗、傳統、信仰和語言等。一旦面臨求大於供的短缺危機，母系社會的習俗準則就是女性優先，而父系社會則是提倡男性長者為先的倫理秩序。英國經濟學家約翰・希克斯（John R. Hicks, 1904–1989）提出「習俗經濟」（Custom Economy）一詞，就是屬於這類「第三種調節」。[22]

自從中世紀學院派大師托馬斯（Thomas de Chobham）於1215年發表《懺悔大全》（Summa Confessorum）、創立道德經濟學以來，道德經濟學一直存在，[23]它與有形的法律契約不同，道德其實是一種無形的社會契約，但兩者的獎懲功能相似，目標也都是為了維護秩序。鑒於監

21　屬以寧：《文化經濟學》，第 133 頁。

22　John Hicks, *A History of Economic Theory* (Oxford: Oxford University Press, 1969), pp. 9–24.

23　Thomas de Chobham, *Summa Confessorum* (Paris: Béatrice Nauwelaerts, 1968), pp. xi–lxix.

控成本太高，法治難以全方位、無死角地維持秩序，於是，德治就有了存在的合理與需要，旨在調節法治失靈之後的社會失序，或者調節市場失靈之後的經濟危機，起到適度糾偏的作用。

5.2.1 第三種調節：道德

大致而言，道德經濟的適度功能至少存在下列三個，並由此構成不同於市場調節和政府調節的第三種調節。

第一，道德有助於提升交易雙方的信任指數。道德自律和誠信人格是提升人與人之間信任和信用的基石。沒有道德，就沒有誠信，而沒有誠信，就不可能存在可長可久的商業交易，信任、信用是商業行為的生命，無信不立。西方社會普遍認為，防止和限制商業欺詐行為的出現，一般需要兩大條件：一是商人害怕外在的法律制裁；二是商人存在內在的道德良知。如果商人完全沒有道德良知，法律一定不堪重負，監獄也必定人滿為患。美國社會的犯罪率很高，法治成本也很高，但美國社會遍佈教會、非政府組織和社區組織，由此大大降低了法治成本和維護社會秩序的成本，一定程度上增加了彼此之間的信任，尤其是宗教文化為社會道德的維持與提升，起到了至關重要的作用。在這種內在的道德壓力與外在的法律和稅收制度制約下，就有可能產生正面的社會效應：刺激美國19世紀末大批慈善和公益基金會的成立，因為富人們既怕高額的遺產所得稅，更怕死後受到上帝懲罰。

第二，道德有助於增加經濟活動的倫理指數（index of ethics）與慈善指數（index of generosity）。[24]純粹的經濟活動只能提升經濟價值，但一旦道德介入經濟活動，就有可能賦予經濟活動、經濟產品和投資人的倫理價值，並相應提高產品和服務的實際價值、道德的附加值或道德紅利。例如，醫生即使醫術非凡，但如果惡行惡狀、收取紅包，一定影響服務質量、醫治效果和醫學聲譽；教授儘管學富五車，但如果極不認真負責，一定誤人子弟。相反，在救災時期，如果企業實行公益

---

24 J. J. Griffin & J. F. Mahon, "The Corporate Social Performance and Corporate Financial Performance Debate: Twenty-five Years of Incomparable Research," *Business and Society, 5* (1997): 5–6.

義捐或減價支援，一定能夠提升企業的形象和倫理指數。傳世的品牌不僅靠質量，也靠道德、倫理和形象，老字號如同仁堂，就有助於激發人們的親切、溫暖和可靠的心理聯想，具有無價、無形、無期的倫理意義，其中的道德附加值和形象附加值不可低估。

第三，道德有助於建立和維護公共產品的消費秩序。公共產品一般都是求大於供，包括公共交通設施、公共廁所、公園等。除了使用經濟手段、法律手段和政策手段來控制需求外，還需要求助於公德。如中國的「共享單車」走入危境的道德因素，值得深思。沒有公德，就沒有公共秩序；沒有公共秩序，就難有經濟的持續發展。同理反證：經濟發展需要秩序，秩序需要法律之外的公德。也就是説，法律只管我們行為的下限，但道德管我們行為的上限。有時候，這種道德的自主性和自律性超越法律的效力。類似美國新任總統不是手捧《憲法》宣誓，而是手捧《聖經》宣誓是一樣的道理，因為《憲法》管不住、也管不了美國總統搞婚外情之類的道德缺失，但《聖經》可以促使失德的總統檢點行為，一旦違反，就有可能存在終生揮之不去的犯罪感。

需要追問的是，在現代社會已經出現成熟市場和有限政府以後，道德調節是否繼續有效？厲以寧認為，道德調節沒有失效，因為如果市場是無形之手、政府是有形之手的話，那麼道德就是介於有形與無形之間的「手」，「道是無形卻有形，道是有形又無形」。[25]這裏的道德，與前述的企業類似，有時候皆能起到平衡政府與市場「兩手」的「第三隻手」的效用。例如，有些反映道德的自律屬於無形，但有些體現道德的鄉規民約則被刻在石碑上或擺在祠堂中；許多先賢的威望，既要靠有形的墓碑顯示，更要靠無形的口碑來代代傳承。

所以，市場、政府和道德這三種調節需要適度地互相補充。首先，市場需要道德，提升市場誠信和完善社會資本；同時，政府也需要道德，幫助政府改進廉潔、公正和信用。如果道德失靈，市場和政府也一定失靈，沒有以道德作為基礎的市場與政府，一定無法長期取信於民，而一個失去多數民眾信任的市場，一定是無法持續有效和良效；同樣，一個失去民眾信任的政府，也是必定難以有為，更不可能良為和善為。

---

25 厲以寧：《文化經濟學》，第 141 頁。

但是，這三種調節的主次作用是由特定時空和人群所決定，三者的實際效用常常發生消長，適度哲學的演化和權變要素，將決定三種調節在不同時空條件下的不同作用。

5.2.2 第三種選擇：分配

除了第三種道德調節之外，厲以寧還提出「第三次分配」，也深刻反映了適度經濟學思想在文化經濟學中的功能。目前，社會收入的主流分配方式似乎只有相互對立的兩大類：一是根據市場規則和市場調節所出現的第一次分配，旨在根據社會成員所貢獻的生產要素的數量、質量和效率，成為收入的第一次分配，但這種分配，不一定是按勞分配，因為許多人的發財不是通過勞動，而是特權、壟斷或巧取豪奪；二是根據政府調節原則所出現的第二次分配，主要是通過徵收類似累進所得稅、房產稅和遺產稅等，達到抽肥補瘦，甚至殺富濟貧的目的，包括革命時期的「打土豪、分田地」，這些都屬於政府主導下的收入再分配。作為對比，在第三種道德調節作用下，許多個人和組織通過將自己的收入，自覺、自願和持續地用於公益、慈善、捐贈等方式，貢獻給社會，這就是收入的第三次分配。[26]

很顯然，第三次分配是對市場和政府所主導的主流分配形式的有力補充，因為市場往往缺乏救濟機制，而政府救濟則常常缺少覆蓋機制和效率動能，所以兩者的努力一定會出現救濟空白。這樣，巨大的社會捐助則具有補漏和可持續的獨特功能，也能起到適度經濟學思想所提倡的「中和」功能，緩和社會的張力。關鍵是，文化經濟學需要研究第三次分配的內涵和外延、第三次分配參與者的心理、以及第三次分配的文化效用、社會效用和適度效用。

由此也引出第三種假設的可能。經濟學界已有經濟人假設，提倡理性、利己、利益最大化；也有了動物人假設，主張非理性、損人利己、你死我活、叢林法則；而第三種假設就是厲以寧所提倡的社會人假設，介於經濟人的理性與動物人的非理性，提倡所謂的有限或適度理性、

---

26 厲以寧：《文化經濟學》，第 224–225 頁。

有限或適度自利、有限或適度利他。[27]這種既違反理性人假設、也違反動物人假設的社會人假設，很難用古典經濟學的理論框架予以解釋，必須運用一些軟性的文化、道德、心理因素來分析。

　　第三種道德調節、第三次分配和第三種假設，似乎都是獨立於市場和政府兩極之外的第三極，其實它們是市場和政府所應該共享的價值，是一種適度的中和力量，有助於平衡與制約政府與市場、官員與商人的有限理性或非理性，利用道德的槓桿，幫助市場和政府一旦失靈之後，提供一個適度的工具，促使適度經濟學思想能夠持續得到落實。其實，面對厲以寧主張的道德調節和科斯提倡的企業調節，兩者是可以在適度經濟學思想的框架下，實行合二為一的創造性轉換，因為根據不同的時空條件，可以提倡「企業的道德調節」，或者「道德的企業調節」。也就是說，企業能否起到補充甚至在某時某地取代市場或政府作用，還需要取決於企業的道德力量和道德形象。一個巧取豪奪、從不關心慈善公益的企業，是難以緩解由於市場的貪婪和政府的集權所導致的經濟危機。

　　美國自由市場的教父級人物、前聯儲局主席格林斯潘（Alan Greenspan）在1999年提到，他本來固執地認為，無論在任何文化背景下的國家，有效實施的現代經濟政策都會產生同樣的結果，因為資本主義是「人類的本性」，但面對20世紀90年代俄羅斯市場經濟轉型所出現的災難，他卻修正了自己的結論：「這根本不是人類本性的問題，而是文化問題」。號稱西方自由經濟的「沙皇」，竟然與社會學家韋伯（Max Weber, 1864–1920）取得了一致，共同相信「文化幾乎可以改變一切」。[28]

　　最後值得一提的是，制度經濟學、行為經濟學和文化經濟學其實存在一個共同特點，就是全面挑戰古典和新古典經濟主義的基本思想，反對完備理性，主張有限理性；反對靜態和確定，主張動態和不確

27　厲以寧：《文化經濟學》，第 241–244 頁。

28　Lawrence E. Harrison, "Why Culture Matters," in Lawrence E. Harrison and Samuel P. Huntington, eds., *Culture Matters: How Values Shape Human Progress* (New York, NY: Basic Books, 2000), pp. xxiv–xxv; David Landes, "Culture Makes Almost All the Difference," in Harrison and Huntington eds., *Culture Matters*, p. 2.

定；反對經濟學的普世和普適，主張經濟行為和治理所固有的特殊地點的特殊制度、行為和文化因素；而且，三大學派大多拒絕使用高等數學建模，推崇調查、經驗和歸納的研究方法。

更為重要的是，它們，尤其是文化經濟學，開始排斥新古典經濟學所主張的個人主義方法論（methodological individualism）。很顯然，新古典經濟學強烈主張經濟研究的對像是個人，經濟分析的最小也是最核心的單位必須是個人，而絕不應該是團體、組織、社會或國家。[29]在這種方法論指導下，阿爾欽（Armen Alchian, 1914–2013）就強調個人估值（personal worth），推崇財產權的個人性和主觀性，[30]認為個人估值一定是個人做出的估值，不是集體，更不是國家，因為集體和國家不會思考，也不會評估。所以，在新古典經濟學家們看來，不落實到個體和實體的集體和組織，都是一種學術愚民或政客忽悠。由此，還引出奧地利學派的個人主義主觀價值論（individualistic subjectivism），即所有的個人估值都來自個人的主觀判斷。[31]

但因此也就出現了一個經濟學悖論：與道德倫理學相比，經濟學很唯物、很客觀、很科學，但以個人為中心的經濟學，卻又很唯心。而且，一方面，經濟學很入世，但亞當・斯密卻大講很出世的道德情操，甚至將如此實用、入世的經濟行為，隱喻為玄而又玄、富有神性的「一隻看不見的手」。尤其是，個人估值不是以個人的願望為基礎，而必須由行動來表現，以個人所願意放棄的其他商品的數量來計算，而這些行動，外人是可以觀察和計量的。這又是一大悖論：主觀、無形、千差萬別的個人意願，需要可計量、可外化、可觀察？這一主觀價值論和個人估值理論是一種典型的唯心主義，直接挑戰了斯密的古典主義和馬克思主義的一大基石：勞動價值論。但這也為心理學在經濟學上的應用，提供了一條通道，因為主觀價值、主觀好惡主要由人的心理行為決定。

29　George Stigler and Gary Becker, "De Gustibus Non Est Disputandum, " *American Economic Review, 67* (1977): 76–90.

30　Armen A. Alchian, "Some Economics of Property Rights," *Politico, 30* (1965): 818.

31　Guinevere Nell, *The Driving Force of the Collective* (NY: Palgrave Macmillan, 2017), pp. 23–42.

但是，這些以個人和個體為唯一研究對象的新古典經濟學派，遭到了許多現代經濟學家的抨擊。布勞格（Mark Blaug）認為這種過度依賴方法論上的個人主義，幾乎等於對所有的宏觀經濟學說了再見，這種毀滅性、絕對性的方法論原理一定有問題。[32]同樣，柯爾曼（Alan Kirman）也強調個人主義的競爭均衡，不一定是穩定的或獨特的，經濟學家應該放棄研究孤立個體的想法。[33]所以，這種過度強調方法論個人主義的學者，往往與方法論整體主義（Methodological Holism）、方法論多元主義（Methodological Pluralism）、以及制度經濟學和文化經濟學的研究方法格格不入。

5.3 適度經濟學思想的定義

通過對上述中庸思想和適度哲學的討論（第二章），也通過對西方古典和新古典經濟學（第三章）的梳理，更通過對制度經濟學、行為經濟學和文化經濟學（第四章和第五章第一節與第二節）的分析，我們已經比較清晰地了解上述五大經濟學派所體現的有關適度經濟學思想的萌芽與脈絡。

過去250年，一些西方經濟學家自覺不自覺地在亞里士多德的適度哲學指導下，構建了五條通向適度經濟學思想的橋樑，它們包括古典經濟學的平衡供需、新古典經濟學的均衡價格、制度經濟學的演化發展、行為經濟學的有限理性、文化經濟學的共享價值，這些理論所顯示的「平衡」、「均衡」、「演化」、「有限」和「共享」，共同提煉了適度經濟學思想的五大基本元素和哲學概念，有可能啟發和推動未來的主流經濟學，逐漸向適度哲學和適度經濟學思想靠攏。

基於此，根據中庸和適度哲學的定義，也根據西方經濟學五大學派的分析，適度經濟學思想似可定義如下：「適度經濟學思想旨在研究

32　Mark Blaug, *The Methodology of Economics: Or, How Economists Explain* (Cambridge: Cambridge University Press, 1992), pp. 45–46.

33　Alan Kirman, "The Intrinsic Limits of Modern Economic Theory: The Emperor Has No Clothes," *The Economic Journal, 99* (1989): 126–139.

影響經濟發展的適度因素，其內涵是尋求資源供需平衡、市場價格均衡、制度演化安排、行為有限理性、文化價值共享的經濟學理論、方法和政策。它包括不及、過度和適度三大維度對經濟發展的不同作用，並體現在經濟主體的民眾，也體現在經濟客體的市場，更體現在介於主體與客體之間的政府、制度、集體、企業、社區、文化、道德等因素，其宗旨是導正經濟主體的過度保守或過度自由的意識和行為，糾偏政府政策的過度干預或過度自由放任，協調市場的過度發展或過度停滯，並在民眾權利、政府權力和市場資本三者之間，尋求中道、中和與共生同長的經濟資源與機制，共同構建平衡、均衡、演化、有限和共享的經濟制度和適度社會」。

5.3.1 適度經濟學思想五大內涵

根據上述定義，適度經濟學思想大致蘊含了下列五大基本的特性與內涵。

第一，平衡性。在給定的人力資源、物質資源和市場資源短缺的前提下，適度經濟學思想旨在探討市場供需的平衡。平衡是適度的生命，更是不偏不倚的精髓。任何供大於求或求大於供的市場形態，都是經濟蕭條和經濟泡沫的主要動因和基本特徵。而且，這種平衡還體現在對人心慾望的平衡，過於貪婪和過於節儉既是民眾的「心魔」，更是經濟發展的阻力。為了指導供需平衡的發展，適度是一個重要的思想原則。過猶不及，同樣，不及猶過，但「過」與「不及」又是走向適度的必要代價與通道，人類只有不斷嘗試過度與不及的教訓，才能漸漸逼近適度的理想狀態。

第二，均衡性。市場價格均衡是一種理想狀態，儘管很難實現，但這是效益最大化追求的目標，也是滿意最大化的一種理性制約。絕對的均衡不一定是經濟發展的福音，它將導致經濟發展的靜態與遲滯，也會誤導社會各界對經濟發展的過於樂觀、自滿自足，弱化了及時調整、改進經濟系統的動力。所以，均衡很難，但不能放棄。只要堅持適度均衡與適度不均衡之間的結合，經濟發展的方向與軌道一般不會偏離太大。

第三，演化性。制度的發展是建立在演化發展過程之中，具有明顯的歷史性依賴。但這種演化既存在經濟制度的「前生」，更意味着經濟制度的「來世」，所以，需要根據「前生」的路徑依賴，檢視「今生」的制度缺陷，更要設計「來世」的制度安排。而所有對「前生」、「今生」和「來世」的認知，都需要適度經濟學思想作為指南。理解和解釋「過去」的歷史需要適度，防止偏見；執行和推動「今天」的政策，也需要適度的不偏不倚、理性理智；而預測和設計「未來」的方向更需要適度，適度地吸取過去和今天的失敗教訓，不斷調整制度與市場、制度和政府之間的關係。同時，對於適度的價值判斷需要開放的心態和相對的標準，不能過度拘泥於適度的政治正確性，學會在演化理性指導下，不斷調整適度的標準。昨天的適度，也許是今天的不及；而今天的不及，又有可能是明天的過度，所以，需要建立強烈的時空意識，不能一成不變地形成思維定勢和觀念僵化。

第四，理性有限性。常人的缺陷與不完美，決定了人難以成為經典意義的經濟人，更不可能實現猶如人工智能所設計的完備理性。必須承認，純粹的理性一定不是真實的理性，而可能是一種虛假理性或短暫理性。同樣，絕對的不理性也不屬於人類，因為這是動物的專利，一時一地的失去理性與理智，應該是常人的常態。所以，在完備理性與完全非理性之間，需要提倡適度的有限理性。其實，適度理性比有限理性更為精確，它不排斥理性，也不拒絕感性，只是強調適度的理性與適度的感性。而且，理性與感性有時候互相依賴、互相糾纏。例如，不惜代價，拯救一個垂危的親人之生命，是理性還是感性？對此，就需要提倡適度理性，既要感性地拯救親屬生命，又要在完全無望的情況下，敬畏專業醫生的建議，理性地放棄。如何平衡兩難，就是適度理性的題中應有之義。

第五，共享性。市場的經常失靈，説明市場中的多元個體並不是一個穩定和健康的市場力量，他們所固有的自利性和多元性很難保證和促使市場走向平衡與均衡。於是，集體、企業和社會將能起到一種減少不確定性和複雜性的作用，但前提是在個人、市場和政府之間，適度建構特定群體的共享意識、共享價值、共享利益、共享凝聚力、共享效

率，通過共享共同體的建立，抑制市場私慾、抵抗政府侵權，有效糾偏個人、市場和政府的缺失，導正經濟發展的航向。

5.3.2 適度經濟學思想與適度哲學的交集

第二章所論述的適度哲學之六大元素（中間性、平常性、主觀性、歷史性、中和性與相對性），與本章所討論的適度經濟學思想之五大元素（平衡性、均衡性、演化性、有限理性和共享性），存在許多交集。適度哲學指導了適度經濟學思想，但適度經濟學思想又豐富和發展了適度哲學與中庸思想。

首先，適度哲學的「中間性」直接影響了適度經濟學思想的「平衡性」與「均衡性」，只有明確了中間的概念，才能界定何為兩邊、兩極、兩面、兩方和兩派，更有了不及、過度與適度三者的邊界比較，於是「中間」就為「平衡」與「均衡」提供了借鑒，包括「平衡」供應與需求、投入與產出、通脹與緊縮，也包括「均衡」價格高低、收益遞增遞減、正反饋負反饋等。

其次，適度哲學的「歷史性」與適度經濟學思想的「演化性」如出一轍。它們共同強調歷時而不是共時的縱向變化，推崇強烈的歷史性意識，反對靜止、孤立和片面地認識與分析問題。動態的歷史與演化是適度經濟學思想的核心之一。

再次，適度哲學的平常性是對適度經濟學思想的有限理性，提出了一種指導，因為完備理性代表了一種超理想、超平常的完美要求，是對「經濟人」的理性期望，但多數平庸的常人往往難以做到。所以，適度理性或有限理性正是反映了常人的平庸、中庸與現實，是一個自然人的常態。

最後，適度哲學的中和性指導了適度經濟學思想的共享性。共享的核心就是在對立的意識、觀念、利益等方面，提出各個經濟主體之間存同求異、和而不同的共享理念，尤其是共享的利益，因為許多經濟衝突就是來源於利益分配的不均、不公、不平。如果能夠實現利益共享，很多衝突與對立就能迎刃而解，「中和」的理念也能得到實現。

　　總之，我們需要追問：適度經濟靠什麼？除了靠適度的人性之外，適度經濟首先需要古典經濟學所主張的理性、市場、生產、供應、平衡，還需要新古典經濟學的需求、價格、均衡，更要依賴制度經濟學派、行為經濟學派和文化經濟學派所強調的制度、法律、觀念、企業、集體、組織、社區、心理、文化和有限理性。所有經濟學適度思想的要素（平衡、均衡、相對、演化和有限），都是基於現實的資源有限和人類認知的約束，這也是所有經濟行為的基本前提條件。古典和新古典主義的理想假設很美好，也很豐滿，但有限資源和有限認知卻決定了現實的骨感和冷酷。

　　於是，適度經濟學思想的使命應運而生，這也是它存在的出發點和歸宿點：正因為客觀資源有限，所以主觀的經濟行為必須適度，過度揮霍資源既是浪費，也不能持續；過度無效利用資源，就是不及，也是一種浪費。這樣，適度經濟學思想正是體現了250年來，經濟學逐漸走向平衡、中和、相對的適度路徑和方向。

第六章

適度經濟學思想的三元理論
與研究主題

　　根據適度哲學的定義和五大經濟學派所蘊含的適度經濟學思想，本書第二章到第五章定義了適度經濟學思想的宗旨與內涵。本章將討論適度經濟學思想的核心理論——三元理論，它是由公理性的適度哲學思想所衍生的指導性理論。儘管思想高於理論，但理論又豐富和支撐了思想。通過三元理論的論述，有助於釐清適度經濟學思想研究的主要框架、結構和主題，強化對適度經濟學思想本質內容的理解。

6.1 三元理論

　　上述古典經濟學、新古典經濟學、制度經濟學、行為經濟學和文化經濟學的文獻研究和學派詮釋證明，中庸思想和適度哲學是指導適度經濟學思想的指南。但適度經濟學研究還需要一種處於哲學思想體系之下的理論，作為理解與解決適度經濟學所出現的難題。

　　其實，三元論是有助於理解適度經濟學思想的重要參照，因為「過度」與「不及」這兩元，經常違背第三元的「適度」原則，所以，經濟學家就需要尋找、判斷、選擇第三種路徑，並以此作為鑒定經濟運行和經濟政策是否過度或不及的重要手段，幫助經濟學家堅持一分為三、執二用中的原則，在過度與不及的兩端尋找適度的中道選擇。

6.1.1　三元理論的核心

　　三元理論也稱三元論。三元理論（Trichotomism）的本質是挑戰傳統的一元（Dichotomism）和二元（Monism）理論，試圖在兩元之間或

兩元之外尋找第三元。[1]例如，「三元本體論」主張：第一元代表主觀和精神的「心」，第二元指客觀和物質的「氣」，第三元則代表人類認知和知識的「理」，[2]由此構成「心」、「氣」、「理」三元一體的人類本體。儒家哲學也將天、地、人稱為「三極」，分別表現宇宙的氣、形、德，三者不分彼此和上下，而是三足鼎立。[3]

同時，「三元認識論」認為：通過「思」（先驗和理性）、「行」（經驗和感性）、「學」（學習與悟性），建構理性思、感性行和悟性學的認知體系。正如康德跳出「感性」和「理性」的兩端，提出「知性」，認為人應該在感性、知性、理性三個環節，提倡「先天綜合判斷」的概念，而且認為，時間和空間是「感性」的先天形式，「理性」要求對本體的自在之物有所認識，但因果性等十二個範疇是「知性」固有的先天形式。[4]

另外，除了「三元本體論」和「三元認識論」，還需要構築「三元價值論」：真、善、美，而且，根據事物與人物所普遍存在的陰陽和、上中下、左中右等性質，形成「三元三價值」模式。[5]而所有這些三元本體論、三元認識論和三元價值論的根本使命，就是如何在三元之間實現中庸之道和適度之道。

其實，除了儒家的「中庸」具有一分為三的哲學思想以外，道家也主張「三生萬物」。[6]所以，在中國古代哲學中，「三」存在博採眾長的「智慧」作用，如「三人行，必有我師」；「三」也獨具「穩定」的功能，如「三足鼎立」；「三」更具有「和合」的機制，在左右、上下和內外兩極之間，起到和諧與中和的作用。就像王禮強所指出，《易經》的核心不是陰陽兩元或兩極，而是三元，因為存在陰、陽、和三極，他由此提出「仨源易經」。他還強調「仨」是萬物的內核，任何層面皆有三個既相互獨

---

1 Millard Erickson, *Christian Theology* (Grand Rapids: Baker Books, 1998), pp. 538–543.

2 K. R. Popper, *Objective Knowledge: An Evolutionary Approach* (Oxford: Oxford University Press, 1972).

3 龐樸：《龐樸文集・第四卷・一分為三》（濟南：山東大學出版社，2005 年），第 325 頁。

4 Immanuel Kant, *The Critique of Pure Reason* (London: Pantianos Classics, 1855), pp. 21–29.

5 葉福翔：〈三元哲學核心思想〉，https://wenku.baidu.com/view/d473416ca45177232f60a25b.html。

6 《道德經》（北京：中華書局，2019）。

立又相互影響的「源」構成，而且他發現「存在」中的不同世界，都是由三個不同要素決定，就像不在同一直線上的三個點決定一個面一樣。[7]

而且，根據葉福翔的研究，人類已有的知識核心涵蓋三大原理，一是週期原理，包括經濟發展的週期變化；二是和諧原理，這與亞當‧斯密的「看不見的手」原理相通；三是優化原理，因為優化的數學描述就是極值，類似最小作用量原理、最大利潤和最小成本原理等，這也是古典和新古典經濟學派對市場功能的理想化解釋。同時，人也分為三大類，一是常人，他們心平氣和、知足常樂；二是賢人，他們修己修人、治國安民；三是聖人，他們「頂天立地、大度達觀。身心常超然於世，又適時懷施普度眾生之慈行」。[8]

三元論對適度經濟學思想的啟示主要表現在三大方面。一是它將現有的經濟現象盡量分為三個不同元素和變量，將它們放在同一個系統中予以觀察，形成左中右、上中下、裏中外、前中後、早中晚的不同時空參照；二是需要運用一分為三的視角，分析和比較每一種經濟現象的優、中、劣，旨在達到亞當‧斯密所推崇的「客觀旁觀者」的境界，避免偏見和無知；三是在尋找解決經濟難題、設計政策之時，需要提出上中下三個選擇、左中右三種偏好，全面、系統、深入地因應不同的可能後果。

6.1.2　三元理論與人文社會科學

三元理論已經被廣泛應用到神學、美學、智力、愛情等人文和社會研究領域，為適度經濟學思想提供了更豐富的學術營養。

第一，三元神學。它強調人由三部分組成：靈（spirit）、魂（soul）、體（body），其實質是表明，在「體」和「魂」之間存在一個更高層次的「仲介」：靈，人只有通過「靈」才能過上高尚的屬靈生活，並與上帝建

7　王禮強：《仁源論與仁源易經》（上篇）（南京：東南大學出版社，2014年），第一章。

8　葉福翔：〈三元哲學核心思想〉，https://wenku.baidu.com/view/d473416ca45177232f60a25b.html。

立關係，因為靈高於魂。[9]神學三元觀點與《聖經》新約有關。在「帖撒羅尼迦前書」五章廿三節，保羅提到靈、魂、身；在「馬太福音」廿二章卅七節，耶穌提到「你要盡心、盡性、盡意愛你的神」；在「希伯來書」四章十二節也提到需要洞察人裏面的神，將人的魂與靈分開來。

第二，智力三元理論。斯騰伯格（Robert J. Sternberg）提出和發展了智力三元理論，它認為人是通過三種管道提升智力的：一是人的主體通過對外部世界的適應、選擇和改造；二是人的主體需要理解外部資訊文化與內部心理特徵；三是人需要現實體驗外部世界和內部世界的連接。這個「連接」內外的能力與體驗，才是平衡和優化前面兩種努力的關鍵。[10]

對此，霍蘭（John Holland, 1929–2015）曾在他的名著《隱秩序》（Hidden Order），提到2500多年前的古希臘泰勒斯（Thales of Miletus，前624/623–前548/545），幫助西方社會發展了演繹、邏輯、數學、科學、規則與秩序，但是這種嚴謹的認知系統，嚴重約束了人在創造性過程中所需要的隱喻想像，正如「格律和韻腳對西方詩歌起了約束作用一樣」，於是霍蘭就呼籲綜合中西方兩大傳統的可能性：「將歐美科學的邏輯—數學方法與中國傳統的隱喻類比相結合，可能會有效打破現存的兩種傳統截然分離的種種限制。在人類歷史上，我們正面臨着複雜問題的研究，綜合兩種傳統或許能夠使我們做得更好」。基於此，霍蘭將複雜性問題用「隱秩序」來形容，因為它是一個不是明確、顯性、完全可用數學建模的秩序，而是具有東方「神秘主義」和「玄學」基因的隱秩序，[11]這與「一隻看不見的手」的隱喻，存在異曲同工之妙，「隱」（hidden）與「看不見」（invisible）只是異詞同義而已。

第三，三元美學。西方美學史一般運用二元邏輯，將美分為「優美」（Beautiful）與「崇高」（Sublime）兩類，而且優美成了女性的專利，而

9　徐弢：〈倪柝聲的三元論思想探究〉，《中國神學研究院期刊》，2013 年第一期，第 40 頁。

10　Robert Sternberg, *Beyond IQ: A Triarchic Theory of Human Intelligence* (New York City: Cambridge University Press, 1985), pp. 1–40; Robert Sternberg, ed., *Handbook of Intelligence* (Cambridge: Cambridge University Press, 2000), pp. 3–15.

11　約翰‧霍蘭（John Holland）：《隱秩序 —— 適應性造就複雜性》（*Hidden Oder: How Adaptation Builds Complexity*）（上海：上海科技教育出版社，2019 年），第 3 頁。

崇高則專屬於男性，於是就忽略了兩者之間的中間狀態和中間範疇的美。同時，人類現實的美並不是非優美即崇高的兩端。而屬於中國古典美學的「中和」之美，其實質就是三元美學。[12]類似中國的國畫，就習慣「留白」，在天地、人景之間，留下大片的「適度」空白，形成一種此時無畫勝有畫的哲思境界。所以，三元美學的啟示是，美並不局限於陰陽兩極，介於陰陽之間的美不容排斥和無視，而且，美並不一定只能由有形、有色、有味的藝術來表現，有時候，無形、無色、無味也是一種美，甚至，這種適度的美，是一種超越性、中和性的美。

第四，愛情三元。斯騰伯格不僅提出了智力三元理論，也提出愛情三元理論，認為人類的愛情大致由三大基本成分構成：親密（intimacy）、熱情（passion）、承諾（commitment）。這就打破了常人所只看到的愛情兩大元素：親密與熱情，而是加上了理性的第三元素：「承諾」。承諾是指一種責任和約定，屬於人類區別於動物的認知，而不僅僅是出於感情和性慾。尤其是他分析愛情三元素的互動關係，對適度經濟學思想的研究有啟發。他認為，如果對愛情三大元素只是「三選一」，就會出現要麼只是「喜歡」、要麼僅僅「迷戀」，或者要麼只能「空愛」的缺陷之愛；而如果是「三選二」，則會在「浪漫之愛」、「伴侶之愛」和「虛幻之愛」三者之間，選擇其中兩個的可能。當然，人類一定希望所謂的圓滿之愛和完美之愛，將親密、激情和承諾三者高度耦合，以信任為基石、以性吸引為催化劑、以承諾為約束。但是，在現實中，這樣的愛情既很稀缺，又難以持續。[13]

社會科學和人文學方面的三元理論對適度經濟學思想的借鑒意義是，盡量跳出二元對立和二種選擇，引入第三元參照。這個第三元往往能夠比另外二元，提供更高的綜合優勢、更大的公約數和更優化的結果，有助於彌補另外二元的缺陷、不足和不平衡。

12　柯漢琳：〈中和美的哲學定位〉，《華南師範大學學報（社會科學版）》（1995 年），第 4 期，第 71 頁。

13　Robert Sternberg and Karin Sternberg, eds., *The New Psychology of Love* (2nd revised edition) (Cambridge: Cambridge University Press, 2018), pp. 280–299.

6.1.3 三元理論與自然科學

　　三元理論不僅受到社會科學和人文學的推動，也得到下列自然科學理論和研究的支持和豐富。[14]

　　第一是對稱性破缺（symmetry breaking）理論。它由物理學家在1830年代首創，屬於量子場論，主要是指在原有對稱性很高的系統中，出現了不對稱因素，對稱程度出現破壞，自發能力降低。但是，如果沒有對稱性破缺，世界將失去活力和生機，當然，也有可能出現混亂。[15]

　　這一理論的適度經濟學思想意義是，在供求價格與供需市場的兩極環境中，有時需要不對稱、不平衡、不完整、不確定、不簡單、不傳統。破缺代表一種活力和魅力，如缺了一角的蘋果公司標誌和缺了胳膊的維納斯；失衡也代表一種活力、一種創新動力，有失衡就有動力去平衡，世界就是在平衡、失衡、權衡中波浪式前進。而且，這是一種「否定之肯定」，讓內在的張力借助破缺，得以發揮和表現。

　　例如，1990年代中國大陸國企改革時，引進了外資這個「第三者」，打破了國企長期形成的對稱和超穩定結構，帶來了企業的活力和動力。這種現象也被「鯰魚效應」（Catfish Effect）所證明：一條外部引進的小小鯰魚，能夠啟動其他惰性的沙丁魚，促使整體生存環境出現競爭、活力和優化。[16]所以，面對兩極的對峙，外來的選擇並不一定是保守的穩定，而是一種創新和一種非同質的新選擇。而選擇是對適度的考驗，其張力大小、彈性強弱、轉換升降（維度），都是多種選擇的優勢。

　　第二是三值邏輯。19世紀末20世紀初，卡諾爾（Lewis Carole, 1832–1898）和盧凱西維茨（J. Łukasiewicz, 1878–1956）創建了三值邏

14　洪朝輝：〈適度經濟學思想的跨學科演化〉，《南國學術》，2020 年第三期，第 404–405 頁。

15　P. W. Anderson, "More is Different," *Science* 4047 (1972): 393–396.

16　Bingxin Hu, *Breaking Grounds —— The Journal of a Top Chinese Woman Manager in Retail*. Translated from the Chinese by Chengchi Wang. (Paramus, NJ: Homa & Sekey Books, 2004); 朱樹民、楊驊、王海林：〈「鯰魚效應」與現代圖書館人力資源管理〉，《湖南工業大學學報（社會科學版）》，2004 年第 10 期，第 89–90 頁。

輯。它設定第一值是「真」，第二值是「偽」，而第三值是「未知」。[17]三值邏輯也得到模糊邏輯（Fuzzy Logic）的印證，它表明現實中我們並不是僅僅只有黑與白的二元選擇，許多現像是介於黑白之間的模糊狀態。[18]這就挑戰了二元的布爾邏輯，因為布爾邏輯只提供真假兩種狀態，它們長期排中、拒絕第三種可能，是非分明。[19]同時，三值邏輯理論被大量存在的暗物質和暗能量現象所證明。暗能量是指通過宇宙加速膨脹，導致宇宙出現大量的負壓物質，即暗能量68.4%；同樣，根據v-r的關係，人類可知宇宙存在大量不發光的物質，即暗物質26.6%。暗能量加暗物質總比高達95%，它表明大量的「宇宙物質隱沒在時空量宇宙隧道中或宇宙內部」。[20]所以，人類對大約95%的物質可能處於無知狀態。[21]其實，暗物質和暗能量猶如推動適度的背後推手，它們既是事物內在張力的基礎，也是事物彈性的本源。王維嘉對此還提出了默知識（tacit knowledge）和暗知識（dark knowledge）的概念。[22]看不見的暗物質或暗知識，不等於沒物質或不存在的物質。

另外，鄧聚龍（1933–2013）於1982年首創灰色系統理論，用黑色表示未知資訊，用白色表示明確資訊，用灰色表示資訊的部分明確和部分不明確，而這個灰色系統就具有三值邏輯的特色。[23]與此類似，任正非也曾提出「灰度」一說，核心意思是要追求黑白之間的灰色。而且，清楚與不清楚來自混沌和模糊，要善於模糊、敢於模糊、樂於模糊；同樣，正反之間是妥協，妥協就意味着和諧。而且，灰度的張力和彈性高於黑白，因而灰度能夠靈活變化、轉換自如。其實，灰度意味着適度，黑

17　Lewis Carole, *A Survey of Symbolic Logic* (London: Forgotten Books, 2015), pp. 1–4; Jan Wolensko, "Jan Lukasiewiez on the Liar Paradox, Logical Consequence, Truth, and Induction," *Modern Logic, 4* (October 1994): 392–400.

18　L. A. Zadeh, "Fuzzy Sets," *Information and Control, 8* (3) (1965): 338–339.

19　George Boole, *The Mathematical Analysis of Logic, Being an Essay towards a Calculus of Deductive Reasoning* (London, England: Macmillan, Barclay, & Macmillan, 1847), pp. 1–83.

20　葉鷹：〈建立在三元邏輯基礎上的三元科學〉，《浙江大學學報（農業與生命科學版）》，2000 年第 3 期，第 338 頁。

21　V. Trimble, "Existence and Nature of Dark Matter in the Universe", *Annual Review of Astronomy and Astrophysics, 25* (1987): 425–472.

22　王維嘉：《暗知識 ——機器認知如何顛覆商業和社會》（北京：中信出版集團，2019）。

23　Julong Deng, "Control Problems of Grey Systems", *Systems and Control Letters* 5 (1982): 288–94; "Introduction to Grey System Theory", *The Journal of Grey System, 1* (1989): 1–24.

白意味着過度或不及；而且，灰度代表了一種風度，不偏不倚。當然，不同階層存在側重點，愈高層，愈應講灰度、適度、中度；愈基層，則愈應講嚴守規則、黑白分明、是非程序 。

三值邏輯理論、模糊邏輯、暗物質/暗能量現象、灰色系統理論和灰度概念對適度經濟學思想的意義在於，在人類認知的極限之外，存在大量的未知或者半知的知識，我們不能簡單斷定任何事物一定存在正確與錯誤。大量存在的未知世界，正好證明人類的無知；也正因為人類的無知，導致世界的更加未知。人類愈無知，世界愈未知。所以，人類的經濟行為一定要慎之又慎、小心求中，避免「不及」的愚蠢和「過度」的聰明。

第三是完備不一致定理。1931年，哥德爾（K. Godel, 1906–1978）證明了完備不一致定理：任何一個命題不可能同時滿足完備性和一致性，因為這個「完備」而又「一致」的系統，要麼是自相矛盾地「不一致」，要麼是既不能證實也不能證偽的「不完備」。也就是説，如果一個強大的系統是完備的，就不可能是一致；如果系統是一致的，那就不可能是完備。哥達爾認為，理論物理系統作為一個標準的形式系統，其終極形式最終會導致「完備性」與「一致性」之間的不相容。[24]

這一理論的經濟學意義是，許多經濟理論既不能被證明是真，也不能被證明是假，它們在「完備性」與「一致性」之間永遠不相容，在一個強大的系統裏，一定有不可或不能證明的東西，類似經濟學中的一些前提、假設、悖論，至少在現有系統裏是不可證明的，如阿羅悖論（Arrow Paradox）[25]和森的帕累托自由悖論（Sen's Paradox Paretian Liberal）[26]等。

第四，中醫三元理論。它強調「毒」、「鬱」、「虛」三元，構成了病人的病因、病理、病療。「毒」代表熱；「鬱」是不通；「虛」則是不足。

---

24 Kurt Gödel, *Collected Works. I: Publications 1929–1936* (Oxford: Oxford University Press, 1986), pp. 1–36.

25 Kenneth Arrow, "A Difficulty in the Concept of Social Welfare," *Journal of Political Economy, 4* (1950): 328–346.

26 Amartya Sen, "The Impossibility of a Puretian Liberal", *The Journal of Political Economy, 1* (1970):152–157.

自然界是一元，一元產生陰陽二氣，形成二元；但毒、鬱、虛則超越一元和二元，既與一元的自然世界和二元的陰陽五行存在辨證的對立與平衡，又在毒、鬱、虛三者之間進行系統循環和組合，因為「毒」中一定有「鬱」有「虛」，「鬱」中也有「毒」有「虛」，而「虛」中更有可能存在「毒」和「鬱」，出現你中有我、我中有你的狀態。所以，一個疾病常常「三」中有「一」，或者「三」中有「二」，必須系統分析和治理，才能標本共治。[27]

中醫三元理論對適度經濟學思想的啟示就是，針對經濟運行中的疑症、難症和頑症，社會上下需要對其進行系統治理，盡量做到三管齊下、缺一不可，但又要抓住主要矛盾，優先解決最關鍵的問題，不能期待一蹴而成、畢其功於一役。而且，用藥既不能過猛、過急，也不能過穩、過慢。

第五是導體的作用。根據物理學定義，能夠傳導電的物體被稱為電的導體。在哲學上，二元論者強調世界存在主體和客體的兩元。[28]但在現實中，主體的人與客體的世界有時不發生直接關係，而是通過無數個社會導體，猶如物理學意義上能夠傳導電的物體，包括媒體（如紙媒、網媒、視媒等）、群體（如親友、學校、社區、軍隊、教會、單位等）。而且，導體往往導致主體對客體的認識，產生致命的誤導，並影響主體對客體做出破壞性的行為。也就是說，有時候，導體的威力可以強大到再造主體與客體。這種導體的作用，在互聯網時代和人工智能時代更加可怕而又不可預測。

於是，就需要引入導體這一第三元，將導體、主體、客體導入同一系統，予以綜合觀察和測試。例如，根據中觀史學的研究框架，如果宏觀史學以客觀世界和宏大敘事為主要研究對象，微觀史學以主觀個體和個人為主要研究對象的話，那麼，中觀史學主要是研究導體，包括群體（如介於個人與社會之間的家庭和學校等）、媒體（如介於主觀判斷與客觀世界之間的各種媒體與媒介等）、區域（如介於社區與

27　武學文：〈三元理論基礎和應用舉例〉，《中外醫療》，2008 年第 9 期，第 41 頁。

28　Patrick Lee & Robert P. George, *Body-Self Dualism in Contemporary Ethics and Politics* (Cambridge: Cambridge University Press, 2007).

國家之間的城市和行業等），[29]研究這些中觀史學的問題，與中觀經濟學的原理類似。同時，佛教中也存在一個中觀學派（梵語：मध्यमक，mādhyamaka），它是大乘佛教的基本理論之一，後世認為中觀派主張一切法自性空，以修行空性的智慧為主。梵文mādhyamaka，源自形容詞madhya（中、中間），加上最高級詞尾ma，意思為最中、至中，字面上的意思是最中者、至中者。中觀派的名稱源自龍樹的《中論》，以中觀為修行方法，故也稱為《中觀論》。[30]

　　總之，被自然科學所證明的三元理論，也對適度經濟學思想的構建提供啟示。一是適度經濟學思想的平衡性，決定了缺陷、失衡是危險，但也是機會，為適度平衡提供條件和基礎；二是適度經濟學思想的演化性，決定了暫時的是非不清、真假難辨不是壞事，它有助於研究者和決策者心平氣和、冷靜理性，從歷史的演化路徑尋找適度的解決方案，促使決策者不急躁、不武斷；三是適度經濟學思想的複雜性提示我們，自相矛盾、兩難悖論並不可怕，這是激發人們不唯上、不唯書、不唯權的機會，幫助大家獨立思考、適度決策；四是適度經濟學思想的中間性與均衡性，要求人們不要懼怕引入複雜的第三元，應該將它視為解決問題的機會，幫助決策者系統、整體和多元地分析問題和解決問題；五是第三元的導體性、中和性、協調性、妥協性，它們是適度經濟學思想共享性的精髓，追求和而不同、求同存異，這些原則對適度經濟學思想的發展至為重要和必要。

6.1.4　三元悖論和困境的啟發

　　三元論與三元悖論（Trilemma）相關，[31]又稱三難困境、三難選擇、不可能三角或不可能的三位一體（Impossible Trinity）。三元悖論是在一個給定的條件下，人們存在三種選擇，但任何一個選擇都是、或者

29　洪朝輝：〈中觀史學導論〉，《光明日報·史學》，1988年1月8日。

30　周延霖：〈龍樹與僧肇的「變遷」哲學──《中論》與〈物不遷論〉的對比〉，《中華佛學研究》，2016年第17期，第34–37頁。

31　Allan A. Metcalf, *Predicting New Words: The Secrets of Their Success* (Boston: Houghton Mifflin Co., 2002), pp. 106–107.

好像是（as if）無法接受、或是不想要的。於是，人們面臨兩種邏輯等價的選擇：一是「三選一」；二是「三選二」。

在經濟學和經濟學相關的學科中已經發現了許多三難困境，對適度經濟學思想的研究存在啟發。

其一，蒙代爾三元悖論。它是指在國際金融學中，一個國家不可能同時達到下列三大政策目標：資本自由進出（capital mobility）；固定匯率（exchange rate）；獨立自主的貨幣政策（monetary policy），根據蒙代爾—弗萊明模型，任何一個小型開放經濟體，都不能同時達到三者兼而有之，必須捨二取一，或者捨一取二。[32]也類似「全球化三元悖論」，即面對全球化、民主政治、國家主權完整三個選項，也難以兼顧三者。[33]

其二，工資政策三難困境。斯文森（Peter Swenson）指出，勞方工會在爭取提高工資的過程中，需要周旋於三種相互制約的工資、就業和利潤的平等概念，並因此而陷入兩種三難困境之中。一是如果工會要為特定行業的工人，爭取行業內與行業間對等的理想工資，就難以最大化地保證該行業的就業機會，因為你的高工資，將導致我的失業，這就是所謂的「橫向三難困境」；二是工會在要求增加工資的同時，就無法要求資方將利潤的更高比例分配給工資部分，而且勞方也難以要求資方保障工人就業的機會，這就是所謂的「縱向三難困境」。這些困境表明，工會在制定工資政策和政治策略時，只能是左右搖擺、雙重為難。[34]

類似，也有一個關於價格穩定、全面就業和工資不受限制的三難。如果政府必須保證全面就業的給定條件下，社會就有可能出現通貨膨脹、價格上漲，於是，政府必須出手干預經濟，但這又會導致通貨緊

32　Maurice Obstfeld, Jay C. Shambaugh & Alan M. Taylor, "The Trilemma in History: Tradeoffs among Exchange Rates, Monetary Policies, and Capital Mobility," *The Review of Economics and Statistics, 3* (2005): 423–438.

33　Dani Rodrik, *The Globalization Paradox: Democracy and the Future of the World Economy* (NY: W.W. Norton & Company, 2011), pp. ix–xxii.

34　Peter A. Swenson, *Fair Shares: Unions, Pay, and Politics in Sweden and West Germany* (Ithaca, NY: Cornell University Press, 1989), pp. 1–10.

縮。[35]凱恩斯也認為，如要不犧牲勞工權利和人民自由，強行穩定價格和就業，後果嚴重，這三者目標是不相容的。[36]

其三，社會三難困境。平克 (Steven Pinker) 認為，社會不可能同時存在公平、自由和平等，因為在一個公平社會，多勞者多得；而在一個自由社會，財富擁有者一定希望自己的財富，能夠自由、自主地留給下一代；但這樣的公平與自由社會，就不可能平等，因為有人一定是一出生就比其他人更有優勢、更有財富，起點不公很難避免結果不公。[37]

其四，企業管理三難困境。當我們面臨既要快速完成生產，又要省錢，更要高質量的三重選擇時，無法三者通吃，只能「三擇其二」，[38]也就是要求項目負責人必須在「快、好、省」三者之間，選擇最優先的兩項。

其五，地球三難困境。它是研究經濟 (economy)、能源 (energy) 和環境 (environment) 的「3E困境」。為了發展經濟，只能增加能源供應與支出，由此也就一定會導致環境污染，而要想保護環境，必須減少能源供應，但這一定會阻礙經濟的發展。[39]如要取得三者共贏，幾乎不可能。

其六，宗教「三難困境」。它由希臘哲學家伊比鳩魯 (Epicurus，前341–前270) 提出，藉此反對神是全能及全善的這個概念。[40]這種困境來自三個悖論：第一，若神無法避免世上罪惡的出現，那麼神就不是全能的；第二，若神不願或不能避免罪惡的出現，那麼神就不是全善的；

35　Editorial, "The Uneasy Triangle," *The Economist*, August 9, 16, 23, 1952.

36　John Maynard Keynes, *The General Theory of Employment, Interest and Money* (London: Macmillan, 1936), p. 267.

37　Steven Pinker, *The Blank Slate: The Modern Denial of Human Nature* (London: The Penguin, 2002), pp. 1–4.

38　Arthur C. Clarke, *The Ghost from the Grand Banks* (London: Gollancz, 1990), p. 73.

39　Yoshihiro Hamakawa, "New Energy Option for 21st Century: Recent Progress in Solar Photovoltaic Energy Conversion," *Japan Society of Applied Physics International, 5* (2002): 30–35.

40　參見 David Hume, *Dialogues Concerning Natural Religion* [1779] (NY: Hackett Publishing Co., 1998). 也有人認為，這是古希臘懷疑論者提出，參見 Mark Joseph Larrimore, *The Problem of Evil: A Reader* (NY: Blackwell, 2001), p. xx.

第三，若神有能力，也有意願避免罪惡的出現，那麼世上為什麼還會有罪惡出現？

上述三元悖論對適度經濟學思想的建構，提出了許多有益的思考。例一，人們不能拘泥於兩種選擇或兩種變量，因為這種二選一的兩難，會局限了我們的選項，非此即彼的選擇會導致人類更多的困境，所以需要引進「第三者」，幫助我們三選二（67%），它一定比「三選一」（33%）或「二選一」（50%）要優化，並拓展了更多的選擇參照與空間。例二，人們在魚與熊掌不可兼得之時，如果引進一瓶茅台酒這一「第三者」，就會幫助人們比較輕鬆地捨棄「魚」，選擇「熊掌」和「茅台」。而且，三元悖論能夠幫助人們在三個選項之間，進行妥協和交換，在三者之間取得最大的公約數，比如，我們先選擇熊掌與茅台，但如果後來發現魚比熊掌更需要和更重要，就可以選擇用熊掌交換魚，也可以用半瓶茅台交換一條魚。另外，這種選擇的悖論和難點，也被「社會選擇理論」所提及。[41]

下面圖6.1就表明，在選擇快、好、廉的三難困境中，首先需要緊緊抓住最重要的一個要素，然後盡量兼顧另外兩個目標，要西瓜，也要芝麻，但這些兼顧的芝麻只能是部分的芝麻，不可能是全部，三者是不可能完全合一或重疊。當然還有可能出現三者皆空的最壞可能，就像在好、快、廉之間出現了一個空白點。所以，三難困境告訴經濟主體，不要太貪，因為我們難以追求最好（first best），而次優（second best）或次壞（second worst）應該是「白天鵝」式的常態。不然的話，有可能雞飛蛋打，三者皆空。

很顯然，傳統的西方經濟哲學在西方神學的影響下，非常不習慣三元選擇，而是癡迷於兩元的簡單對峙。其實，長期糾結於魔鬼與天使、地獄與天堂、唯物與唯心、靜態與動態、均衡與不均衡的兩極對

41　Kennth Arrow, "The Principle of Rationality in Collective Decisions." In *Collected Papers of Kenneth J. Arrow: Social Choice and Justice*, edited by Kennth Arrow (Cambridge: The Belknap Press of Harvard University Press, 1983), pp. 45–58. 田國強也提及三選二比二選一更優化的道理，田國強：《高級微觀經濟學》（北京：中國人民大學出版社，2018年），第678頁。

圖6.1　快/好/廉的三難悖論圖

立，其結果就很可能導致忽左忽右、忽快忽慢、忽泡沫忽崩潰。這樣，適度經濟學思想所主張的三元理論和三元悖論就顯得更為需要和必要。

6.2 三角範式

　　上述三元理論、三元悖論和它們在其他領域的應用，有助於歸納出一個三角形的研究範式，作為適度經濟學思想研究的一大組成部分。這一三角研究範式旨在思考適度經濟學思想的三重功能：在兩極對立的模式中，是否存在第三種模式？這個第三模式是否可以既不是真，也不是偽；既不是好，也不是壞；既不完備，也不一致？而是暫時不知道、不確定、不清楚、不對稱、不一致、不完備而已，屬於未知的95%之中的一部分。猶如「薛定諤的貓」，處於生死疊加狀態。[42]必須指出，亞里士多德也不斷強調三種分類、三種選擇、三種結果：不足、過多、中間。[43]大致而言，三角範式和三角思維對深化理解適度經濟學思想存在以下功能。[44]

42　John Gribbin, *In Search of Schrodinger's Cat: Quantum Physics and Reality* (NY: Random House Publishing Group, 2011), p. 234.

43　Aristotle, *Nicomachean Ethics* (Canada: Batoche Books, 1999), pp. 24–25.

44　Zhaohui Hong, *The Price of China's Economic Development: Power, Capital, and the Poverty of Rights* (Lexington, Kentucky: The University Press of Kentucky, 2015), pp. 36–37.

圖6.2 線性思維與三角範式比較

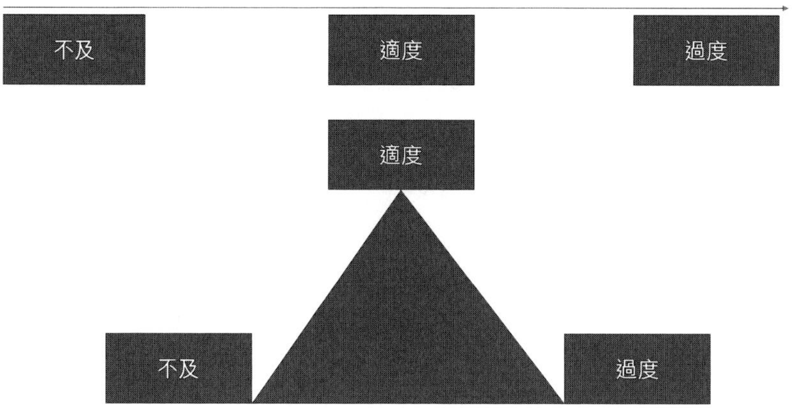

6.2.1 價值中立性和包容性

首先，三角範式有助於淡化是非、正誤的兩分，避免進步與落後的線性兩極，提倡價值中立。與三角範式和三角思維相對的線性思維，則存在強烈的價值判斷。如果運用線性思維，很容易得出任何不及、過度都是負面的，只有適度才是最佳的簡單結論（見圖6.2直線部分）。

但如果運用三角範式的思維，就能對不及、過度產生相對的包容，因為三個角可以從不同角度予以觀察，沒有固定不變的正反價值，三個角本身沒有好壞之分，只存在有效無效之別（見圖6.2三角形部分）。∞這個倒8字的無限大和無限小，某種意義上代表了適度在兩極之間的自由移動和多種轉換。

例如，如果運用線性思維，人們很容易得出計劃經濟是落後、錯誤，市場經濟是先進、正確的結論，由此預測有中國特色的經濟形態遲早會走向西方所認同的市場經濟（見圖6.3的直線部分）；但如果運用三角曲線，就有可能將中國現存的經濟形態不是簡單地理解為市場經濟或者計劃經濟兩極，而是一種具有中國特色的經濟形態（見圖6.3的三角圖形）。當然，這個正等邊三角只是一種設想，在現實中，三角的角與邊不可能是完全相同，即使正態分佈也存在偏左、偏右、肥尾等特性。

圖6.3 三種經濟形態的線性和三角圖

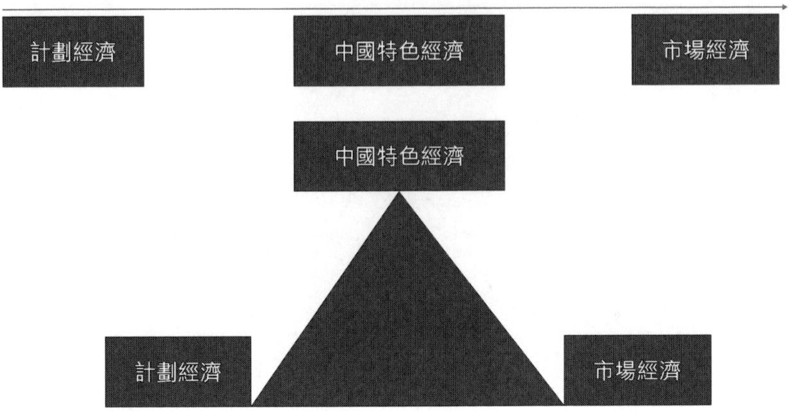

6.2.2 相互依賴性與相剋性

三角範式也有助於認識三個角的功能是相互依賴、共同支撐，甚至循環相剋，缺一角就不成為其三角，而又將退化到線性思維。西班牙建築師高迪（A. G. Cornet, 1852–1926）信奉直線屬於人類，曲線屬於上帝，因為人類思維簡單，只想走直線、求捷徑。所以，他的作品找不到直線，只有曲線，因為曲線代表生命力。[45]

由此來看，如果沒有「過度」這個角，另外的「不及」和「適度」兩角，也就不復存在（見圖6.2角形部分），適度、不及、過度三者的關係猶如一個命運共同體。所以，孔子的君子觀和亞里士多德的德性觀所極力推崇的中庸與適度，恰恰就是過度激進或過度保守存在的理由，因為沒有激進和保守的兩極，何談中庸與適度？基於這樣的認知，對計劃經濟、市場經濟、中國特色經濟的長期存在，就會保持一份真正意義的寬容與淡定。正如角的大小和位置會發生變化，多種經濟形態也會在不同時空展示各自的地位和份額，但它們也許會相對長期的固

---

45 Anrora Cuito & Cristina Montes, *Antoni Gaudi: Complete Works* (Madrid, Spain: H. Kliczkowski-Only Book, 2002).

定和共存，因為它們大都根植於特定國家的特定文化之中，不會稍縱即逝。[46]

　　而且，三角之間存在循環的相剋。類似剪刀、石頭、布，既顯示各自存在獨特的優勢與劣勢，但又顯示相生相剋機制的存在，形成一種動態的平衡與制衡關係，[47]避免了一角通吃另外兩角的可能，促使三角之間各自存在忌憚和敬畏之心，不敢為所欲為或胡作非為。

6.2.3　不確定性和複雜性

　　還有，三角範式能夠幫助人們反思歷史發展的一致性與規律性的思維定勢。線性思維可以預測發展方向，可以斷定歷史發展一定是波浪式前進、螺旋式上升，但三角範式沒有方向，也難有規律。所以，三角範式提供了一種不確定性、複雜性、未知性和三元性，與線性思維的確定性、簡單性、可知性和兩極性形成對比。但另一方面，三角範式設定了三角的邊界和範圍，儘管難以預知，但未來的變化存在邊界和彈性區間，與混沌無常的曲線不同。儘管三個角可以變大變小，但不能變成無角或四角。

　　無數歷史事實已經證明，人類發展幾乎很難斷言某種道路和經濟形態一定是放之四海而皆準的，更難以確定各國的經濟發展模式是絕對過度、不及還是適度。所以，就需要提倡少談定論，多談可能；少談規律，多談例外；少談普適，多談共享。因為，普適是建立在現有存量基礎的一致，但很難統合一些根本對立的信仰和制度；而共享是一種建立在未來增量基礎上的一致，它的追求程序是先界定兩者不同，再討論可以共享的相同，最後設定適度的共享目標，保留不同、維護類同、發展共同，並推動共享價值的可持續性。

46　Zhaohui Hong, *The Price of China's Economic Development*, pp. 2–10.

47　龐樸：《龐樸文集・第四卷・一分為三》，第 326 頁。

6.2.4 循環性和價值相對性

最後，三角範式給了人們一個循環思維和想像空間，今天的「大角」，有可能成為明天的「小角」，而昨天的「小角」，又有可能成為今天的「中角」。同樣，昨天的適度有可能成為今天的過度，今天的過度也可能成為明天的不及。正如古希臘哲學家郝拉克里特所論：「在圓周上，起點與終點是重合的」。[48]

類似，經典意義的西方市場經濟也許是長期不變的選擇，但也許在非常時期和非常地點，計劃經濟會出現「基因突變」或生態變異，再度復活，而且，中國特色的經濟形態也可能獨領風騷相當長的一段時間，與市場經濟和計劃經濟合作共存。

三角範式所規定的循環性、重複性，也揭示了適度經濟學思想的價值相對性。猶如一種流行服飾，不可能永恆地暢銷，同樣，對於無人問津的產品，只要堅持與改進，「鹹魚翻身」的可能一定存在。所以，成功不能自滿、失敗不能放棄就是同理，適度經濟學思想只是給了人人有希望的期待和個個沒把握的不確定，並表明A、B、C三角是不斷變動不居，「有此才有所謂彼，有彼才有所謂此」，沒有孤立而又絕對的彼與此。[4]

如此說來，三角範式的實質就是提倡謀事從適度、行事從中庸、成事從三元。猶如硬幣的本質不是兩面，而是介於兩面中間的第三邊，而這個第三邊的社會作用是將硬幣的對立兩面，進行交流、連接和妥協。[5]很顯然，對待複雜問題的判斷，俗者往往見其一，智者得其二，而明者則觀其三。能做到一分為二者，至多只是一個智者，而要成為明者，至少要了解三。霍蘭在他的名著《隱秩序——適應性造就複雜性》的中文版序中，專門提及「明」這個中文所表達的隱喻。從拆字學而言，「智」隱喻為「知日」（上知下日），而「明」是「日」加「月」，不僅

48　引自龐樸：《龐樸文集・第四卷・一分為三》，第110頁。

4　龐樸：《龐樸文集・第四卷・一分為三》，第326頁。

5　Andrew Nathan, Zhaohui Hong & Steven Smith, *Dilemmas of Reform in Jiang Zemin's China* (Boulder, CO: Lynne Rienner Publishers, 1999), p. 36.

知「日」，而且「日月」皆知。霍蘭把「明」理解為英文的「brilliant」（英明），非常奇妙的中英文語義轉換。[6]

6.3 研究主題

在適度哲學、三元理論、三元悖論和三角範式的指導、規範和啟示下，適度經濟學思想的獨特研究主題也就呼之欲出。尤其是這次百年不遇的新冠病毒大危機，為適度經濟學思想的研究課題，提供了一個重大的發展機遇。

6.3.1 第三變量的學術意義

適度經濟學思想的一大原則是研究對象必須具有三種變量，在一個大的主題下，需要借鑒「三難困境」，在兩極之間、之外或之上，適當引入第三個變量，進行比較研究，尋找「取一棄二」或「取二棄一」的次優選擇，這就是所謂的「貨比三家」的合理性與必要性。作為顧客，只有三家同比，才可能得到更好的選擇、更完整的資訊、更確定的結果。

田國強指出，為了深化對經濟運行的研究，需要「耦合和整合好政府、市場與社會這三個基本協調機制之間的關係」，因為「政府、市場和社會這三者正好對應的是一個經濟體中的治理（governance）、激勵（incentive）和社會規範（social norms）等三大基本要素」。[7]作為適度經濟學思想的研究優勢，它的主要使命不是研究政府與市場之間的互動，而是研究政府與市場之外的「第三者」——社會，而這個社會是既獨立而又依附於政治和經濟的兩極，屬於一種非正式的制度安排，它的獨特功能是既有助於節約政府的治理成本，也可能幫助市場節約交易成本。

6　約翰・霍蘭（John Holland）：《隱秩序 ── 適應性造就複雜性》（*Hidden Oder: How Adaptation Builds Complexity*）（上海：上海科技教育，2019 年），第 2 頁。

7　田國強：《高級微觀經濟學》，第 21 頁。

類似，在政府權力和民眾權利的對立中，如果引進第三元的經濟資本，既有可能幫助政府對民眾進行更有力的侵權，也有可能幫助民眾面對政府的高壓，實行更有效地維權。這也是考驗和鑒別「好」資本與「壞」資本的一個標準。同樣，在產權問題上，需要在公有、私有兩極之間，研究股份合作制、集體合作制、混合所有制的仲介作用和中道作用。在研究政府作用之時，也需要跳出政府調節與市場調節這「二選一」的兩難遊戲，應該引入道德調節、社區調節或者企業調節，研究道德文化或者企業制度對政府與市場之間對立的補充和制衡。還有，在研究分配主題時，需要在市場主導的第一次分配和政府主導的第二次分配之外，研究民間主導的第三種分配，研究慈善、捐獻和公益對第一次和第二次分配的補充、推動和互動的作用。

6.3.2 單一變量的三種視角

除了在二個變量之間或之外，需要引入第三變量作為適度經濟學思想的研究主題外，還需要在每一個特定的單一變量上，運用三種視角予以深度分析，包括不及、過度與適度，或者上中下、左中右、陰陽和。如在研究理性這一單一變量問題上，需要系統研究過度理性、沒有理性和適度理性之間的關係；在政府干預問題上，也有必要研究干預過度、干預不及和干預適度的選擇和後果；在利己問題上，更需要探討過度利己、過度利他、適度利己與適度利他之間的區別。

具體而言，如果試圖研究人的道德對經濟發展的作用，需要將人分為三類：一是經濟人、二是自然人、三是道德人，有助於比較與選擇其中的一類人或兩類人對經濟運行的作用；而且，為了有效研究政府本身的角色，需要在有為政府和無為政府之外，研究「善為」政府和「良為」政府的獨特功能，包括研究塞勒所提倡的「自由主義家長」式的政府；同樣，在研究市場獨特作用時，也需要在有效市場和無效市場之外，探討「良效市場」的可能與選擇。還有，在研究信任問題時，應該將信任分為完全信任、沒有信任和有限信任這三種視角，便於深化對信任的理解，以及在信與不信之間，探討半信半疑、不信不疑、將信將疑的經濟後果。

同時，在衡量城市化計量標準時，傳統的方法主要側重城市人口與農村人口的比例，一旦城市人口超過50%，就標誌着這個國家的城市化進程基本完成，如美國在1920年城市人口第一次達到51.49%，[8]就標誌着美國城市化的完成。但單一標準顯然不夠完整，比如印度的城市化人口比例非常高，但城市化的質量就不一定高，貧困人口和貧民窟的狀況很嚴重。所以，衡量城市化完成的標準需要考慮定量意義的另外兩個變量，包括城市的基礎設施[9]和技術發展，[10]這樣才能防止以偏概全。還有，對於一個好的經濟制度要素，既不能只強調一個或二個，這樣難以全面與權衡，但也不能引入太多，這樣有可能導致計算困難與評估失焦。比較適度的經濟制度要素的變量，一般需要三個：資訊、激勵和效率，因為好的經濟制度首先需要有效收集、分析、利用各種資訊，旨在有效配置各種資源，防止資源浪費；其次，好的制度需要形成一種激勵相容（incentive compatibility）的機制，促使個體理性與集體理性的一致，降低交易成本；[11]最後，優化資源配置和激勵機制的最終目的，是提高和完善經濟成長的效率，降低資訊成本。[12]所以，選擇和改進經濟制度的目標需要結合這三個基本要素。

但有時一種經濟制度不可能完美，很難取得三種元素的高度耦合與完美結合，於是，經濟學家和政策決策者需要懂得取捨，尋找、交換和選擇三個要素之間的最大公約數，學會何時何地何人需要選擇哪一個或哪二個要素，作為自己特定經濟制度安排的優先。這樣，既能滿足

8　洪朝輝：《社會經濟變遷的主題：美國現代化進程新論》（杭州：杭州大學出版社，1994年），第9頁。

9　United Nations, Department of Economics and Social Affairs, Population Division (2019): *World Urbanization Prospects: The 2018 Revision* (ST/ESA/SER.A/420). (NY: United Nations, 2019), pp. 55–80.

10　徐遠：《從工業化到城市化》（北京：中信出版社，2019），第7章。

11　Leonid Hurwicz and Stanley Reiter, *Designing Economic Mechanisms* (NY: Cambridge University Press, 2008), p. 2; Leonid Hurwicz, "The Design of Mechanisms for Resource Allocation," *The American Economic Review: Papers and Proceedings. American Economic Association, 2* (1973):1–30.

12　田國強：《高級微觀經濟學》，第830頁。

成功經濟制度的普遍要求，更能適應特定國情和民情的經濟制度，達
到普遍性與特殊性的適度結合。

6.3.3 同一概念的三重解釋

適度哲學的變動性、相對性和包容性，決定了適度經濟學思想課
題的思辨性，有助於經濟學家將同一概念，根據不同的時空和語境，進
行三重不同的解釋，提升經濟學家的思想與思辨的能力。

例一，對於「創造性毀滅」(creative destruction) 這一重要經濟學
概念的解釋，就是一個包容性很強的辨證命題，反映了適度經濟學思
想的一大精髓。這一概念的第一種解釋來自馬克思主義的左派觀點，
由德國激進左派社會學家桑巴特 (Werner Sombart, 1863–1941) 於1913
年提出，其原始意義是資本主義社會一方面不斷創造財富，但另一方
面又通過戰爭和經濟危機，不斷毀滅財富，最後，資本主義必然走向滅
亡。這與馬克思的「異化」理論類似：資本主義創造了工人階級，一旦工
人階級足夠強大，最後必定用暴力推翻資本主義，建立社會主義。[13]

這個由「左派」所創立的概念，到了1942年，卻被「右派」演繹為自
由主義的觀念，為資本主義做有力的辯護。當時，代表自由主義奧地利
學派的熊彼特 (Joseph Schumpeter, 1883–1950) 發展了這個「創造性毀
滅」的馬克思主義概念。[14]他認為，企業家的創新導致「創造性破壞」
的風潮，他們的經濟創新 (economic innovation) 成為經濟增長的驅動
力，而創新能夠迫使和鼓勵企業內部在秩序與結構方面，汰舊納新，促
使舊的庫存、觀念、技術和設備被淘汰，並在動態競爭過程中，企業家
能夠不斷改造和轉型企業。當然，這種「創造性毀滅」也意味着縮小經
營規模、提高公司效率和活力，促使市場向更有效率的方向發展。

同時，熊彼得也並不認同新古典的「完全競爭」假設，因為這意味
着一個行業中的所有公司都生產相同的商品，以相同的價格出售商品，

13　Werner Sombart, *War and Capitalism* (New Hampshire: Ayer Company, 1975).

14　Joseph Schumpeter, *Capitalism, Socialism and Democracy* [1942] (NY: Routledge, 2006), pp. 81–86.

並獲得相同的技術，其結果將不利於創新。所以，熊彼特為壟斷辯護，強調一定程度的壟斷優於完全競爭，如果試圖保持持續的創新競爭，企業就需要一種「永遠存在的威脅」（ever-present threat）。他以美國鋁業公司為例，該類公司不斷創新以保持其壟斷地位，到1929年，其產品價格竟然降到1890年水準的8.8%，但它的產量已從30噸激增到103,400噸。這樣，他的結論與馬克思主義者正好相反，「創造性破壞」的存在，促成資本主義是人類最好的經濟制度。[15]

面對這些同一概念的雙重解釋，適度經濟學思想有助於經濟學家尋找第三種平衡和適度的新解釋。很顯然，「左派」強調了「毀滅」，而「右派」則側重「創造」，但兩派都忽略了創造與毀滅互為因果的互動與平衡關係。在此，適度經濟學思想能夠提出三種解釋：

第一，制度和系統不能過度穩定，那些不思創新的制度、逆歷史潮流而拒絕改變的政權，只能是曇花一現。所以，適度毀滅是制度再生與更新的動力。

第二，創新也不能過度，儘管西方文化崇尚變化與創造，但過度創新意味着資源的無謂耗竭和系統的持續疲勞，最後反而阻礙了經濟發展的活力和動力；而且，創新不能錯失適宜的時空條件和人群，因為創新是一把雙刃劍，既能促進經濟增長，也有可能削弱價值和毀損道德，如果資本主義只剩下「朱門酒肉臭、路有凍死骨」，那麼這樣的「壞資本主義」最後還是難以持續，並有可能被列寧主義者們不幸而言中，走向「壟斷」、「腐敗」和「垂死」。

第三，更重要的是，適度經濟學思想認為，創造與毀滅是一種良性循環的過程，創造導致毀滅，但毀滅又促進重生，形成創造、毀滅、再創造、再毀滅的持續演進過程。很顯然，「危」與「機」相輔相成、「福」與「禍」相倚相伏，由此才能不斷推動資本主義韌性、活力而又可持續地發展。這一理論幫助現代經濟學家，將動態市場機制與研發

---

15 Joseph Schumpeter, *The Concise Encyclopedia of Economics*, Library of Economics and Liberty (https://www.econlib.org/library/Enc/bios/Schumpeter.html).

經濟學相結合，提供了一種技術內生化的視角，成為宏觀經濟學中內生增長理論的一個核心要素。[16]

需要指出的是，這種創造性毀滅的機制，一方面能夠為其他更新技術、經濟、制度和文化的出現創造條件，提供市場的「供給」；另一方面，它們又能催生社會的「需求」，尤其是，他們的創造不只是導致均衡的一次性毀滅和破壞，而是不斷更新、永無止境，成為新經濟和新文化的創造者和需求者。而且，這個過程是一個自我強化的性質（self-reinforcing nature），由此導致的結果並不是偶發性的破壞，而是持續性的、一浪催生一浪的破壞大潮（on-going waves of disruption causing disruptions）。在整個經濟中，這種破壞並行出現，在所有維度上同時發生，技術變化與文化、制度、行為類似，會內生而又不斷地（endogenously and continually）創造出更進一步的變化，從而使經濟處於永遠的變化之中。[17]

例二，除了「創造性毀滅」概念具有三重解釋之外，對於「負反饋」的解釋也是類似。新古典經濟學派強調正反饋、均衡和收益遞減；而複雜經濟學（Complex Economics）則主張負反饋、非均衡和收益遞增。兩者的觀點針鋒相對，非此即彼。對此，在適度經濟學思想的指導下，經濟學家就有需要，也有可能生成三種可能的思路：一是正反饋與負反饋是互相糾纏、難以分辨；二是它們的經濟價值和效用，取決於特定的時空與人群，很難機械地分為正面與負面；三是它們存在各種正面組合的可能，既有可能促使均衡與收益遞增達到一致；也有可能看到非均衡與收益遞減發生關聯。在一個均衡穩態的經濟體中，理論上是存在部分遞增和部分遞減的重疊和交叉的可能。

類似同一概念的三重解釋和思辨，在經濟學領域比比皆是。比如，政府干預既可能是壞事，也可能是好事，更可能是一種的中性作為；市場失靈也可能是壞事、好事和無害三種後果並存；同樣，高利率、高增長率、高就業率、高通脹率、高工資等，都有可能出現三種不同的解釋、理解和後果。

16　田國強：《高級微觀經濟學》，第 161 頁。

17　W. Brian Arthur, *Complicity and the Economy* (NY: Oxford University Press, 2015), pp. 6–7.

　　所以，如果不把左中右理解成一條線性的直線，而是可以彎曲、折合的三角或圓圈，人類的思維範式就會出現質變。直線上的左、右兩點一旦合攏、「親吻」，左右兩端就會發現，兩者竟然存在驚人的相似，沒有本質區別。在一個不斷轉動的圓形或角形的世界裏，沒有高中下之分，也沒有左中右之別，每一點、每一角都有各自存在的價值，互相依賴、共同生存。對左右的嫉惡如仇，會加速導致左右走向兩極，因為反左過度，反左者有可能變成極右，最後把自己又轉圈到自己曾經極力反對的一極。這一點，斯密的「一隻看不見手」的隱喻可以適用，即主觀意願與客觀後果出現逆反，這就是反適度的共同惡果。

　　總之，堅持這種三元思維和三角範式的指導，能夠發現更多的符合適度經濟學思想的研究課題，並有助於開拓經濟學研究領域、完善經濟學研究方法、提升經濟學研究質量。

第七章

適度經濟學思想的研究方法

　　適度哲學所規定的適度經濟學思想，決定了它的主觀性、相對性和演化性。所以，適度經濟學與制度經濟學、行為經濟學和文化經濟學類似，很難使用數學建模去量化規定適度的普適而又定量的標準。不過，這並不排斥適度經濟學在定性研究的基礎上，結合一定的圖標（diagram）和曲線（curve）、定量問卷、統計方法，以及定性與定量方法的適度組合與合成，對研究對象進行深度而具有創新意義的研究。

　　很顯然，與適度哲學和三元理論相適應，適度經濟學思想的研究方法需要推動傳統兩端的研究方法之間的組合與融合，並由此創新第三種比較中道和適度的研究方法。對此，阿瑟（Brain Arthur）提出組合進化的概念（Combinatorial Evolution），或者是通過組合而進化（Evolution by Combination）的方法，[1] 它與達爾文式的進化不同，因為達爾文進化論信奉的是今天的發現，來自昨天的基礎和啟發，今天的成就又為明天的創新提供條件，每一個技術進步都有歷史路徑和祖先足跡可循，而組合進化認為，技術和方法的進步有時不是線性和縱向發展的，而是非線性和橫向組合，尤其是在同一時代、同一空間的各種類型技術的組合。[2]

　　必須看到，達爾文式進化是一種增量進化和創新，而組合進化則是一種存量的變化和改進，即利用現有的先進技術與方法，通過組合，

1　W. Brian Arthur, *Complicity and the Economy* (NY: Oxford University Press, 2015), p. xvii.

2　英文原文："New technologies are constructed—put together—from technologies that already exist; these in turn offer themselves as building-block components for the creation of yet further new technologies. In this way technology (the collection of devices and methods available to society) builds itself out of itself. I call this mechanism of evolution by the creation of novel combinations and selection of those that work well combinatorial evolution." W. Brian Arthur, *Complicity and the Economy*, p. 119.

創新一種新的方法，尤其是強調「重新組合」，而不是簡單的「組合」。技術性的組合進化對適度經濟學思想研究方法的啟示是，一方面，創新的研究方法不一定必須提出一個史無前例的全新方法，這也許很難達到，因為前人已經幾乎窮盡了所有新的方法；但另一方面，新方法是可以通過組合、嫁接、取捨現有和現存的研究方法，得以呈現或湧現。這也是適度經濟學思想三元理論的精髓之一：組合A與B，形成C，達到1+1大於1，甚至大於2的效應。其實，適度經濟學思想強調相容並包，提倡各類進化應該同時並存，包括線性與非線性、定性與定量、演繹與歸納、文字與曲線、三維與跳躍等，它們之間的關係不是有你沒我、你死我活，而是同時存在、互相影響、交互作用。

7.1 定性和定量組合

　　基於這一組合進化的思路，首先需要對經濟學研究最重要的定量和定性兩大研究方法，進行組合，為適度經濟學思想的研究提供有效工具。

7.1.1　紮根理論與混合方法

　　以定性研究為主的「紮根理論」（Grounded Theory），由美國學者格拉瑟（Barney G. Glaser）和施特勞斯（Anselm Strauss）在1967年發明，其中蘊含了不少適度經濟學思想的元素，而且通過與另一個著名的研究方法—「混合方法」（mixed method）進行組合，有助於提供一個有效的新方法。

　　第一，「紮根理論」側重歸納法，而不是演繹法。但主流經濟學大多信奉的是演繹法，樂於和長於設計「假設」（hypotheses）。很明顯，這種在具體研究尚未開始前的假設，存在兩大風險：一是如果假設的大前提錯了，將導致一切皆錯，滿盤皆輸，而且事實證明，那些沒有經過案例研究和證明的假設，出錯概率很高。同時，建立在樣本不足、或者樣本質量不高基礎上的假設，學術意義也將受到限制，因為根據大數定律，樣本愈多，離差愈小，而離差愈小，精確率愈高。二是如果大前提是「正確的廢話」，那麼下面的所有證明都可能是無聊的，

類似「人不喝水是要死的」假設。作為對比，歸納法是從下往上（from bottom up），研究者預先沒有理論假設，先從實際觀察、調查和經驗著手，再從眾多原始資料和數據中，歸納出結論和理論。

第二，紮根理論是一種定性為主、定量為輔的優化組合方法。首先，它將定量研究中的某些方法，引入定性研究中，解決定性研究的程序缺乏規範、可信度較差的通病；其次，在定性研究中引入定量方法，克服定量研究深度不夠的問題。[3]紮根理論比較包容，提倡定量與定性所得到的數據，皆是互為補充（supplements）的數據，也是必需（necessary）的數據，[4]包括定性的訪談、文獻和定量的問卷、實驗、經濟參數，當然還包括新近出現的大數據等。[5]

第三，紮根理論對訪談資料進行三級編碼，藉此增加隨機訪談的科學性。其一是一級編碼或稱開放式登錄（open coding），主要是羅列所有收集到的概念。其二是二級編碼（axial coding），所謂的關聯式登錄或軸心登錄，目的是發現和建立相同概念之間的有機聯繫。其三是三級編碼（selective coding），也就是核心式登錄或選擇式登錄，在所有類屬中選擇一個核心類屬（core category），它需要滿足幾大要件：一是它在所有類屬中佔核心地位，於是必須大量使用比較的方法，通過比較，才能找到核心；二是在問卷中，需要找出關鍵詞出現的頻率，必須反覆出現，而且穩定，如斯密的《道德情操論》，最核心類屬不是「同情」，而是「適度」；三是核心類屬與其他類屬存在因果關係、相關關係、語義關係、相似關係、差異關係、對等關係、功能關係等。[6]

除了三種編碼以外，紮根理論還要求學者記錄備忘錄，類似日記，它是學者在訪談過程中所隨時記錄的心得體會、觀察思考、疑問困惑，分為三種備忘錄：一是訪談備忘錄（operational notes），對訪談內容的思考；二是編碼備忘錄（code notes），對編碼和概念的思考；三是理論

---

3 Barney G. Glaser and Anselm Strauss, *The Discovery of Grounded Theory: Strategies for Qualitative Research* [1967] (NY: Routledge, 2017), pp. 15–18.

4 Barney G. Glaser and Anselm Strauss, *The Discovery of Grounded Theory*, p. 18.

5 Marco Castellani, "Does Culture Matter for the Economic Performance of Countries? An Overview of the Literature?" *The Society for Policy Modeling, 41* (2019): 703.

6 Barney G. Glaser and Anselm Strauss, *The Discovery of Grounded Theory*, pp. 185–222.

備忘錄 (theoretical notes),對概念、範疇和各種關係的思考和歸納。[7] 紮根理論被許多歷史學家所青睞,因為他們反對概念先行、理論先行,歷史學家大多不相信「如果」,但看重「結果」和「後果」。而且,紮根理論不主張用數學建模等「高端」的定量研究方法,所以,應該將「紮根理論」(Grounded)譯成「接地理論」,因為這一理論降低了研究經濟學的數學門檻。

根據上述紮根理論的特點,需要運用「混合方法」予以適度組合。混合方法推崇先用半開放式的具有定性意義的訪談,旨在設計合適而有效的問卷;其次是進行具有定量意義的問卷調查;最後,在問卷的基礎上,隨機選擇一定比例的問卷遞交者,再進行定性的訪談。[8]這種混合方法也可稱為「三明治」方法,因為它類似「三明治」的功能,最精華的部分往往是「中間」的問卷定量部分,第一步和第三步的定性訪談,都是為第二步的定量問卷的啟動和深化服務。

對此,適度經濟學思想的研究方法可以考慮將「混合方法」的問卷部分,插入到「紮根理論」的三級編碼階段與三種備忘錄階段之間,將三級編碼和三種備忘錄視為「三明治」的上下兩片「麵包」,將「混合方法」的問卷方法,視為「三明治」中間的「佳餚」。例如,一旦完成三級編碼之後,需要實施問卷調查,旨在驗證三級編碼所確定的核心類屬和核心概念是否合理與正確。然後,再去驗證三種備忘錄的資訊是否有效、是否能夠起到互補,促使問卷調查起到承上(三級編碼)、啟下(三級備忘錄)的功能。通過這種「組合進化」,演化出一種更有效的定量與定性相輔相成的研究方法。[9]這種方法可以稱為「適度定量定性組合法」(qualitatively quantitative method with propriety),類似「定量/定性混合的紮根理論」(grounded theory with mixed quantitative and qualitative data)。[10]

---

7 Barney G. Glaser and Anselm Strauss, *The Discovery of Grounded Theory*, pp. 185–222.

8 L. Sharp and J. Frechtling, "Overview of the Design Process for Mixed Method Evaluation." In L. Sharp & J. Frechtling (Eds.), *User-Friendly Handbook for Mixed Method Evaluations,* 1997. (http://www.nsf.gov/pubs/1997/nsf97153/start.htm.)

9 Judith A. Holton and Isabelle Walsh, *Classic Grounded Theory: Applications with Qualitative & Quantitative Data* (Los Angeles: SAGE, 2017), pp. 272–281.

10 Holton and Walsh, *Classic Grounded Theory*, pp. 180–181.

更重要的是，紮根理論信奉所有資訊都是數據（all is data），[11] 所以，所有書面文獻也是數據，也可以作為研究論著的補充。[12]也就是說，紮根理論是一個非常包容的研究方法，既包括定性，也包括定量；既推崇實證（問卷、訪談和觀察），也不排斥文獻。將文獻研究（literature review）納入紮根理論研究的最大優勢是，文獻研究可以比較容易地被重複和驗證。例如，亞當‧斯密在《國富論》中對市場的論述次數，高達623次（類似紮根理論所提倡的一級編碼）；經過分析歸納，可以將623次所提及的市場，分成幾大類（類似二級編碼），包括市場與政府、價格、供需、競爭、開放、資源配置和市場空間等，最後，在幾大分類的基礎上，找到市場的三大核心含義（三級編碼），如價格、政府和資源等。面對這種分類，所有學者都可以通過研讀同一本文獻，對市場的定義進行驗證和重複驗證。

其實，這類文獻驗證比訪談驗證有時更加精確、客觀、可靠，因為訪談的結論難以被重複驗證，當事人的即時觀點具有鮮明的時空特點，數百人訪談的原始資料也很難被所有其他中外學者進行客觀和實際的驗證。總之，紮根理論能為許多文史哲學者提供了一種新的研究工具，既可以進行「實證紮根理論」研究，也可以嘗試「文獻紮個理論」研究，並將實證與文獻進行有機的組合，幫助不同學者根據不同研究主題的需要，將各種研究方法進行適度組合與適度取捨。

除此之外，方興未艾的數字人文學（digital humanities）和空間人文學（spatial humanities），也符合適度經濟學思想的研究方法。比如作者自2010年所主持的「中國空間宗教場所研究」項目，先通過大數據等各種定量研究的科學手段，收集自1911年以來，中國五大宗教（佛教、道教、基督教、伊斯蘭教和天主教）的寺、廟、觀、堂等變遷數據，並進行數據糾錯、確認、合成、處理與分析；再根據數字人文學的整理結果，運用地理資訊系統（GIS）的科學方法，將數據進行可視化（visualization）和空間化處理，對中國宗教場所的短缺問題進行分析。這是傳統的統計方法難以解決的，因為我們是要精確計算所有信

11　Holton and Walsh, *Classic Grounded Theory*, p. 92.

12　Holton and Walsh, *Classic Grounded Theory*, p. 62.

徒從自己的住所出發，平均需要多少時間和多少距離，才能到達最近的一個宗教場所。[13]

　　但是，這種數字和空間等定量研究方法存在嚴重的誤差，因為學者無法精確和及時地了解最新的寺廟增減。例如，我們從大數據上得到的杭州基督教「三自」教堂的經度和緯度大多出現偏差，所以，我們需要親臨現場，用手機準確定位每個教堂的位置；同時，必須親臨現場觀察每個教堂的實際參加人數，實地感受教堂短缺的真實狀況；而且，必須當面隨機詢問教徒們從家到教堂的時間和距離，作為數字化和空間化研究的有力補充。[14]很顯然，數字研究和定量研究沒法完全取代定性的現場訪問、參與和觀察。所以，為了更精確地從事宗教經濟學或教堂經濟學的研究，比較前衛的數字和空間研究很重要，但傳統的定性和實證研究永遠不會過時，類似一場「戰爭」，只靠「空軍」的精確打擊是不夠的，必須依靠「地面部隊」，才能最後解決和結束「戰爭」。所以，適度經濟學思想的研究方法就是提倡定量與定性組合，支持數字、空間與田野調查互補。

7.1.2　三大實驗方法

　　實驗方法是組合定性與定量方法的另一種嘗試。早在2000年，西蒙在預測未來行為經濟學所需要的發展方向之時，就提到需要探索新的研究工具，包括觀察現象、發現理論、驗證理論、以及對付不確定性的工具，他特別提到實驗經濟學和實驗博弈理論（experimental economics and experimental game theory），對行為經濟學的貢獻。[15]對此，我們有必要探討具有「組合進化」特徵的適度實驗方法，將現場實

13　Z. Hong and J. Jin, "Spatial Study of Mosques: Xinjiang and Ningxia as Case Studies," *Review of Religion and Chinese Society, 3* (2016): 223–260; Z. Hong and J. Jin, "The Digital and Spatial Study of Catholic Market in Urban China." In *Urban Cry: Power vs. People in Chinese Cities*, edited by Xiaobing Li and Xiansheng Tian (New York: Lexington Books, 2016), pp. 121–134.

14　Z. Hong, J. Yan and L. Cao, "Spatial and Statistical Perspectives on the Protestant Church Shortage in China: Case Studies in Hangzhou, Zhengzhou, Hefei and Fuzhou Cities," *Journal of Third World Studies, 31* (1) (2014): 81–99.

15　Rachel Crosona and Simon Gächterb, "The Science of Experimental Economics," *Journal of Economic Behavior & Organization, 73* (2010): 122–131.

驗、生理實驗與計算機實驗的三種實驗方法，進行適度組合的可能。目前，有助於推動適度經濟學研究的實驗方法一般可以分為三大類。

第一是現場實驗。傳統上，研究人的心理與行為的方法主要是通過觀察、訪談和問卷調查等手段，但現在可以通過現場的腦神經實驗，發現人的行為與心理在大腦上發生的變化，並直接得到可視證據，包括人的同情心、利他心、慷慨心、憐憫心等。很顯然，文化、道德需要通過適度的行為來表現，但適度的行為與適度的心理相連，而適度的心理則與大腦密切相關。於是，有關腦神經的生理實驗方法，就成為支持和深化適度經濟學思想研究的重要方法和手段。

例如，根據德國腦神經科學家辛格的發現，每一個人腦存在「同情共感」的神經元網絡，而通過類似佛教的正念修行（mindfulness meditation）的實驗，能夠有效提升人的同情心和憐憫心。所以，通過訓練人的大腦，有可能使自利本性得到改造、利他心得到提升。這類東方式的靜坐與西方式的腦神經研究相結合，正在使人類的行為產生革命性改變，幫助人類不再孤立、冷漠，而是顧及他人、將心比心，由此也將可能改變經濟學研究的方法與模型。[16]但是，這類研究也揭示了三種負面的後果：1）人的洗腦不僅可能，而且有效；2）實驗能夠將壞人變好，也有可能將好人變壞；3）如果不持續打坐、練習，將出現報復性反彈，猶如人的減肥努力一旦停止，體重一定反彈一樣。

這種現場實驗也在群體遊戲中普遍使用。例如，格萊瑟（Edward Glaeser）等人的文章對此做出很大貢獻。他們為了測試人與人之間的信任指數，要求258個哈佛學生參加問卷調查，並組織196位本科生，一起玩兩個關於信任的遊戲。[17]這種實驗性的群體遊戲，可以作為問卷、訪談和腦神經實驗的重要補充。2019年三位經濟學諾獎獲得者巴內吉（Abhijit Banerjee）、杜夫洛（Esther Duflo）和克雷默（Michael

---

16 Tania Singer, *Caring Economics: Conversations on Altruism and Compassion, between Scientists, Economists, and the Dalai Lama*. Edited by Tania Singer and by Matthieu Richard. (NY, Picador, 2015), Introduction.

17 Edward Glaeser, David Laibson, Jose Scheinkman, and Christine Soutter, "Measuring Trust," *Quarterly Journal of Economics, 8* (2000): 810–846.

Kremer) 的最大貢獻，不是他們反貧困理論的創新，而是他們獨特、有效的實驗方法。[18]

類似，學者還可以通過現場實驗去發現，血緣、地緣、親緣等要素對人的信任指數的不同影響，是同胞、同鄉、同學、同事之間更容易產生信任，還是相似的宗教信仰和共同的戰場經歷，更容易建立彼此間的信任？另外，通過實驗還有助於了解研究對象的價值取向，包括他們對中道和適度觀念的認同程度；也可以通過實驗，找到文化與生產效率之間的關係，如測試「感情投資」對生產積極性的作用，如果老闆多多「投資」鮮花給員工的生病家人，或者「投資」蛋糕給過生日的員工，是否比增加工資獎金更有助於提升員工的生產積極性，增加產出？這應該屬於前述的「關愛經濟學」的範疇。當然，這類實驗方法的代價很大，需要對同一個人做連續性實驗，還需要對不同人做比較性實驗。

第二類實驗方法是計算機實驗，它首先在博弈論領域被經濟學家大量使用。如美國科學家阿克塞爾羅德（Robert Axelrod）自1970年代開始，通過一系列計算機模擬、人機對抗等科學實驗證明：在連續和重複博弈中，勝算最大的要素是善良、寬容和合作。這種合作在短期博弈中，也許會吃虧，但長期則可能得利，他們也許會輸掉一場短暫的戰役，但有可能贏得一次長期的戰爭。這就是著名的「針鋒相對」(tit-for-tat) 戰術的特點，基本行為準則是在第一回合，不管對手是誰，都會默認選擇合作；之後，每一回合的行動則取決於對手上一回合的表現，對手背叛，我背叛；對手合作，我合作。但在經歷多次負面對抗後，也可以主動打破僵局，原諒對方的欺騙 (Tit-for-tat with forgiveness)，啟動新一輪的互相合作。這猶如一個老實人的策略，初次見面，就選擇信任對方，只有被騙，才會報復，但也可以主動原諒對方，隨時重啟合作。在概率上，這種「老實人」最後在連續博弈遊戲中，遙遙領先。結論是，善良比狡猾有效，寬容比復仇更有機會獲勝。但是，這樣的實驗難以應付不按牌理出牌、習慣短期投機行為的「流氓」，因為他們往往亂

---

18 The Royal Swedish Academy of Sciences, "Press Release: The Prize in Economic Sciences 2019," October 14, 2019. (https://www.nobelprize.org/prizes/economic-sciences/2019/press-release/).

出牌、非理性出牌，在混戰中，將對手打敗，導致君子往往輸給流氓、劣幣經常驅逐良幣的現象。[19]

　　同時，複雜經濟學創始人阿瑟在他的一系列著作和文章中，也展示了計算機實驗的可行性和有效性。他使用了諸如非線性動力學（nonlinear dynamics）、非線性隨機過程（nonlinear stochastic processes）、基於主體的計算（agent-based computation），以及更一般的計算理論（computational theory），但他排斥數學的方法。[20]2005年，阿瑟與波拉克（Wolfgang Polak）設計了一個用來檢驗「組合進化」的計算機演算法（computer algorithm），他們從一組原始邏輯電路（primitive logic circuits）開始，讓它們隨機組合成其他更複雜的邏輯電路。在實驗中，他們發現，隨着時間的推移，這種連續集成（integration）獲得成功。他們的實驗令人信服地證明，通過創建多個簡單的技術，是可以重新組合進化出複雜的技術，這與生物學的原理獲得吻合：複雜的技術是建立在較簡單的技術之上，而較簡單的技術所起到的進化功能猶如一塊「墊腳石」（stepping stones），這其實與適度經濟學思想所推崇的歸納法一致，先案例後結論、先微觀後宏觀。複雜經濟學的實驗已經證明了組合進化形式的強大效用。[21]

　　第三類實驗就是更為複雜的生理（physiology）實驗，它也許能夠彌補數學建模、現場實驗和計算機實驗的不足。例如，扎克曾發表一系列文章，對生理實驗做出了重大貢獻。扎克的研究方法所得出的結論極其驚人：一是道德情操是真實的、可計量的、有意義的（real, measurable and significant）；[22]二是人的信任指數是可以進行生理性的調控（manipulated），[23]他認為：「為了證明催產素影響人的信任行為，

19　Robert Axelrod and W.D. Hamilton, "The Evolution of Cooperation," *Science, 211* (1981): 1390–1396；洪朝輝：〈誰弄丟了美國？——中美關係急劇惡化新解〉，《當代中國評論》，2020 年第二期，頁 74。

20　Arthur, *Complicity and the Economy*, pp. ix–x.

21　Arthur, *Complicity and the Economy*, p. 120; W. Brian Arthur and Wolfgang Polak, "The Evolution of Technology within a Simple Computer Model," *Complexity, 5* (2006): 23–31.

22　Paul Zak, "The Physiology of Moral Sentiments," *Journal of Economic Behavior & Organization, 77* (2011): 63.

23　Paul Zak, "The Physiology of Moral Sentiments," 54.

我們將催產素滴鼻式地（intranasally）註入人的大腦，發現實驗者的信任係數增加一倍以上，使他們對陌生人增加信任，捐獻金錢」。[24]

辛格、格萊瑟、扎克、阿克塞爾羅德和阿瑟等人所從事的三種不同的實驗方法，存在一個共同的特點：儘管他們的方法大多是計量的，但他們一般不使用數學建模的方法，而是使用打坐、腦電圖、滴鼻式、計算機和統計學等方法。限於作者對計算機、生理學和醫學知識的局限，所以難以提出具體的將三種實驗方法進行組合，發現一種更進化、更優化的適度經濟學思想的研究方法，但這種可能的重新組合，至少給出了三點方法論的思想啟示。

其一，不能輕視、忽視甚至無視簡單的研究方法，它們有可能成為組合進化的一塊寶貴的「墊腳石」。如何將經濟學所固有的由本質到現象、由假設性結論到實證性驗證、由內到外的方法，與歷史學或生物學的由現象到本質、由實證到結論、由外到內的方法進行「組合」，是發現新的方法論進化與創新的焦點和契機。[25]這些「小」方法，類似「紮根理論」，能夠催生「小理論」（little theory），並成為一塊塊「墊腳石」，為「大理論」（big theory）的誕生提供條件。[26]

應該說，經濟學比較符合西方科學的四大基石：秩序、數學、均衡、可預測，但生物學和歷史學大都背離這四大基石。首先，歷史學與生物學類似，儘管開放，但缺乏秩序，尤其是歷史或者經濟史，經常在無序、失序、亂序中進行「創造性的毀滅」；其次，生物學和歷史學不相信數學，也很難用數學方程和模型進行表達，很多經濟史專家，如諾斯和福格爾，儘管他們也使用了一些基本的統計學方法，但很少使用微積分等高等數學的模型；再次，歷史學與生物學類似，他們的演化一般很難預測，尤其是許多歷史事件存在偶然性、突發性、人為性，猶

24　Paul Zak, "The Physiology of Moral Sentiments," 58.

25　汪丁丁，〈理解湧現秩序〉，推薦序一，參見布萊恩・阿瑟：《複雜經濟學》，賈擁民譯。（杭州：浙江人民出版社，2018 年），第 vi–vii 頁。

26　Scott Schneberger, Hugh Watson and Carol Pollard, "The Efficacy of 'Little t' Theories," *IEEE Proceedings of the 40th Hawaii International Conference on System Sciences*, 2007, 1.

如蝴蝶效應；[27]最後，均衡是生物學和歷史學中的「黑天鵝」現象，儘管存在，但很少發生，因為生物進化過程非常不均衡，歷史發展也是左右搖擺，猶如「鐘擺效應」，[28]它們都很難認同新古典所信奉的供需價格均衡之類的「奇蹟」，更難對價格的變動實行精確、計量和靜態地控制。[29]

尤其是，上述四大經濟學基石主要屬於古典和新古典經濟學的原則，也是農業社會和工業社會的基本體現。但是進入資訊社會的21世紀，牛頓的機械論模式與達爾文的進化理論，正在經受量子力學、人工智能和互聯網的劇烈挑戰，今日的經濟學主流也必須面對複雜、不確定和非均衡現象的質疑。於是，制度經濟學、行為經濟學、文化經濟學和複雜經濟學，甚至適度經濟學等新興經濟學科，應運而生。加上2020年以來發生的百年不遇的新冠病毒等大災大難，主流經濟學的範式、方法、手段，正在呼喚重大變革。

其二，單向、單維的實驗方法是不夠的，需要多種實驗方法的組合與綜合，才能發現它們之間的互補和互動效應。例如，阿瑟團隊不僅使用概率和計算機工具，而且還提出「湧現」秩序 (emerging orders) 的概念，它是指當一個系統內部的個體，通過局部的相互作用形成一個整體時，一些新的屬性就會在系統層面出現。也就是說，在一個分析框架裏（定量或定性、宏觀與微觀、演繹與歸納），如果它們出現隨機組合，是有可能出現「湧現」現象，出現新的屬性、規律和範式。[30]還有，也有學者提出「系統積木塊」(System Building Blocks) 概念，它是指複雜系統往往由一些簡單的元素，通過不斷改變組合方式而形成的。這樣，這個系統的複雜性不在於積木的多少、大小，而在於積木由誰來組合、何時何地來組合，尤其是如何進行重新組合。[31]

---

27 Z. Hong and Y. Sun, "The Butterfly Effect and the Making of 'Ping-Pong Diplomacy'," *Journal of Contemporary China, 9* (2000): 429–430.

28 洪朝輝：《美中社會異象透視》（紐約：博登書屋，2021 年），第 31 頁。

29 汪丁丁，〈理解湧現秩序〉，第 v–vi 頁。

30 Arthur, *Complicity and the Economy*, p. xiv.

31 劉春成、候漢坡：《城市的崛起——城市系統學與中國城市化》（北京：中央文獻出版社，2012 年），第 120–121 頁。

其三，實驗方法的組合程度與方式需要適度。多種實驗和方法的組合並不是愈多愈好、愈大愈有效，因為這有可能導致系統的混亂和紊亂。所以，研究方法的適度組合、適度疊加、適度操作就成為一種方法論的指導，必須遵從。不然的話，很可能導致1+1小於1的負面效應，徹底破壞了方法組合的原始目的和目標。

7.1.3　文化價值與指數研究

文化價值的指數化研究也是對定性和定量研究的一種適度組合，因為一方面，文化價值（如信仰和信任等）是一種非常定性而又難以被定量的主題，但另一方面，對這些定性的文化價值觀念進行指數（index）研究，就為指數化、計量化價值觀的研究提供了一個新的指向。尤其是，將它們進行創造性的組合，也是適度經濟學思想研究方法的一大內容。

文化價值的指數研究，首先需要由文化學方面的學者對相關的價值進行精確的定義，對其中的外延與內涵進行科學界定。然後，需要使用一系列的研究工具，包括實驗、統計、計算機、問卷、面談、觀察、文獻等，圍繞着價值的定義，展開指數化收集、分析和歸納。最後，還需要再經過文化價值的定性研究，進行再確認和過濾，在邏輯、語義、文獻方面達到耦合與一致。這也是一種混合研究或「三明治」研究方法。

例如，自1970年以來，幸福指數研究的出現，打開了文化價值研究指數化的通道。1970年，不丹國王首先提出國民幸福的概念（Gross National Happiness〔GNH〕），後來被發展成國民幸福指數（National Happiness Index〔NHI〕）。GNH這一指標體系包括九大類主題：心理健康（psychological wellbeing）、健康、教育、時間使用、文化多元與復原（cultural diversity and resilience）、良好治理、社區活力（community vitality）、生態多樣性和復原力（ecological diversity and resilience）和生活水準等。[32]

32　Karma Ura, Sabina Alkire, Tshoki Zangmo and Karma Wangdi, *A Short Guide to Gross National Happiness Index* (Thimphu, Bhutan: The Centre for Bhutan Studies, 2012), pp. 4–12; 李剛、王斌、劉筱慧：〈國民幸福指數測算方法研究〉，《東北大學學報（社會科學版）》，2015 年第 17 期，第 376–383 頁。

另外，美國心理學家卡尼曼等學者從2004年起，編制國民幸福指數，1018個受訪者回答了有關人口統計和總體滿意度的問題，並被要求製作前一天的簡短日記，將一天想像成一系列場景或情節，並給每個情節起一個簡短的名字，包括上班和吃飯，還要寫下每個情節持續的時間、具體內容、具體地點、與誰互動、以及自己的感受。另外，還要回答有關工作和個人資訊的問題。最後，用加權平均法來計算各自的幸福指數。[33]

以幸福指數研究為先導，已經打開了一片文化價值指數研究的天地，經濟學和管理學愈來愈重視信任指數（index of trust）的研究，同時，有關信仰指數、忠誠指數、寬容指數、慷慨指數等研究，已經日益流行，將定性與定量研究有機地組合在一起。

7.2 歸納、演繹、溯因方法的融合

除了定性與定量研究方法適度組合以外，適度經濟學思想也對歸納、演繹和溯因方法的組合非常重視。

7.2.1 演繹法缺陷

很顯然，在古典和新古典經濟學派的努力之下，演繹方法（Deductive Method）早已成為主流經濟學的最重要研究方法和認知方法。但是使用演繹法的一大邏輯是需要引入假設（hypotheses），正如阿瑟所指出，這類假設猶如預先設置了一個「過濾器」（a very strong filter），或者類似一個「緊箍咒」，導致我們難以避免地對客觀事物的觀察存在偏見或先入之見，正因為我們已經出現了「先入」的偏見，所以就很難開放心胸和心智，隨時進行糾錯、糾偏，也沒有任何暫時性現象的存在空間，這樣就更加限制了我們探索和創造的可能。[34]

33 Daniel Kahneman, Alan B. Krueger, David A. Schkade, Norbert Schwarz, and Arthur A. Stone, "A Survey Method for Characterizing Daily Life Experience: The Day Reconstruction Method," *Science, 306*(2004): 1777.

34 Arthur, *Complicity and the Economy*, p. 4.

同時，阿瑟認為，經濟的選擇行為常常是在未知、半知或誤知的情況作出，所以經濟主體在絕大多數情況下，根本無法估計概率分佈（realistic probability distributions）。但就是在這種資訊不完全、根本不確定（fundamental uncertainty）的不利狀態下，行為主體往往貿然行動或被迫行動。這樣，他們的行為就像一場賭博，很難執行所謂的「最優」行動（optimal move）。尤其是，經濟遊戲的參與者不止你一人，其他主體也在廣泛參與，於是，不確定性自然加倍增加。這樣，經濟主體就需要首先形成自己的最佳主觀信念，然後需要形成有關主觀信念的主觀信念（subjective beliefs about subjective beliefs），而且，其他行為主體也必須這樣做。這樣，「不確定性帶來了更進一步的不確定性」（uncertainty engenders further uncertainty）。所以，純粹的演繹理性（pure deductive rationality）「不僅是一個糟糕的假設（bad assumption），而且它本身根本就不可能存在」。[35]

所以，先假設、後求證、再結論的演繹法，出錯的概率不小，而且比較容易出現片面和冒失。

7.2.2 歸納法優勢

作為對比，歸納法（Inductive Method）是從個別模式、具體案例出發，通過嘗試性歸納，建立一個特殊模式，再進行探索性歸納，形成普遍模式。

阿瑟所提出的「愛爾法魯酒吧」問題（El Farol Bar Question），就證明了歸納理性的重要。它假定希望去酒吧的消費者為100人，為了避免擁擠，這100人假定，如果在酒吧人數60人以下時去酒吧，那就是最佳狀況。於是，先假設100人採用演繹法，他們多數會假定週末人多、非週末人少，結果，多數人會選擇在非週末去酒吧，最後導致週末實際到酒吧的人反而較少，由此將證偽演繹推理的模型。但如果使用歸納法推理，促使所有行為主體的各種假設，都在它們自己創造的「生態」中相互競爭，通過實地考察，不斷調整訪問酒吧時間，逐漸由具體到抽

---

35 Arthur, *Complicity and the Economy*, pp. 5–6.

象，最後總結出自己最佳、最不擁擠的時間，享用酒吧。結果，平均到場人數很快就會收斂到「適度」狀態，即達到40–60人之間的出席率。這樣，系統就恢復到難得的適度水準，40%–60%成了「天然」組合而湧現出來的一個結構。[36]

基於此，阿瑟提倡歸納理性的方法，強調必須根據具體的時空，行為主體的需要，不斷、及時、持續地對自己的行動和策略，進行調整、捨棄和替換（adapt, disregard and replace），利用「歸納不斷前行」（proceed by induction），這種行為主體的探索、學習及適應（explore, learn, and adapt），將促使經濟永遠處於破壞性運動之中（permanently in disruptive motion），[37]類似熊彼得的「創造性毀滅」理論所主張的，「經濟體系中存在着一種力量，這種力量能夠破壞任何可能達至的均衡」，而這種力量正是來源於「生產方式的新組合」。[38]

藉此機會，阿瑟也順便強調了歸納法與數學的關係。他認為歸納法體現的是一種過程和理論，而不是一種數學，所以，數學並不一定是經濟學研究的必要工具。經濟學理論是以形成和變化為主題，所以也是程序性的。例如：「生物學理論是理論，但不是以數學形式表達的理論；它是以過程為基礎的，而不是以數量為基礎的。總之，生物學理論是程序性的」。[39]

7.2.3 溯因法效用

面對歸納與演繹方法的兩極對立，「溯因法」（Abductive Method）提供了第三種選擇。它是由美國哲學家皮爾斯（Charles Peirce, 1839–1914）於19世紀末提出，[40]並得到經濟學家西蒙的追捧。[41]溯因法是一

---

36 W. Brian Arthur, "Complicity and the Economy," *Science, 284* (1999): 108.

37 Arthur, *Complicity and the Economy*, p. 6.

38 J. A. Schumpeter, *The Theory of Economic Development* [1912] (London: Oxford University Press, London, 1961). 轉引自 Arthur, *Complicity and the Economy*, p. 6.

39 Arthur, *Complicity and the Economy*, p. 21.

40 Charles Peirce, *Reasoning and the Logic of Things* [1898], K. Ketner, ed., Lecture 1–Lecture 8 (Cambridge, MA: Harvard University Press, 1992), pp. 105–242.

41 H. Simon, *Models of Discovery* (Dordrecht: Reidel, 1977), p. 286.

種根據現象來推測現象產生的原因之方法，顧名思義，就是「追溯原因的方法」。類似刑事偵破所使用的推理法，既注重過去經驗數據，更需要對現場細緻偵察。所以，這種由觀察現象、推測原因所形成的溯因法，與演繹法和歸納法相比，至少存在四大特點。

第一，追溯性。溯因法是一種前後方向的追溯，而不是自上而下的演繹，也不是自下而上的歸納。溯因法是一種按照現象的特徵，由後（已經發生的現象）往前（追溯前因）地進行歷史性地「逆推」，而不是由原因到結果的「順推」，旨在發現已經出現的現象之原因。這是一種現象學範疇的研究方法，有助於經濟學家對經濟現象進行經濟解釋（economic explanations）。[42]

第二，創造性。由現象去發現原因和機理的方法，具有猜測和想像的成分，導致溯因法具有一定的靈活性、應變性和權衡性。儘管溯因法也講邏輯，但受到邏輯規則的約束較少，有助於發揮經濟學家的創造性和想像力，類似「一隻看不見的手」一樣的想像與隱喻，推動由淺入深、由表及裏、由後溯前的研究進路。這樣，溯因法所得出的結論就比較具有猜測性。[43]有時候，許多經濟歷史上的現象很難直接觀察，如18世紀北美殖民地時期的煙草貿易等，而且也很難進行直接的實證描述和田野調查。於是，經濟學家就需要大膽地、創造性地基於數據和文獻，予以猜測和想像。[44]很顯然，沒有創造性思維的參與，就不可能洞察現象背後所潛藏的奧秘與真相。

第三，試錯性。基於經濟現象發生的原因錯綜複雜，既有單一原因，也有合力作用，更存在暫時不明的因素，所以，必須對現象的解釋進行多次嘗試，經歷失敗、追溯、再失敗、再追溯的過程，直至可能的比較清晰和相對全面的結論。「盲人摸象」是一種典型的以偏概全、簡單片面、主觀武斷的「追溯法」，所得出的原因分析很可能誤導社會大

42　Ramzi Mabsout, "Abduction and Economics: The Contributions of Charles Peirce and Herbert Simon," *Journal of Economic Methodology*, April (2015): 21.

43　Norwood Hanson, *Patterns of Discovery* (Cambridge: Cambridge University Press, 1958), pp. 70–92.

44　Ramzi Mabsout, "Abduction and Economics: The Contributions of Charles Peirce and Herbert Simon," *Journal of Economic Methodology*, April (2015): 22–23.

眾,遺害無窮。比如,對於如何追溯美國內戰前,南方部分奴隸壽命比北方部分自由勞工壽命更長的現象,就需要全面、深入、審慎的研究,不能僅僅通過似乎「科學」但卻片面的方法,就得出奴隸比勞工幸福的結論,更不能就此開創了一門人體測量學(anthropometry),按照奴隸的年齡和性別,採用一些人體生理特徵,包括身高、體重、腰圍、月經等資料,來衡量「生物性的生活標準」(biological living standard),並以此來研究所有人的幸福指數,將它泛化為一種普世的研究方法,[45]因為,有人長命,並不意味着他很幸福;而有人很幸福,也並不因為他活得久。所以,為了防止這種片面的原因追溯,需要使用溯因方法的多元探測,比較不同層次、不同時段、不同人群的特點,進行不斷、持續地試錯,逐漸逼近真實的歷史和歷史的真實。

第四,隨機性。運用溯因法所推測的結果,並不意味着結論的必然性與絕對性,而只是一種相對正確的概率性、隨機性、或然性。很顯然,經濟學不是數學,因為人的經濟行為和社會的經濟運行,是不可能絕對化地予以計算,也不是類似1+1=2那樣,屬於放之四海而皆準的普世科學。適度經濟學思想的要素規定,經濟學家只能推測某種經濟現象產生的大致原因和部分原因,或者預測某種現象產生的概率有多大,但不可能得到唯一、絕對、全部的結論,即使高明的醫生也只能推測疾病產生的大致原因。所以,溯因法所得出的結論有可能是建立在不確定或懷疑的基礎之上,於是,任何承認經濟運行存在不確定性的學者,都值得運用溯因法。[46]而且,這種方法經常使用「最佳可用」(best available)、「很可能」("most likely")等語言,來表達所「推斷到的最好的解釋」(inference to the best explanation),以及一種隨機與或然的研究結果。[47]

---

45 Robert Fogel and Stanley Engerman, *Time on the Cross—The Economics of American Negro Slavery* (NY: W.W. Norton & Company, 1974), pp. 191–257; Robert Fogel, *Without Consent or Contact: The Rise and Fall of American Slavery* (NY: W.W. Norton & Company, 1989), pp. 60–80.

46 Mabsout, "Abduction and Economics,"18–20.

47 Elliott Sober, *Core Questions in Philosophy: A Text with Readings*, 6th ed. (Boston: Pearson Education, 2013), p. 28.

必須指出，任何的因果聯繫都存在其固有的複雜性、多元性和變動性，包括一果多因、一因多果、多因多果、互為因果，以及因果糾纏，即既是原因、又是結果等多種可能。[48]所以，經濟學研究不能拘泥和局限於單一的研究方法。而且，隨着大數據、人工智能等新興科技的興起，為學者更全面、更精確地使用數據與方法，提供了新的條件。[49]

7.2.4　適度組合的可能

鑒於沒有一種方法是萬能的事實，經濟學家就需要將不同的研究方法，進行適度地組合，並根據不同的主題，變換不同的研究方法。

需要強調的是，適度經濟學思想與複雜經濟學和新古典經濟學不同，它反對完全排斥演繹或者歸納的方法，因為任何方法都有它存在的理由。例如，歸納與演繹方法的本質在於如何對待經驗與理論、具體與抽象的優先與順序，而這兩種思考方法並不是完全對立，因為兩者的關聯類似一個頻譜（spectrum），一端是「窄」的「準確性」（理論、結論），另一端是「寬」的「啟發性」（經驗、歷史案例、實踐）」。[50]關鍵是在這兩元中找到連接，形成一種歸納中有演繹、演繹中有歸納的新的認知，成為解釋適度經濟學的第三種方法，也就是需要在一元、二元和多元中，尋找三元。

傳統的觀點認為，經濟應該是一個客體，主體的民眾可以對它進行機械、靜態地處理。但是，這個經濟客體本身，就是從經濟主體的主觀信念中「湧現」出來的，由此構成了微觀經濟，成為經濟運行的DNA。這樣，經濟主體與經濟客體其實不是截然分離的兩元對立，而是「共同進化、生成、衰亡、變化、相互加強或相互否定」，最後，經濟主體與客體形成了你中有我、我中有你的狀態，主客觀難以分離，而是模糊疊加與糾纏，尤其是，它們之間常常互相替代、難分邊界。因此，對於經濟運

48　賈根良：〈溯因法和回溯法：演化經濟學的科學創造方法〉，《演化與創新經濟學評論》，2014 年第 2014 第 1 輯，第 84-94 頁。

49　Judea Pearl and Dana Mackenzie, *The Book of Why: The New Science of Cause and Effect* (New York: Basic Books, 2018), pp. 349-370.

50　Arthur, *Complicity and the Economy*, p. 166.

行所表現出來的軌跡，有時不是有序，而是有機，「在所有層次上，它都包含着不確定性。它湧現於主觀性，並將回到主觀性上」。[51]

這樣，為了組合演繹、歸納、溯因三種思考方式，需要利用適度經濟學思想所揭示的三角範式和三元理論，遵循非線性的原則，將三種方法在同一個問題上循環使用，不斷地從下往上地歸納、從上往下地演繹、以及從後往前的溯因，更重要的是，可以嘗試將經濟行為和經濟政策進行「從中到上」（from middle up）和「從中到下」（from middle bottom），也可以「從下到中」、「從上到中」，甚至可以「從後到前」、「從前到後」地追溯，進行動態地、循環不斷地驗證，提高可驗證性、重複性、可信性，目的是更好地尋找適度的區間。

例如，為了研究大興安嶺的森林狀況，既可以使用歸納法：從具體、個別的樹木，再到整片森林的研究；也可以使用演繹法：從森林全貌到具體樹木；但也可以「從中往上」的方法：將森林按照樹種，分成10大類，先研究每類樹群的特點，再向上尋找整體森林的概貌；更可以「從中往下」的方法：從某個樹木的種類出發，向下收集同類樹群的具體樹木的特徵，最後來印證樹群和整個森林的精確面貌，這也可稱「抓中間、帶兩頭」，或者是「中間開花、上下互動」、「以中間為綱，綱舉目張」的研究方法，將樹林、樹群和樹木三者的關係，得到更為全面和科學的論證。

又如，為了研究紐約市政府這個「中觀」主體在抗擊新冠疫情期間的表現，首先，需要使用「從下到中」的方法，分析紐約個別市民和城鎮實體（微觀）對紐約市政府（中觀）的看法；其次是「從上到中」的方法，討論美國聯邦政府和全社會（宏觀）是如何評價紐約市政府的表現；再是「從中到中」的橫向方法，分析美國其他大型都市如何評價紐約市的表現。也可以結合「從上到下」、「從下到上」的方法，來印證前述三種從「中觀」出發的研究結論，是否可信與可靠。更可以運用溯因法，解釋疫情前期、中期、後期，紐約防治新冠從差到好，再從好到差的市政府原因，又可以追溯這種政府失職原因所導致的後果，將原因與後果進行循環比對。

51　Arthur, *Complicity and the Economy*, p. 181.

所以，探尋適度經濟學思想研究方法的組合，能夠防止單一方法的局限，有助於取長補短，更加全面、準確、科學、持久地做出研究結論與成果。

7.3 西方經濟學曲線的適度內涵[52]

儘管適度哲學的主觀、動態和相對，決定了適度經濟學思想難以被定量，但是，適度經濟學思想是可以被曲線描述的。自從19世紀末新古典經濟學創立以來，眾多經濟學家自覺不自覺地試圖對經濟學的適度思想進行圖標描述。

7.3.1　拉弗曲線（Laffer Curve）

首先，拉弗曲線對適度和中道思路提出了模型解釋。[53]1974年，拉弗（Arthur Laffer）在餐桌上發現了拉弗曲線，對稅率與政府稅收收入的關係進行描述。它假設了兩個極端：一個是極端過度，即政府徵收100%的稅率，那麼，人們的勞動成果全部被政府以稅收的形式充公，於是，沒人願意工作，生產活動則全部停止，這樣，政府的稅收收入可能為零，這是「殺雞取卵」，甚至是「雞飛蛋打」的零和遊戲。另一個是極端不及，即政府徵稅稅率是0%，這樣企業的產量和商人的利潤一定最大化，但依靠納稅人而生存的政府、軍隊和員警，也就不可能存在，經濟就將處於無政府的戰亂狀態，盜賊一定橫行，企業與企業主人身安全與穩定也無法保證，出現另一種形式的同歸於盡。[54]

所以，拉弗曲線就給出了一個C/D/E所設定的區間，最佳的中點是E，作為決定稅率的最佳範圍（見圖7.1）。其結論就是，稅收不能太低、更不能太高，中道、適度方為王道，蘊涵着「養雞下蛋」、「蓄水養魚」的道理。儘管拉弗的本意是傾向共和黨人的減稅政策，但他的曲線所

52　洪朝輝：〈適度經濟學思想的跨學科演化〉，《南國學術》，2020 年第三期，第 407–408 頁。

53　Jude Wanniski, "Taxes, Revenue, & the 'Laffer Curve'," *The Republic Interests, 50* (1978): 4.

54　Arthur Laffer, Stephen Moore & Peter Tanous, *The End of Prosperity: How Higher Taxes Will Doom the Economy —— If We Let It Happen* (NY: Threshold Editions, 2008), pp. 29–42.

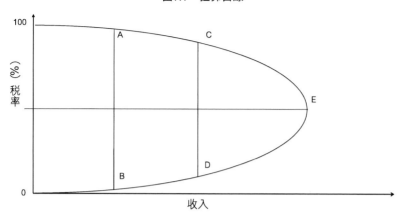

圖7.1　拉弗曲線

體現的經濟學思想意義，似乎將亞里士多德和斯密的適度概念曲線化、計量化，它給出了過度與不及的計量節點和界點，這也是定性研究與定量研究結合的典範。

7.3.2　菲利浦斯曲線（Phillips Curve）

菲利浦斯曲線是關於通貨膨脹率與失業率關係的曲線，[55]也體現了適度的經濟學原則。1958年，根據英國1861–1913年間失業率和貨幣工資變動率的實證資料，菲利浦斯（A. W. Phillips, 1914–1975）提出了一條著名的曲線，旨在解釋失業率和貨幣工資變動率之間的交替關係，試圖證明通貨膨脹率與失業率的反比關係，也就是說，失業率愈低，通貨膨脹率愈高；反之，失業率愈高，通貨膨脹率愈低。菲利浦斯曲線的政策效應在於，政府可以用較高的失業率來換取較低的通貨膨脹率，也可以用較高的通貨膨脹率來換取較低的失業率，但魚與熊掌不可兼得；最佳區間是在A和B之間，而A與B區間正好是適度的選擇（見圖7.2）。所以，菲利浦斯曲線是一種將妥協和中道進行定量化、模型化的努力。

55　A. W. Phillips, "The Relation between Unemployment and the Rate of Change of Money Wage Rates in the United Kingdom, 1861–1957," *Economica, 100* (1958): 283–299.

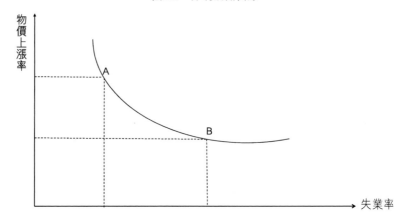

圖7.2　菲利浦斯曲線

7.3.3　馬歇爾供求曲線

　　馬歇爾於1890年創立了供求曲線，最佳交叉就叫「均衡」（equilibrium）。[56]它的核心是，當商品的市場需求曲線與市場供給曲線相交時的價格，就是均衡價格。圖7.3的橫坐標表示商品數量，縱坐標表示商品價格，下行線代表需求曲線，上行線表示供給曲線。當需求價格大於供給價格時，產量增加；反之，當需求價格小於供給價格時，產量下降。如果產量（Q）與價格（P）一致，供需出現對等，供求曲線就出現交集，由此表示，供求關係呈現了均衡狀態，並出現了均衡產量和均衡價格（見圖7.3）。

　　馬歇爾供求曲線所展現的適度思想精髓在於，市場自身能夠不斷判定、尋找供需的均衡點和均衡價格。[57]在這裏，均衡旨在用一種不偏不倚的交叉點和中點來計量、定位、模型。儘管新古典經濟學派不承認，但是，這一均衡點的認定只能是動態、演化的，需要根據特定的市場時空和消費人群，而不斷調整需求與供給，促使背離的市場價格同均衡價格趨於一致，引導兩者最後逼近供需的均衡點。[58]

56　Alfred Marshall, *Principles of Economics: Unabridged Eighth Edition* (NY, Cosimo, Inc., 2009) [1890], p. 202.

57　洪朝輝：〈適度經濟學思想的跨學科演化〉，第 408 頁。

58　Marshall, *Principles of Economics*, p. 202.

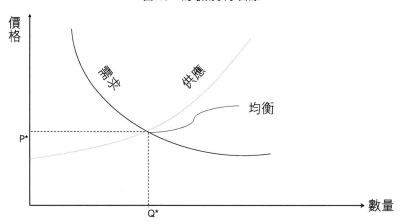

圖7.3　馬歇爾供求曲線

（縱軸）價格　P*
（橫軸）數量　Q*
需求　供應　均衡

7.4 適度經濟學曲線的設計與思考

　　受上述三大曲線的啟發，筆者試圖嘗試對經濟學適度思想，進行一些曲線描述和圖示。值得一提的是，非線性隨機過程（nonlinear stochastic processes）是線性的對立面，它是指個體以及它們的性質變化，並不是遵循單一的線性規律，但這正是適度經濟學思想所推崇的三角範式和角形思維。

7.4.1　政府與市場關係的適度曲線[59]

　　根據西方經濟學的永恆難題──政府與市場的關係，筆者試將適度作為圓心（X0），將活躍市場與不活躍市場作為橫坐標（X），將強勢政府與弱勢政府作為縱坐標（Y），建立四個象限的縱橫關係。這樣，就出現了五個變量：首先是適度的中心焦點（X0），另外四個變量由圓圈與X和Y軸線所相交的四個點來顯示，分別為X2、X-2、Y2、Y-2，各自代表了政府與市場作用在邊界上的優化點（見圖7.4）。

59　洪朝輝：〈適度經濟學思想的跨學科演化〉，第 408–410 頁。

圖7.4　政府與市場適度關係圖

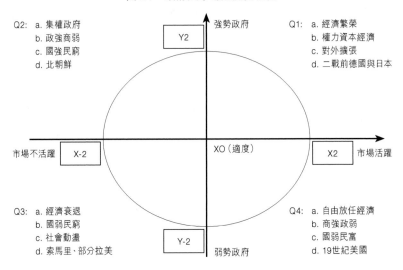

Q2:　a. 集權政府
　　　b. 政強商弱
　　　c. 國強民窮
　　　d. 北朝鮮

強勢政府

Y2

Q1:　a. 經濟繁榮
　　　b. 權力資本經濟
　　　c. 對外擴張
　　　d. 二戰前德國與日本

市場不活躍　X-2

XO（適度）

X2　市場活躍

Q3:　a. 經濟衰退
　　　b. 國弱民窮
　　　c. 社會動盪
　　　d. 索馬里、部分拉美

Y-2

弱勢政府

Q4:　a. 自由放任經濟
　　　b. 商強政弱
　　　c. 國弱民富
　　　d. 19世紀美國

　　　適度達到極致的指數是處於圓心的X0，但極度適度又可能是一種不適度，物極必反。所以，比較合理的適度標準不是X0，而是具有一定範圍和面積的圓形邊界，那就是X-2/X2、Y-2/Y2的圓形面積之內。在此範圍的政府權力和市場效度，應該被視為適度區間。反之，如果任何一個象限超出2或-2，就可視為不夠適度，有可能過度或不及。而過猶不及，或不及猶過，它們都是適度政府和適度市場需要共同糾偏的目標。

　　　同時，根據圖7.4的四個象限，可以大致判斷不同政治經濟的現實狀況。象限I(Q1)圓圈之外的部分，代表一個強勢政府與活躍市場高度結合的社會，具有經濟繁榮、權力資本強大、[60]對外擴張強勢的三大特徵，猶如二戰前的德國、[61]日本。[62]這三個特徵存在邏輯關係，由於市場活躍和經濟發達，加上政府強勢，導致政治權力與經濟資本高度合一，促使民族主義高漲、窮兵黷武、對外擴張，走上侵略戰爭的法西斯

60　Zhaohui Hong, *The Price of China's Economic Development: Power, Capital, and the Poverty of Rights* (Lexington, Kentucky: The University Press of Kentucky, 2015), pp. 2–10.

61　Benjamin Hett, *The Death of Democracy: Hitler's Rise to Power and the Downfall of the Weimar Republic* (NY: Henry Holt and Company, 2018), pp. 208–236.

62　Edwin Reischauer, *Japan: The Story of a Nation* (NY: Alfred A. Knopf, Publisher, 1989).

道路，最後的極端發展就會出現政權瓦解、經濟崩潰、民不聊生。這就是過度政府權力和過度市場擴張的最負面後果。

其次，象限II(Q2)圓圈之外的部分，代表強勢政府與不活躍市場的混合，大致特點是集權政府、政強商窮、國強民窮，今日的北朝鮮等國大致屬於這一類。這種過度強勢的政府與過度疲弱的市場經濟結合之後的極端發展，有可能導致經濟崩潰，並對政權穩定產生威脅，激發內外變革的動力，最後有可能迫使政府讓渡和分解部分權力。

再次，象限III(Q3)圓圈之外的區間，表明弱勢政府與不活躍市場的結合，它將導致經濟凋敝、國弱民窮、社會動盪和積貧積弱，今日非洲的索馬里等處於此類方位。[63]

最後，處於象限IV(Q4)圓圈之外的部分，顯示活躍市場與弱勢政府的同時出現，它的特徵是自由放任經濟、商強政弱、國弱民富。推崇自由放任的19世紀美國，應該屬於此類。[64]

另外，根據經濟狀況不斷變動的特點，這個適度圓圈的範圍也是不斷變化，能夠借此顯示適度指數的高低。如果X2/X-2、Y2/Y-2的區間是最佳適度指數範圍的話，一旦將圓圈向右上方移動，導致圓圈的邊界完全脫離X0這個適度圓心，整個圓圈只出現在象限I，這表明最低的適度指數出現：X2/X4和Y2/Y4（見圖7.5），導致有為的政府與有效的市場達到極點，其極端和直接的後果有可能出現類似德國和日本兩國那樣，發動第二次世界大戰。

還有，隨着人類經驗的積累、規律認知的提高、理性智慧的增長，以及干預和監管工具的增多，適度範圍的圓圈應該是愈來愈縮小，張力的範圍也是隨着距離的縮小而變小，慢慢逼近適度的焦點（X0），但長期停留在焦點的極度適度狀態，只會偶爾發生或難以持續。例如，如果人的正常血糖標準是以100為最佳點，一般的正常範圍值是80–120，但隨着人們應對高血糖的經驗、能力和手段的提升，將正常範圍縮小

---

63 Peter Little, *Somalia: Economy without State* (Bloomington: Indiana University Press, 2003), pp. 1–20.

64 Jonathan Hughes & Louis Cane, *American Economic History* (NY: Pearson Education, Inc., 2011), pp. 163–183, pp. 362–383.

圖7.5 政府權力與市場發達高度結合圖

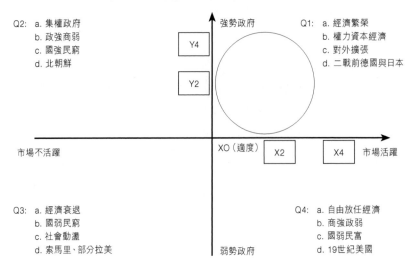

圖7.6 政府權力與市場發達低度結合圖

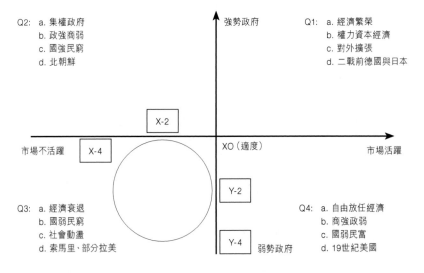

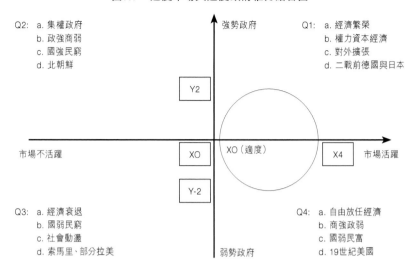

圖7.7　過度市場與適度政府權力結合圖

Q2:　a. 集權政府
　　　 b. 政強商弱
　　　 c. 國強民窮
　　　 d. 北朝鮮

強勢政府

Q1:　a. 經濟繁榮
　　　 b. 權力資本經濟
　　　 c. 對外擴張
　　　 d. 二戰前德國與日本

市場不活躍　　　　　　　X0（適度）　　　　　　 市場活躍

Q3:　a. 經濟衰退
　　　 b. 國弱民窮
　　　 c. 社會動盪
　　　 d. 索馬里、部分拉美

弱勢政府

Q4:　a. 自由放任經濟
　　　 b. 商強政弱
　　　 c. 國弱民富
　　　 d. 19世紀美國

到90–110是可行的，而且偶爾達到100也是可能的，但不可能長期停留在100，這種達到「極致」的適度，一定不可持續，也沒有必要。

反之，如果圓圈向左下方移動，與X0不相交，只覆蓋象限III，並與其他三個象限完全沒有交集（如圖7.6），導致適度指數達到最低的X-2/X-4和Y-2/Y-4，其後果有可能是經濟崩潰與政府瓦解同步發生，積貧積弱，並可能導致外敵入侵或舉國內戰，猶如索馬里等個別非洲國家。

上述圖7.5和圖7.6都出現了數理模型的極點現象，這在現實社會，就意味着不可控狀況的出現。社會控制的一般方法就是在快到臨界點的時候，進行外部干預，因為內生動力和能力已經不足，目的在於繞過臨界的危險區域或關鍵節點，或者快速通過臨界區域，縮短危機在時間和空間上的擴大效應。

所以，適度曲線的原則有兩個，一是儘量促使圓心的X0，始終在圓圈的邊界之內；二是圓圈的邊界所覆蓋的象限數量，愈多愈好。例如，圖7.4是覆蓋四個象限，標準的適度；圖7.5和圖7.6只覆蓋一個象限，低度適度；而圖7.7的圓圈覆蓋兩個象限，屬於中度適度（見圖7.7），適度指數成了X0/X4和Y2/Y-2，出現市場經濟很活躍，政府的權力則處於不強不弱的適度狀態。

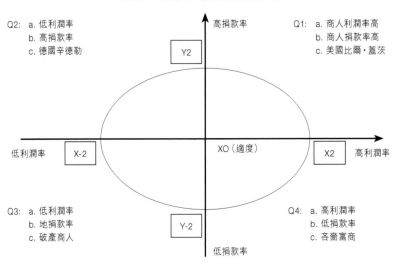

圖7.8　利潤率與慷慨指數關係圖

7.4.2　適度經濟曲線的應用主題

除了將適度曲線應用於解釋政府權力與市場活躍的關係之外，還可以將它應用到許多其他的經濟困境。

第一，運用適度曲線，分析商人的利潤率與捐款率之間的關係，這種關係可以用「慷慨指數」（Generosity Index）表示。從1980年代開始，美國公共管理協會使用慷慨指數，來評價企業的社會責任績效。[65]第一類（象限I圓圈內）可以由比爾・蓋茨（Bill Gates）作為代表，它表示企業利潤率高，但慷慨指數、捐款公益的奉獻也大；[66]第二類（象限II圓圈內）可以由二戰時期德國商人辛德勒（O. Schindler, 1908–1974）作為案例，因為他當時的企業幾無利潤，但願意付出代價，拯救和保護受到法西斯迫害的猶太人；[67]第三類（象限III圓圈內）應該可以由許多瀕臨破產倒閉的企業作樣本，它們不會賺錢，所以也沒有能力捐錢；第四

65　J. J. Griffin & J. F. Mahon, "The Corporate Social Performance and Corporate Financial Performance Debate: Twenty-five Years of Incomparable Research," *Business and Society, 1* (1997): 5–31.

66　Robert Heller, *Bill Gates* (London: Dorling Kindersley, 2001).

67　Yosefa Loshitzky, ed., *Schindler's Holocaust: Critical Perspective on Schindler's List* (Bloomington: Indiana University Press, 1997), pp. 1–17.

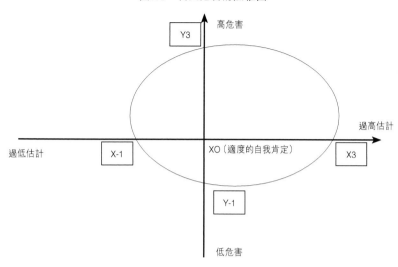

圖7.9　自大危害的加權圖

類（象限IV圓圈內）是屬於一批吝嗇的有錢商人，他們企業盈利很高，但慷慨指數很低（見圖7.8）。所以，類似關係的變動大都可以通過適度指數的曲線，來表現、鑒定和調整。

　　同樣，這一曲線的圓圈也是可以不斷變動，覆蓋的象限愈多、與X0圓心點愈接近，適度指數就愈高，愈能平衡賺錢與捐錢的關係。如果發現偏離適度，如公眾輿論的指責等，企業家需要不斷調整自己的私慾和慷慨指數。如果捐獻率太高，會導致入不敷出，企業倒閉，最後出現殺雞取卵的惡果；如果利潤率很高，但又太過吝嗇、捐獻率太低，就會導致企業的社會形象受損，最終損害企業的盈利。所以，只有通過一隻看不見的左手和一隻看得見的右手，不斷調整偏差，逼近適度，才是個人、企業、社會三贏的真諦。[68]

　　需要指出的是，儘管孔子認為過猶不及，將過度與不及同等看待，但更多的現實顯示，眾人更容易過度，而不是不及，並在客觀意義上，過度行為的危害有時大於不及行為的危害。例如，如果適度的自我肯定是X0，那麼這個適度的邊界應該定位在X-1/X3，而不是對等的X-2/

68　洪朝輝：〈適度經濟學思想的跨學科演化〉，第410頁。

X2，因為需要對過度的自我肯定，如驕傲、誇張、言過其實等進行負面的加權和適當的偏移，畢竟，過度自大的危害一般大於過度謙虛。同時，Y軸的危害系數也需要相應改變為Y3/Y-1，而不是Y2/Y-2（見圖7.9）。當然，也可以將「不及」進行負面加權，尤其是在2020年新冠疫情的初期，絕大多數國家都採取了「不及」、不足的措施，錯失了抗疫的黃金時期，造成了大量無辜生命的死亡。所以，在大災大難時期，「過度」的防疫政策和設防措施，應該優於「不及」。[69]

第二，運用適度經濟曲線還能有助於理解公平與效率的兩難。[70]例如，在研究中國城市化過程中的公平與效率的兩難之際，如果引入權利平等這一第三變量，也許有助於建立一條曲線，在城市居民的基尼系數（貧富分化）（A）、城市化速度（B）、權利平等（C）三者之間，進行適度權衡與取捨，深化理解和解決城市化的困境。

其一，如果把城市化速度（B）與民眾權利平等（C）作為優先，那就需要暫時犧牲或忽略城市的貧困問題（A），但通過強化建設公平的制度，徹底消滅戶口限制，實行農民工與市民工同等的教育、居住、工作和醫保的權利，假以時日，貧富分化問題一定會慢慢解決，而且可能是從治標的方向予以治理，最後促使A、B、C三元素共同的可持續發展。

其二，如果把貧困問題（A）和權利平等（C）當作優先，那麼就需要放慢城市化（B）的步伐，多建城鄉之間的小城鎮和多側重建設新農村。

其三，如果決定把權利平等（C）的問題暫時擱置，那麼就意味着繼續擱置戶籍改革的步伐，也要對農民工的教育、住房、就業、醫保等權利平等問題，暫時滯後，但是需要實行農民工和市民工的同工同酬，實施城市房產稅，實行則重（A）的抽肥補瘦的稅收政策等，同時加快（B）所關注的城市化速度。[71]

69　洪朝輝：〈適度經濟學思想的跨學科演化〉，第 410 頁。

70　Kennth Arrow, "The Trade-off between Growth and Equity." In *Collected Papers of Kenneth J. Arrow: Social Choice and Justice*, edited by Kennth Arrow (Cambridge: The Belknap Press of Harvard University Press, 1983), pp. 190–200.

71　洪朝輝：《美中社會異象透視》，第 46 頁。

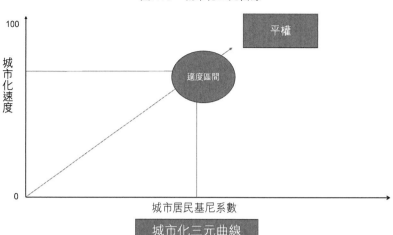

圖7.10　城市化三元曲線

城市化速度

100

0

平權

適度區間

城市居民基尼系數

城市化三元曲線

　　一旦A、B、C三個目標經過妥協和交換（tradeoffs），達到交集，就是圖7.10所示的適度區間。

　　同樣，我們也可以應用前述的適度曲線，來適度平衡城市化速度與城市貧富公平的兩難。根據目前的研究表明，處於象限I這個城市化快速、公平性較高的國家，應該屬於日本；而中國大陸似乎屬於象限II，城市化高速，但貧富分化嚴重；部分非洲和拉美國家就屬於象限III，不僅城市化速度慢，而且貧富分化嚴重；一些北歐國家應該屬於低效但公平性較高，相當部分發達國家都屬於這個象限IV。這四個象限所出現的國家，都屬於比較極端的四種類型，也許不是適度城市化的榜樣（見圖7.11）。

　　一旦在圖7.11加上一個圓圈，就可顯示圓圈內的區間，代表城市化適度速度和適度公平的平衡（見圖7.12）。

　　第三，面對2020年以來抗疫與經濟復蘇的兩難，我們也可以適當修正「拉弗曲線」和「馬歇爾供求曲線」，對這一兩難問題，提出一些清晰的適度解釋。

　　首先，根據拉弗曲線的啟示，如果防疫強度到了極點，所有民眾被隔離，那麼經濟將徹底死掉，大家有可能「餓死」；如果經濟放開速度過快，放棄任何防疫措施，那麼大家則可能「病死」。但如果防疫強度

圖7.11　城市化速度與公平的適度曲線圖（1）

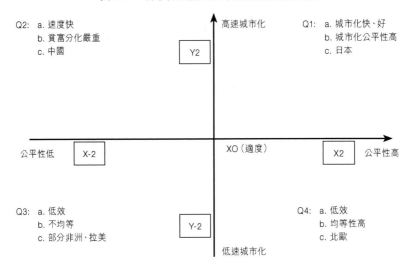

Q2:　a. 速度快
　　　b. 貧富分化嚴重
　　　c. 中國

Y2

高速城市化

Q1:　a. 城市化快、好
　　　b. 城市化公平性高
　　　c. 日本

公平性低　X-2

XO（適度）

X2　公平性高

Q3:　a. 低效
　　　b. 不均等
　　　c. 部分非洲、拉美

Y-2

低速城市化

Q4:　a. 低效
　　　b. 均等性高
　　　c. 北歐

圖7.12　城市化速度與公平的適度曲線圖（2）

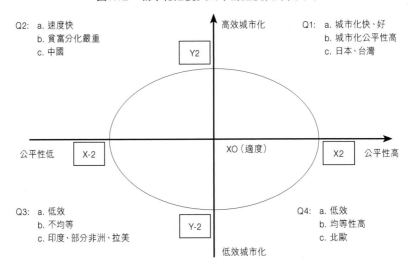

Q2:　a. 速度快
　　　b. 貧富分化嚴重
　　　c. 中國

Y2

高效城市化

Q1:　a. 城市化快、好
　　　b. 城市化公平性高
　　　c. 日本、台灣

公平性低　X-2

XO（適度）

X2　公平性高

Q3:　a. 低效
　　　b. 不均等
　　　c. 印度、部分非洲、拉美

Y-2

低效城市化

Q4:　a. 低效
　　　b. 均等性高
　　　c. 北歐

放鬆到A點，經濟復蘇程度就可恢復到B點；如果控疫強度繼續放鬆到C，那麼經濟則有可能復蘇到D；最佳的適度點就是代表中點的E，疫情控制與經濟復蘇就能到達相對均衡，也就是最為適度。但更合宜、更現實可行的適度選擇，則是處於C、D、E這個區間（見圖7.13）。

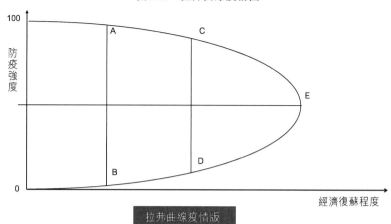

圖7.13　拉弗曲線疫情圖

拉弗曲線疫情版

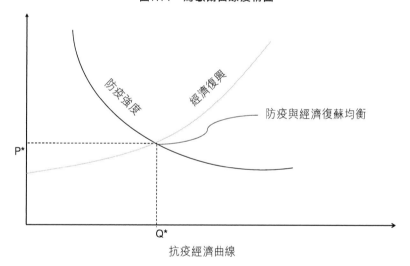

圖7.14　馬歇爾曲線疫情圖

抗疫經濟曲線

　　另外,將馬歇爾的供求曲線應用到防疫與經濟復蘇的平衡,也很有意義。這裏的下行曲線代表防疫強度正在不斷減弱,而上行曲線則代表經濟正在不斷復蘇。一旦兩者相交,就意味着防疫與開工達到比較平衡的狀態(見圖7.14)。

　　所以,尋找適度是一個不斷糾錯、試錯的過程,美國各州的倉促開工,也是在試錯,一旦疫情反彈,必須立即糾錯,這其實就是在左右兩

端尋求適度。關鍵是要從錯誤中學會教訓，不能無休止地重複錯誤，像一個巨嬰，永遠長不大。

另外，使用這一適度曲線，還可以將文化經濟學中經常出現的悖論主題予以檢驗，包括誠信指數與企業效益、企業社會責任指數與企業效率、企業聲譽指數與生產效率、幸福指數與金錢、道德調節與市場調節，也可以將適度曲線應用於多學科和跨學科領域，包括心理學、金融學、政治學和歷史學，旨在將適度思想進行有限的曲線化解釋與展示。所以，適度經濟曲線的應用性很強，適用範圍也很廣。

總之，適度經濟學思想的研究方法代表了一種綜合、組合與融合，博採眾長，有助於促進和改進經濟學的研究更全面、深入和清晰。

第八章

適度經濟學思想的政策原則

適度經濟學思想和研究框架對經濟政策的設計與執行,存在非常直接的關聯。例如,三大關係國計民生的大事和難事,急切呼喚適度的經濟政策予以因對:一是通貨膨脹與通貨緊縮的兩難困擾;二是貧困與富裕的兩極分化;三是政府監管與市場自由的尖銳對立。

儘管新古典經濟學將經濟學視為靜止和均衡狀態似乎過於理想,但適度經濟應該成為一種合理而又現實的目標與期待,旨在規範政府政策的制定、資本投資的決策和民眾經濟的行為,這將有助於將政治權力、經濟資本和民眾權利都關在適度的制度籠子裏,成為限制政府貪權、資本貪利、民眾貪慾的重要指南,以及應對各種經濟危機的基本理想。我們推崇適度,並不是視不及和過度的言行不存在、不發生,恰恰相反,正因為不適度的言行是經濟主體的常態,類似中國大陸1980年代和1990年代的「一抓就死、一放就亂」的經濟波動現象,更顯得適度的經濟政策和經濟行為之必要和重要。而且,這類「抓」與「放」的危機根源就是二分法,如果運用適度哲學的三分法,就可能從抓與放的兩極,走向非抓非放、亦抓亦放、半抓半放的第三種選擇,並由此促使經濟運行出現「抓而不死,放而不亂」的良性循環。[1]

適度經濟學思想的一大精髓是,經濟政策必須有為、良為、善為,尤其是「適為」(適度而為),而不是類似「一隻看不見手」的神性、「宿命」和「玄乎」,以為一切自利、貪婪、損人的個人行為,最終一定會自動地、或遲或早地導致全社會的共利和共贏。這也正是適度經濟學思

1　龐樸:《龐樸文集·第四卷·一分為三》(濟南:山東大學出版社,2005年),第260頁、第263頁。

想與古典經濟學、新古典經濟學的不同之處，因為新古典假定均衡是存量、是已經存在的客觀事實，所以，在這個完美的均衡狀態，沒有人有動力偏離當前的行為，類似投機、剝削、搭便車的行為也就不會發生，於是，在此柏拉圖式的美好世界裏，經濟主體很難從事極端和過度的市場行為，以為人們對均衡的暫時偏離，很快就會被反向的抗衡理論所糾偏。[2]所以，新古典「均衡經濟學 (Equilibrium Economics)」的基本假設決定了經濟學的研究目的，它們既不研究各種系統被剝削的原因和結果，也不將系統的失敗和被利用等問題，視為經濟學研究的核心問題。[3]

作為對比，適度經濟學思想主張適度只是一種未來的可能增量，是一個全社會需要共同努力的目標、是一種追求的理想，也是一種可行但較難達到的願望。但為了走向適度，社會各界必須高度警惕經濟行為的不適度，必須預設各種可能出現的不及和過度現象，設計與實施因對各種經濟泡沫或經濟崩潰的可能方案，為社會經濟走向明天的適度、健康、和諧提供工具和方案。而且，適度經濟學思想是一種具有理想色彩的現實主義和建立在現實基礎上的理想主義，是將理想與現實、玄學與科學、想像與實驗、感性與理性、價值理性與工具理性、方案與措施適度組合的系統與體系，能夠形成一種及時反饋、不斷開放、持續糾偏糾倚的結構，將經濟鑄就一張「激勵之網」(a web of incentives)，不斷激發糾正不及和抑制過度的能力，誘發新的選擇、策略和能量，形成經濟主體和客體各方都能接受、但不是最滿意的具有最大公約數的適度結果，最終驅動整個經濟系統不斷出現良性變化。[4]其實，適度思想也能給我們的人生提供了一張「激勵之網」、目標之域。

對此，科斯也指出，為了尋找「理想世界」(如適度經濟)，「更好的方法似乎是從接近實際存在的情況，開始我們的分析」，如先發現和分析各種現實存在的不適度經濟問題，然後去設計適度政策，並預測

2　W. Brian Arthur, *Complicity and the Economy* (NY: Oxford University Press, 2015), p. 24.

3　Arthur, *Complicity and the Economy*, p. 104.

4　Arthur, *Complicity and the Economy*, p. 24.

哪些適度政策可能比現有的不適度政策更好或更壞。只有這樣,「政策結論將與實際情況相關」,[5]促使經濟政策具有可行性、成功性和可持續性。

　　基於此,根據前述的適度思想、三元理論、三角範式、適度曲線等要素,筆者提出設計和實施適度經濟思想政策的幾大原則。

8.1 決策者的適度守則

　　為了制定和實施適度的經濟政策,首要條件是決策者本人需要具有適度的心智和中道的德性,盡力培育和維護決策者的適度心性和人性。也就是說,要有適度的政策,首先需要適度的領導人和決策者。王岳川認為:「中庸精神」在自然與社會兩個方面,均注重適度與平衡,把「天人關係」主要表現在天道與人道的合一之上,將人與自然、人與人自己的天性,實行適度平衡,推動人性與天性的和諧一致,達到至善至誠至仁至真。對於君子而言,這種心性、德性、人性與天性的和諧共生,需要知行合一、內聖外王、以及內在修為與外在踐行的高度耦合。[6]

　　漢代許慎也認為:「庸者,用也」。[7]用,就是應用和實踐,將「中」的哲學與「庸」的政策結合,才能做到經世致用、「中」「庸」合一。孔子曾用「執其兩端,用其中於民」,[8]來讚美虞舜的中庸之德,而「用其中於民」,正是中庸之道的政策指南,尤其作為決策者更需要「樂而不淫,哀而不傷」,[9]做到執中、守中和適中,但不執一、不執念。[10]如果說「中」是一種知,那麼「庸」就是政策實踐,知難行更難。[11]

5　R. H. Coase, "The Problem of Social Cost," *Journal of Law and Economics, 3* (1960): 43.

6　王岳川:〈「中庸」的超越性思想與普世價值〉,《社會科學戰線》,2009 年第 5 期,第 146頁。

7　許慎:《説文解字》(杭州:浙江古籍出版社,2016)。

8　〔春秋〕子思:《中庸全解》(北京:中國華僑出版社,2016)。

9　〔春秋〕孔子:《論語・八佾》(長春:吉林攝影出版社,2004)。

10　龐樸:《龐樸文集・第四卷・一分為三》,第 106 頁。

11　王岳川:〈中西思想史上的中庸之道 ——《中庸》思想的發生與本體構成〉,《湖南社會科學》,2007 年第 6 期,第 39 頁。

8.1.1 不偏不倚的德性

首先，一個適度的經濟決策者需要具備不偏不倚的德性和心性，將追求適度變成一種人生習慣、道德修行和生活理念，只有這樣，才能設計和落實建立適度、維護適度、發展適度的經濟政策，將適度成為治理經濟問題的基本準則和重要指南。

有關決策者所應該具備的平衡與適度的德性，中西領導力的相關理論與其不謀而合。科林斯（Jim Collins）強調最高級別（第五級）的領導人具有平衡的德性，即平衡做人謙虛低調（personal humbleness）和做事專業意志（professional will）。[12]謝因（Edgar Schein）的《謙遜領導力》，也提到謙遜品格在一個主張積極、張揚、自信的西方文化環境中的重要補充和平衡作用，強調謙遜領導力（humble leadership）比建立在「交易關係」（transactional relationships）之上的領導力，更高一個層次，因為這個謙遜領導力是「一種模式，它將更多的個人、信任和開放文化，建立在更加個性化團隊之間（personal intragroup）和團隊（intergroup）之間的緊密關係之上」。[13]

這一平衡哲學與中國的「內聖外王」或「內圓外方」，存在異曲同工，它不僅強調一個人的心內身外的平衡，也推崇儒家的理念，旨在平衡法家與道家的兩端，因為法家注重剛性、功利、實力和強勢，而道家則信奉軟性、無為、虛心和包容，而儒家則正好介於兩者之間的平衡，追求理想、崇尚道德、嚮往中庸，希望內外兼修，先煉成內心的修身癢性之體，成就「內聖」之本，再鑄就外在的領導風格，形成「外王」的能力。內聖為體、外王為用，體用結合方為真正的領袖。猶如柯林斯所強調，內心要修煉成謙虛、包容和溫和，但外在的專業能力則需要果斷、擔當和責任。決策者就是需要努力平衡與制衡民眾從善與為惡的雙重人格，既要激勵善行，更要警惕、防止和懲罰惡行。

12　Jim Collins, *From Good to Great: Why Some Companies Make the Leap…and Others Don't* (NY: Harper Business, 2001), pp. 17–40.

13　Edgar Schein and Peter Schein, *Humble Leadership—The Power of Relationships, Openness, and Trust* (Oakland, CA: Berrett-Koehler Publishers, Inc., 2018), p. x.

《論語‧子路》提出，「不得中行而與之，必也狂狷乎。狂者進取，狷者有所不為」。[14]在這裏，「中行」就是擇中而行，對此，孟子在與萬章的對話中，做了精彩的闡述。[15]「狂者」就是那些志大言高、眼高手低，富有理想和激進，但行不及言，理論脫離實際的人。作為對比，「狷者」心不高、志不大，不以天下為己任，但能守成守廉、潔身自好。面對這種兩端，「中行」者完勝「狂」與「狷」，兼具兩者之長，而無兩者之短，他們立足現實，但又追求理想，知行合一。[16]

具備這種內外兼修、剛柔並濟、虛實同行的德性，以及攻守退協調、儒釋道合一的領導能力，就為設計和執行適度與平衡的經濟政策創造了前提。一個不知適度和中道，只知劍走偏鋒、分化族群的決策者，是不可能制定出適度合宜的政策，而且偏激的領導人能力愈強，對適度經濟的破壞就愈大，並愈有可能出現極權主義者（Totalitarianism）。[17]

決策者的適度品行決定了政策的適度與否，任何制度與文化要素，有時在人性面前常常蒼白無力，執行適度制度、提升適度文化的主力是人，是人性、人道和人品。當然，在2020年新冠病毒的治理中，領導力很重要，但領導力的有效發揮還取決於被領導的民眾素質與德性。儘管好制度有可能使壞人變好人，但壞人也可能使好制度變壞制度。

將這些為人的中道本性應用到適度經濟政策的目標，就是不偏不倚，持續、長期地維持供應與需求的基本平衡、控制失業率和通脹率、平衡財政和貨幣政策，避免經濟危機。所以，這種供需平衡的市場形態不僅應該成為人類追求的理想狀態，更應通過人為努力，促使它們從一種非常態的稀缺，成為一種常態的自然，而供需失衡所導致的通貨膨脹或通貨緊縮，則應該被限制為一種非常態。也就是說，適度、平衡與和諧應該是比較長期和自然，而過度、失衡、衝突則應該是相對短期與偶然。

---

14 〔春秋〕孔子：《論語‧子路》（長春：吉林攝影出版社，2004 年）。

15 〔春秋〕孟子：《孟子‧盡心下》（布拉格，捷克：藝雅出版社，2017 年）。

16 李京：〈從中、庸到《中庸》〉，《孔子研究》，2007 年第五期，第 46 頁。

17 Peter Drucker, *The End of Economic Man—The Origins of Totalitarianism* [1939] (London and NY: Routledge, 2017), p. xviii.

例如，美國自1819年出現第一次經濟危機以來，供大於求的市場失衡所造成的經濟危機的間隔週期和出現頻率愈來愈長，經濟政策的調控能力和政策工具愈來愈多、愈來愈有效，致使極端嚴重的經濟危機從常態逐漸成了非常態。[18]如在19世紀的美國，一共發生四次大的經濟危機（1819、1837、1857和1873），尤其是1873–1896年的危機，長達23年。在漫長的20世紀，一共發生六次大危機（1901、1907、1920、1929、1970年代和1987），除了1970年代的石油危機和滯漲危機長達近十年，其他幾次危機的時間相對較短。時至21世紀，則主要發生了三次危機（2000、2008和2020），但大多能及時挽救、快速恢復，尤其是2008年的金融危機。[19]而2020年的危機，主要由非經濟因素的新冠疫情導致，而且美國股市在2020年的整整一年，儘管出現四次熔斷，但全年的道瓊斯仍然上漲7.3%、S&P500增長16.3%，而納斯達克則猛漲了43.6%。

尤其是在1970年代，一旦美國出現經濟滯漲危機，美國經濟學界就能夠及時推出貨幣主義學派、理性預期學派、供給學派經濟學、公共選擇理論等，及時糾偏由凱恩斯主義所導致的美國經濟政策的負面後果，從政府主導調整為市場主導，減弱經濟滯漲危機的危害，推動適度的經濟政策持續發展。

這也就是為什麼，馬克思主義所推崇的資本主義異化理論和列寧主義所強調的垂死、壟斷和腐朽的帝國主義理論，並沒有導致資本主義在19世紀末20世紀初的徹底滅亡，而是應驗了熊彼得的「創造性毀滅」的理論，不斷地創新、糾錯、糾偏、趨衡、「中行」，毀滅舊技術、舊結構、舊機制，促使資本主義不斷地自我救贖、涅槃重生，從左右兩極走向適度，又從適度走向左右兩端，在這種不斷地搖擺中，不是耗竭自己的能量，而是不斷補充、更新、完善。不難設想，如果資本主義經濟的危機愈來愈頻繁、愈來愈嚴重，股市崩盤、經濟泡沫、市場蕭條成為西方經濟社會的主流和主題，那麼，馬克思和列寧的預言一定在20世紀

18　洪朝輝：《社會經濟變遷的主題——美國現代化進程新論》（杭州：杭州大學，1994年），第100頁。

19　J. K. Galbraith, *A Short History of Financial Euphoria* (NY: Penguin Books, 1990); Quentin Skrabec, Jr., *The 100 Most Important American Financial Crises: An Encyclopedia of the Lowest Points in American Economic History* (NY: Greenwood, 2014).

就已經實現。所以，這只能說明，西方資本主義經濟在不斷自我調整、持續自我適應和逐漸自我適度的過程中，其治理和應變能力不斷強化，並具有相當的韌性和彈性。而所有這一切離不開決策者和民眾不偏不倚的適度德性。

8.1.2 回應民意的習性

經濟決策者需要養成及時反映和回應多數民意的習性。一般而言，多數民眾習慣適度、中庸與和諧，所以，為了尋找、判斷、選擇不偏不倚的經濟政策，決策者不能脫離當時當地的多數民心。

例如，面對 2020 年的全球性新冠疫情，多數國家在初期採取了遲鈍的應對政策，失去了最適度的防控視窗期，其原因不能只責怪決策者。因為多數民眾不能接受限制人身自由和經濟停擺的極端政策。畢竟，多數民眾所產生的民意力量是內生的，具有強大的抗拒改變現狀、反對犧牲個體利益的能量，而突如其來的疫情與以民意為馬首的政府則是外生的。在這種突發情況下，決策者很難冒天下之大不韙，逆行而上。有時候，這種順從多數民意的作為，還涉及到統治的合法性和穩定性，如果過度地忤逆民意，可能存在政權被推翻的危險。

同樣，決策者需要具有傾聽民意的雅量與能力，勇於和善於糾正自己不得人心的政策，及時與民意相向而行。例如，中國多數朝代初期的「讓步」政策——對農民實行輕徭薄賦和休養生息的經濟政策，既是一種無奈，更是為了回應前朝滅亡的民怨，因應大難後多數民眾思安求穩的民心。這種表面上的無為或不及的讓步政策，實質是對前朝土地兼併和苛捐雜稅所導致的農民起義所進行的糾偏式適度。[20] 所以，適度的標準取決於比較，類似李嘉圖（David Ricardo, 1772–1823）所信奉的國際貿易方面的比較優勢理論（Theory of Comparative

---

20 鄭起東：〈試論清政府鎮壓太平天國後的讓步政策〉，《清史研究》2008 年第三期，第 59–69 頁。

Advantage），政府根據特定經濟條件，根據兩利取重、兩害取輕的原則，制定相應的進出口貿易政策。[21]

8.1.3　拒絕民意的膽識

決策者還需要具有拒絕盲從民意的膽識、意志和定力，因為真理往往掌握在少數人手裏。既要滿足民意、又不要過度跟從民意，這似乎是一句自相矛盾的「正確廢話」，但這正是適度的真諦，在兩極之間尋找平衡。很顯然，一個有膽有識的決策者需要適度地看待一時一地、猶如流水的民意，不能過於正面或一成不變地聽從民意，誤以為多數民意支持的政策，一定是適度和正確的決策。

按照公共選擇的投票理論，多數票決難以如實反映每個選民的偏好程度。因為，一人一票，無論個人對這個議案多麼強烈的支持或反對，都只有一票，不能加權；而且，處於少數的個人，為了促使自己喜歡的議案通過，有時實行選票交易、買票賄選，最後結果有可能通過有利於少數人的不適度議案。另外，多數票決會導致選民對公共選擇的冷漠，因為選舉的成本高、選舉收益低，所以美國總統大選的參與率很少超過60%，而簡單的多數票不一定反映真正的民意。[22]尤其是，根據勒龐（G. Le Bon, 1841–1931）《烏合之眾》一書的觀點，群體行為容易失去理智和適度，因為群體往往急於行動、容易輕信、智慧不足、習慣暴力、道德低下等。[23]

所以，決策者不能過於輕信民意，導致決策走向非理性，出現過度或不及的政策導向。例如，多數民意一定希望少交稅，於是許多政客為了短期的選票只能屈從；但又必須保障社會福利的支出，於是決策者只能依據凱恩斯的理論，要麼多印錢，要麼多借債，來擴大政府的

21　David Richardo, *On the Principles of Political Economy and Taxation* [1817] (Ontario, Kitchener: Batoche Books, 2001), pp. 85–103.

22　Nicolaus Tideman, *Collective Decision and Voting: The Potential for Public Choice* (Burlington, Vermont: Ashgate Publishing Company, 2006).

23　Gustave Le Bon, *The Crowd: A Study of the Popular Mind* (NY: The Macmillan Company, 1897).

開支。[24]至於債留子孫的長期災難,就不是短視的民選官員之優先。這樣,一些民主國家的決策者有時就被選票綁架,只能減稅、借債、多印錢。所以,適度政策的選擇需要決策者敢於犧牲、樂於交換和善於妥協。拉弗曲線就是在政府收入與民眾交稅的衝突中,找到適度的妥協;菲利浦斯曲線也是希望犧牲一定的就業,來適度降低通脹,或提高一定的通脹,來維持適度的就業。

所以,拒絕錯誤民意不僅需要膽量,而且做正確的事情(do right thing)還需要見識;同時,把正確事情做對(do thing right),則需要技能,注重做事的程序與細節。不然的話,很可能將一件正確的事情做錯。

8.1.4 矯枉過正的魄力

最後,決策者有時需要強勢的「過度」作為,矯枉過正,抱持「知其不可而為之」的人生信念和態度。[25]

表面上,不偏不倚、守成守舊是適度經濟政策的標籤。這樣,適度經濟政策有可能成為拒絕創新與反對變革的藉口。很多事實表明,支持適度政策的多數常人是中間選民,他們習慣居安守成、樂於跟隨大流;而能成就驚天動地大事的決策者,往往需要大破大立的能力與魄力,甚至存在超凡的魔力或魅力,引領民眾告別現狀、回應變革,與此相應的經濟政策一般也就具有相當的烈度和強度,難免不夠適度。

從過往的歷史看,太平年代時興適度、中庸,大難時期呼喚出奇、「過度」,而這種「過度」則有可能是解決經濟頑症的猛藥和良藥,「過度」的過度有可能又是一種適度,負負得正。所以,儘管適度具有正面的道德取向,但適度一旦被長期固化,則可能導致進步的動力缺乏、活力不夠。於是,適時改變過度適度、過長均衡、過穩預期的局面,可能是一種正面的社會變革和經濟創新的動力,為下一輪的適度和穩

---

24 John Maynard Keynes, *The General Theory of Employment, Interest, and Money* (Cambridge, UK: Palgrave Macmillan, 2018), pp. 1–30.

25 〔春秋〕孔子:《論語・憲問》。

定創造條件。例如，中國歷史上因應社會急劇變動的「過度」經濟政策，如商鞅變法、王安石變法和張居正「一條鞭法」等，往往罪在當代，功在千秋。運用「歷史性」視角觀察，這些具有雄才偉略的人物，既可能是梟雄，也有可能是英雄。[26]

這也與「阿羅不可能悖論」（Arrow impossibility theorem）存在一定關聯，因為有時候，只有獨裁者才能做出理性而又果斷的決定。兩兩相比的多數投票決（pairwise majority voting），往往並不能真正選出代表國家優先利益的順序，因為個人意志的相加，不等於最優的集體意志。於是，「集權者」有可能是個人的偏好等同於整個社會的偏好，表明社會選擇機制很可能是被一個人控制的機制，而這一個人的最優結果，有時候有可能是整個社會的最優結果。[27]

總之，面對適度政策的人性要求，政治權力、知識精英、經濟資本，以及普羅大眾都需要自律、自制、自醒，這是適度經濟政策能否成功與有效的關鍵。

8.2 合理評價適度經濟政策的原則

適度的經濟政策既需要具有適度德性和素質的決策者，也需要構建合理評價適度政策的原則，討論因應經濟失衡的要素，設計預警和防止過度自利行為的方案，以及制定經濟運行適度的鑒別標準。

8.2.1 評價要點

對於適度經濟政策的評價，需要堅持適度的辯證和辯證的適度。如果認為經濟運行的適度有可能是一種常態的話，那麼，人們對一時一地經濟政策的不及或過度，就會建立一種寬容和正面的預期，相信

26　洪朝輝：〈適度經濟學思想的跨學科演化〉，第 411–412 頁；鍾祥財：〈中國古代能產生市場機制嗎？兼與盛洪先生商榷〉，《探索與爭鳴》，2004 年第 2 期，第 19–20 頁。

27　Kenneth Arrow, "A Difficulty in the Concept of Social Welfare," *Journal of Political Economy*, 58 (4): 328–346.

一時的極端政策不僅暫時,而且為下一步的糾偏和適度政策的出台創造了條件。

例如,一些國家在2020年新冠疫情初期的不作為、慢作為,應屬不及,甚至是過度不及;而在疫情第一波之後,個別地區面對疫情的反彈,實行了極端的封城封路封樓措施,這應屬過度。但決不能否定這種左右搖擺政策的存在價值,因為這類不及或過度的寶貴經驗和教訓,恰恰為下一輪適度政策的出台,積累了契機,找到了執二用中的參照。這種案例與英國的光榮革命(1688)類似,因為相對適度和溫和的英國光榮革命,其實就是建立在激進的英國革命(1640–1660)和保守的斯圖亞特王朝復辟(1660–1688)之後的中道選擇,反映了一種典型的「鐘擺效應」;最後,英國既保留了君主制,又實行了憲政制,建立了似乎比法國共和制更為穩定的君主立憲制。[28]所以,不能否定和低估曾經的不及或過度的經濟政策,它們其實有可能為下一輪的適度政策出台,提供了試錯的理由和糾錯的動力,具有客觀、潛在和長期的積極效應。當然,對於適度的政策也需要適度的監管。

基於此,人們需要淡化對適度的價值判斷。因為,一種觀念和價值一旦被上升為信仰和主義,就會走向極端的基本教義傾向。提倡「適度主義」本身,就是最大的不適度。適度一旦被推崇到了極端,就成為一種新的不適度。也許,適度既應該是「軸心時代」的先知所提倡的一種君子和德性的境界(神),也是12世紀宋明理學和18世紀亞當·斯密所主張的常人和庸人都能做到的一種方法(形)。只有神形兼備的適度,才能真正逼近適度的真諦。[29]

8.2.2 政策要素

面臨普遍存在的經濟失衡的現象,如不公、不平、不義的經濟現象,需要提出因應這些現象的政策要素,而這些要素需要建立在多數民眾能夠接受的基礎之上。

---

28 Gray De Krey, *Restoration and Revolution in Britain: A Political History of the Era of Charlies II and the Glorious Revolution* (NY: Palgrave Macmillian, 2007).

29 洪朝輝:〈適度經濟學思想的跨學科演化〉,第 412 頁。

首先，面對起點不公與結果不公的問題，一個基本的適度政策要素就是提倡機會均等。直接解決起點與結果不公問題，涉及非常複雜的歷史因素與程序公正問題，因為原生家庭的貧或富、以及由這種發展起點不同的制約所導致的結果不公平，存在深刻的傳統和歷史因素。如果要求國家和社會根本解決這一不平等現象，只能借助於暴力革命、殺富濟貧。所以，中道和適度的選擇是在大家已經起跑，但還沒有到達終點的過程中，強化機會平等的機制，通過各種適度的稅收政策（如累進所得稅、房產稅、遺產稅等），起到抽肥補瘦的效應；也可以通過轉移支付的傾斜政策，幫助貧困地區、弱勢團體、落後產業得到「不公平」的分享。

這種機會均等的政策要素，可以從美國羅斯福新政中得到有效的借鑒，其中包括「公平」（fair）、「關懷」（care）、「分享」（share）三大原則，而1960年代美國所推動的「平權法案」（affirmative action），提倡的則是「不公平的分享」，它看似一個不夠適度和中道的政策，但是面對長期性和制度性的種族和性別歧視，只有矯枉過正，才能幫助起點遠遠落後的弱勢團體，在競爭的途中，逐漸縮小貧富和強弱的差距。

其次，面對貧困現象，正確的適度政策應該是解決權利貧困的問題。一般而言，普遍的貧困現象有兩種：物質貧困與能力貧困，如果政府只側重這兩大貧困問題，很可能治標不治本、頭疼與腳疼分治，至多只能「輸血」和「造血」，但不能從根本上「換血」，因為貧困的本質和根本原因不是表面的缺錢少能，而是沒有公平、公正的權利，有了權利，就能培訓和提高技能；有了技能，就可能得到工作的機會；有了就業機會，就可能永久而又持續地脫貧。同理反證，即使有財力、能力和毅力工作，但如果沒有工作的機會和權利，一切歸零。所以，適度經濟政策的本質，是提供一個不是殺富濟貧的極端社會主義政策，也不是一個巧取豪奪的極端資本主義政策，而是一個維護和強化公平機會的適度經濟體系，能夠有效地保護弱勢、抑制尋租、打擊機會主義的適度政策，將機會均等與經濟效率實現適度相容和耦合。

再次，市場經濟的原則不是慈善經濟，而是以盈利最大化為目的的效益經濟，資本家的慈善也只是第一次和第二次分配的補充而已，不

可能成為資本成長的主軸，更不能在根本意義上解決社會貧困問題。所以，解決機會不公的重任，不可能由市場經濟、民營資本家和社會慈善家來擔任主力。

當然，市場經濟的自由機制能夠有助於維護公平競爭的機會，但很難解決資源公正配置的問題。[30]於是，政府的助推就必不可少，但這種助推不能簡單地歸結為政府的「有為」，因為一個缺乏監督的有為政府，很容易走向亂為和惡為的無限政府。所以，在解決社會不公問題上的政府角色，對「有為」的政府必須追問它的道德情操和倫理原則。「有為」政府的反義詞應該是無為政府，最多是不作為的政府，但不能把亂作為、惡作為、賤作為的政府，也當作有為政府的反義詞，因為這樣給了「有為」政府太多的壟斷「好作為」的特權。古今中外，多數百姓寧願接受政府的作為不及，也不要過度，民眾比較不擔心政府的無為或不作為，但最擔心的是政府的胡作非為。歷史的教訓是，一旦給了政府不受約束的可「為」的空間和條件，公權力常常出現亂為或惡為。所以，西方政治學堅持有限政府，就是這個道理，強調把政府的權力關進制度和法律的籠子裏。

對此，適度哲學就能提倡一種良為政府的理念，與惡為和亂為政府相對。良為政府的內涵包括三個方面：一是良好行為的政府，主要指政府官員的執政行為要良好，杜絕貪污腐敗；二是良性作為的政府，主要是政府的政策能起到良性推動社會發展和民眾福祉；三是良善作為的政府，政府實施政策的步驟與形式不能惡行惡狀，如像英國圈地運動一樣，為了養羊，無情驅趕農民，就可能導致羊吃人的悲劇。所以，良為政府包括「三良」要素：良政、良官、良行。同時，適度哲學也有助於提倡善為政府，包括善德作為，防止不公不義不平，強調政府行為的公平性，也意味着善能作為，而不是無能作為，強調政府的執政能力和有效治理。

最後，面對社會不公的失衡現象，需要加入權衡取捨 (tradeoffs) 的適度哲學要素。尋找適度經濟政策的過程就是權衡、權變的過程，如面對新冠病毒，決策者需要權衡經濟發展與疫情防治，權衡富人

---

30 田國強：《高級微觀經濟學》(北京：中國人民大學出版社，2018 年)，第 677 頁。

的醫療質量和窮人的基本生存需要，權衡生物性需求與社會性需求，權衡生物傳染與社會傳染等兩難，最後尋找和決定一個「支點」（fulcrum），旨在平衡互相對立的因素，而不是把某個因素當作獨立和孤立的因素來對待。[31]對此，阿羅也對如何權衡增長與公平的兩難，提出妥協與交換的原則。[32]

現實的政策對這些兩難、三難甚至多難的「疑難雜症」，已經推出了許多行之有效的權衡舉措。例如，為了解決汽車污染問題，既不能因噎廢食、禁止民眾用車的過度政策，也不能實行聽之任之的不及政策，比較合理的政策是鼓勵多人共用一車出行（car pool）的政策，而且設置專門通道，給2–3人分享一車的主人以快速通行的優先；也可以對使用私車進城的主人，施以重稅、提高停車的難度與代價，但同時又對使用城市公共交通的民眾，提供一定程度的方便與獎勵。類似措施，就是典型的適度平衡政策。

8.2.3 基本措施

防範經濟運行的過度和不及、設計和推行適度的經濟措施數不勝數，限於篇幅，這裏主要討論經濟「剝削」行為和因應措施。

根據複雜經濟學的定義，經濟學的「剝削」（exploitation）行為存在兩大含義。一是為了獲得利益而使用某種東西；二是為了個人私利，自私或不公平地玩弄某人或某種情勢。這裏的「玩弄」（gaming），具有更加有害的含義：它表示經濟主體為了實現自己的目的而操縱一個系統，由此常常會背棄他人對他們的信任，並會傷害他人。[33]所以，任何一個完美的規則和系統，都難以避免被人鑽空子、「被玩弄」（were gamed）。阿瑟為此舉了一個有趣的例子，2005年，美國亞利桑那州州

---

31 David Krakauer and Geoffrey West, "The Damage We're Not Attending to: Scientists who Study Complex Systems Offer Solutions to the Pandemic," *Nautilus*, July 8, 2020. http://nautil.us/issue/87/risk/the-damage-were-not-attending-to

32 Kennth Arrow, "The Trade-off between Growth and Equity." In *Collected Papers of Kenneth J. Arrow: Social Choice and Justice*, edited by Kennth Arrow (Cambridge: The Belknap Press of Harvard University Press, 1983), pp. 190–200.

33 Arthur, *Complicity and the Economy*, p. 105.

長納波利塔諾 (Janet Napolitano) 在談到美墨邊境的非法移民問題時，她模仿非法移民的口氣說：「你們把邊境牆砌到15米高，我們就會造出16米高的梯子」。[34]這一例子深刻表明人性之本質，這是一場「道」與「魔」、「貓」與「鼠」、「警」與「匪」、政策與對策的永恆博弈，由此也揭示了「剝削」行為是人性的劣根，不僅與人類長期同在，而且很難被發現、阻止與根治。

阿瑟將導致剝削行為的原因和表現羅列了四個：第一，利用不對稱資訊 (use of asymmetric information)，許多金融衍生產品的推廣者很清楚產品的弊端，但投資者或客戶渾然不清，而且金融資本家故意將關鍵廣告詞寫得很小、播放得很快，既避免可能的法律訴訟，也導致消費者無法輕易發現這些關鍵信息。

第二，行為主體通過「裁剪」行為 (tailoring behavior)，玩弄和操縱一切需要評估和監管的標準，旨在盡快、盡順、盡低代價地通過一切法律法規的評估，包括教育資格、環保標準、資助標準、會計規範、人權要求、產品質量、稅務報告、官員業績、治理成效等。以政府治理績效為例，人們已經總結了這種「剝削」行為的兩個「定律」：一是「坎貝爾定律」(Campbell's law)，表示愈頻繁地使用大量的量化指標作為監管標準，愈有可能導致腐敗，並愈容易扭曲監管的社會過程，這也是過度指標化的負面後果；二是「古德哈特定律」(Goodhart's law)，意味着任何能夠觀察到的統計規律性，只要將它用於控制的目的，就必定會失效，[35]這也是過度控制的壞處。這兩個定律的核心警示就是，任何制定的績效標準都會被最大限度或過度地利用，從而失去了原來的真正的評價意義和目的。[36]尤其是在一個垂直型的治理制度下，只要上有所好，中層或下層一定層層加碼，將本來應該是一個適度的監管和評估過程，變異為極端過度、嚴密控制和嚴重腐敗的剝削進程，導致適度的監管成為不可能。

---

34 Arthur, *Complicity and the Economy,* pp. 103–104.

35 Alec Chrystal and Paul Mizen, "Goodhart's Law: Its Origins, Meaning and Implications for Monetary Policy," (http://cyberlibris.typepad.com/blog/files/ Goodharts_Law.pdf), 2001.

36 Arthur, *Complicity and the Economy*, p. 108.

　　第三是獲得系統的部分控制權（taking partial control of a system），來完成剝削行為。它是指一些特權小團夥控制了系統的部分重要資源，為一己私利服務，它類似於電腦系統裏的病毒對數據資源的侵佔。在2008年金融危機期間，一些保險業巨頭就屬於這類小團夥，他們的成員以高額工資的形式獲得了巨大利益，但公司的投資卻以失敗告終。這與部分中國國有企業經理巧取豪奪國有資產的行為與後果類似。

　　第四，剝削行為是以超越政策設計者意圖的方式，來利用和操縱系統的元素（using system elements in a way not intended by policy designers），包括利用網站的評級系統去操縱對他人的評級、將某個規則設計成一個系統的漏洞（loophole）等，導致某條規則蛻變成一個犯法的通道，讓金錢悄悄地自由而又「合法」地通過。[37]很多常見的以合法「避稅」之名，行非法偷稅漏稅之實，應該屬於這類剝削行為。

　　對此，決策者需要制定一個適度的防範剝削行為的政策，而且不能一勞永逸，因為一旦進入實施的動態和開放過程，剝削行為還會持續發生和創新，這就需要決策者和監管者不斷地適度跟進和改進，及時糾偏和糾正。例如，2020年美國應對新冠疫情，儘管設計了「萬全」的逐漸開放經濟的四大階段和防疫指南，但由於有人大量從事剝削行為，包括不帶口罩、不保持社交距離、不勤洗手，最後導致疫情幾度爆發。同時，有人故意不願回去工作，因為他們看到了美國一些救濟和失業補助等政策的激勵機制，不工作而拿失業救濟的收益，大於回去辛苦工作所得到的報酬；也有人利用政府給小企業的貸款，涉嫌欺詐冒領。[38]

　　所以，正確的適度政策的設計，既要提前預測可能的過度和不及，又要準備好預案，一旦疫情反彈，需要及時糾偏，回歸適度。在此過程中，要防止政客、資本和民眾共同的投機和剝削行為。必須指出，剝削行為不是資本和權力的特權，一般民眾也會參與，而且更難被及時

37　Arthur, *Complicity and the Economy*, p. 109.

38　哥譚派：〈在美華裔涉嫌欺詐領 280 萬企業舒困款被捕〉，《洛杉磯華人資訊網》，2020 年 8 月 19 日。https://www.chineseinla.com/hotnews/1942129.html

辨別和有效防止,因為他們代表選票和政治正確,而且法難擇眾,對此需要「提前預見或者預先提出警告」(foresee or even warn of it in advance)。[39]

阿瑟據此提出預見和預警剝削行為的「失敗模式分析」(failure mode analysis),[40]這是一種評估政策體系,需要遵守以下三大步驟。第一步,必須掌握過去失敗的經驗、教訓和資訊,這也是一種路徑依賴。第二步,微觀考察導致結構崩潰的細節,因為細節決定成敗,一條堤壩的倒塌,有時來自一群螞蟻的搗亂。類似,許多剝削行為來自個別的小團夥,所以必須對那些個別人的行為進行預測和預警。第三步,需要在系統中找到一個「高壓地帶」(places of high stress),它們往往能夠強烈激勵行為主體越位、誘惑他們從事損人利己的剝削行為,例如逃稅和漏稅等,就屬於高發、頻發的剝削領域。然後決策者需要根據自己過往的經驗與想像,合理設計一個模組,「注入」系統之中,由此就可以及時跟蹤剝削者的行為,並設計相關的阻止他們剝削的工作模型。[41]其實,早在1970年代,阿克塞爾羅德(Robert Axelrod)就舉辦過類似囚徒困境博弈錦標賽:讓「囚徒們」進行連續和重複博弈,促使博弈雙方將無數個「激勵」、「剝削行為」、或「陰謀詭計」識別出來,然後建立相應的應對模型。[42]

所以,適度經濟學也可以借鑒複雜經濟學模型的「失敗模式分析」和壓力測試,預測何種激勵會導致行為主體的不及、過度或者適度的行為,逼迫參與者在三種選擇面前,只能選擇適度。類似設計一種防止腐敗的機制,逼迫官員一不敢腐,因為存在強大、現實、立即的懲罰機制;二不願腐,因為建立了誘人和難以捨棄的高薪養廉機制;三是不想腐,因為建立了對廉潔者的名譽獎勵和道德認同的制度。

很顯然,自從二戰以來,世界各國已經在各類安全系統的設計與實施方面取得重大進展,包括航空安全、核武安全、建築安全、地質

---

39 Arthur, *Complicity and the Economy*, p. 105.

40 Arthur, *Complicity and the Economy*, p. 106.

41 Arthur, *Complicity and the Economy*, p. 110.

42 Arthur, *Complicity and the Economy*, p. 111.

安全、食品安全、醫藥安全、網絡安全等，唯獨在金融安全和經濟安全 (financial safety and economic safety) 上，沒有取得顯著進展，各類經濟泡沫和金融欺詐層出不窮，其中一大原因既有經濟學家對那只「看不見手」的過度信任，以為萬能的市場一定能夠或遲或早地將失序、失靈和失德的市場經濟，導向均衡與適度的結局。但更重要的原因是缺乏一種適度經濟的機制，在適度經濟政策實施之前，就能找到可能的失敗模式 (possible failure modes)，[43]創造適宜的元條件 (getting meta condition right)。[44]

除了防止和懲罰剝削行為以外，經濟行為裏還存在類似剝削行為的機會主義、非理性、短期行為、免費搭車、彎道超車等行為，也就是孔子所詬病的「小人」、亞里士多德所反對的罪惡 (vices)、以及阿倫特 (Hannah Arendt, 1906–1975) 筆下的「平庸之惡」(The Banality of Evil) 等。這些行為的共同特點就是過度貪婪、過度利己和過度損人。

8.2.4 量化標準

儘管適度思想指導下的經濟學，很難確定量化指標，但可以根據幾大流行的標準，對適度經濟和政策提供一個大致的邊界與參照。

根據本書第一章所提到的「金髮女孩經濟」，經濟增長達到適度和「偉大溫和」的標準，應該可以由五大經濟指標的「黃金」表現作為參照，包括國民生產總值 (GDP)、工業產值、失業率、工資和價格。[45]這五大指標將顯示經濟增長是否進入「黃金」時期，而這種「黃金」時期的基本原則包括：經濟既不過熱，也不過冷 (neither too hot, nor too cold)；既沒有過度通脹，也沒有過多失業，屬於一種潮起潮落、不斷波動的經濟週期中最為美妙的階段。有點類似1990年代和2017–2019年的

43　Arthur, *Complicity and the Economy*, p. 117.

44　D. Colander and R. Kupers, *Laissez-Faire Activism: The Complexity Frame for Policy* (Princeton, NY: Princeton University Press, 2014). 轉引自 Arthur, *Complicity and the Economy*, p. 24.

45　Ben Bernanke, "The Great Moderation," *Federal Reserve History* (https://www.federalreservehistory.org/essays/great_moderation), November 22, 2013.

美國、1985–1990年的日本、2003–2007年的中國大陸，它們大多出現了高增長、低通脹的「黃金」組合。[46]

同時，借鑒適度經濟增長率的概念，適度經濟需要符合實際、合理和正常速度的增長率，主要表現在另外五大領域：充分就業、產業協調、運行穩定、效益顯著、福利最大。有意思的是，它與「金髮女孩經濟」的「偉大溫和」，存在一個直接的交集：失業率。很顯然，充分就業與否代表着經濟增長是否有助於吸收閒置資源，它與資本、勞動力、技術管理等生產要素密切相關。所以，就業率在某種意義上是經濟增長率的重要指標，如果投資增長、有效需求提升，企業對勞工的需求就會相應增加，就業率就會提高、經濟就會取得增長。但是這種增長必須是適度和可持續的，如果有效需求不足、產能不足、經濟增長率過低，失業率就會增加；相反，經濟增長率過高，超出生產潛能的限度，就會導致需求膨脹，經濟出現停滯，反過來又會限制就業，並導致就業率和經濟增長率一種充滿水分的名義增長。[47]

基於此，薩繆爾森認為，失業率的5%應該是經濟發展的節點，因為這是充分就業的標準。也就是說，一旦失業率從高於5%降到5%以下，市場就進入有序與有機狀態，政府就應該退出行政干預，鼓勵市場自發地發揮資源的配置效應。[48]所以，適度經濟的充分就業指標，應該也是在失業率5%左右。如果失業率高於5%，可能表明經濟過冷，政府的財政和金融政策之干預就成為必要，如這次新冠疫情期間的美國；而失業率一旦低於3%，通脹的危險也許有可能來臨，經濟可能出現過熱，勞工成本加大，於是，政府需要再度出手，推出防止通貨膨脹的經濟政策。

46　D. Buttonwood, "Economic Optimism Drives Stockmarket Highs," *The Economist*, October 17, 2017.

47　李華、劉瑞主編：《國民經濟管理學》（北京：高等教育出版社，2001 年）；王積業：〈關於確定適度經濟增長率的幾個問題〉，《投資研究》，1990 年第 7 期，第 1–3 頁；劉春泉：〈關於經濟適度增長的幾個理論問題〉，《經濟師論壇》，2003 年第 11 期，第 252–253 頁；山琳琳：〈關於我國經濟增長的幾個問題的探討〉，《宏觀管理》，2012 年第 6 期，第 7 頁。

48　Paul Samuelson, *Economics: An Introductory Analysis*, 19th ed. (NY: McGraw-Hill Book Co., 2009), p. 212.

根據充分就業的類似原理，美國經濟歷史發展的一般經驗，也大致要求控制通貨膨脹率在2–3%之間，才算適度；類似，衡量收入分配的基尼系數應該控制在0.3–0.4之間；銀行利率應該在2%–5%之間；財政赤字則需要控制在GDP的3%之內；比較適度的GDP年增長率也似在2–3%之間。有意思的是，多數國家所認定的各大經濟增長的適度指標，一般大多在2–5%這個區間。

當然，各大適度經濟指標是相互影響，必須綜合分析、系統比較，才能確定經濟發展適度與否的標準。合理與適度的經濟增長率，還應體現需要與可能的統一；生產與生活的統一；速度、比例與效益的統一；短期與長期的統一，由此才能形成良性循環的有效和可持續增長。更重要的是，通過對各類定量指標的觀察和各類要素的綜合分析，才能決定政府干預政策的三種基本對策：一是否有必要出台？二需要在哪些領域和類別適度出台？三是出台政策的力度多大、時間多久，才是適度？

所以，適度就是為經濟增長區域建立具有邊界意義的經濟哲學，而建立邊界的決定因素是經濟要素本身所具備的彈性或張力，如分工的程度決定規模和生產率的彈性，而彈性是指各要素所能達到的最優極限，在這個彈性極限的區域內，根據自身的張力達到適度的均衡點。

總之，適度的經濟政策既要求決策者具備適度的德性、習性、膽識和魄力，也要求建立評價適度政策的原則，包括評價要點、政策要素、基本措施和量化標準，為適度經濟學思想的有效運用，提供可證實、可證偽和可操作的工具。

第九章

結語：適度經濟學思想與未來經濟學

　　作為本書的結語，本章試圖從歷史的視野，總結西方經濟學思想的發展歷程，定位適度經濟學思想在經濟學思想史中的獨特貢獻，概括介於新古典主義和複雜經濟學兩端之間的適度經濟學思想的特點，同時，探討未來經濟學的可能走向與選擇，分析適度經濟學思想在未來經濟學中的可能位置與作用。

　　回望兩千五百年來人類適度哲學和適度經濟學思想的跨學科演化，可以發現在「軸心時代」，東西方先賢為人性的中庸和適度提出了道德哲學意義上的定義與方向；受此影響，西方經濟學家對經濟學的適度思想提出了研究要素與指南；一些社會科學與自然科學的理論內核，為適度經濟學思想的三元理論和法則提供了文理相通的跨學科共識；而西方經濟學中的一些曲線描述，又為適度經濟學思想尋覓獨特的研究方法提供了可能性；最後，適度經濟學思想為適度經濟政策的設計與實施，擬定了原則、規則和標準。

9.1 西方經濟學思想史的視野

　　將適度經濟學思想放在更宏觀的西方經濟學思想史的框架下考察，有助於思考適度經濟學思想的獨特，以及未來經濟學發展的方向與可能。

　　西方經濟學思想史的不同分期，反映了不同學者所特有的不同哲學理念對經濟學思想歷史的理解。筆者似乎更喜歡運用起、承、轉、合的四段論，來理解和梳理2500年以來，西方經濟學思想史的發展脈絡。

起承轉合出自元朝範德璣的《詩格》：「作詩有四法：起要平直，承要春容，轉要變化，合要淵水」。[1]基本的意思是，起是開頭；承是承接上文，但要加以申述；轉是轉折、變化；合是結束和歸納。這種起承轉合的文學解釋是一種線性描述，由始至終，環環相扣。

但筆者以為，起承轉合更可作為一種持續循環的思想哲學來解釋：起是開端、是基點；承是闡述和發展，承前啟後；轉是思想的轉變，包括正轉、反轉和逆轉；合則不是結束，而是組合、綜合與融合，甚至出現對起點的回歸，出現否定之否定的揚棄效應，為新一輪的再度起始，創造學理和思想的基礎。正如龐樸所指出，「運動是在圓周上進行的，或作圓周狀實現的。如果作直線運動，前往就是前往，一去不復返；即使折回頭來逆反，運動的軌跡也完全顛倒，不可能有重複的現象發生。必須是在圓周線上運動，前進才會顯現為往反而來復」。[2]

這種起承轉合的哲學思考，可以作為理解和界定兩千五百年以來西方經濟學思想史分期的一個參照。

有關西方經濟學思想史的起點，許多學者傾向以亞當・斯密於1776年發表的《國富論》作為標誌，因為斯密是真正意義的經濟學理論的鼻祖。不過，筆者則比較傾向將經濟學思想追溯到古希臘時期，而且後來的聖經《舊約全書》和伊斯蘭教的《可蘭經》等宗教經典，也蘊含了不可忽視的經濟學思想。儘管在1776年之前少有現代意義的經濟科學理論，但理論必須植根於思想和哲學，不然理論就是無源之水、無本之木。由於本書側重的主題是經濟學思想，所以，論及西方經濟學思想的起源和精髓，絕對無法、也不應該繞過自古希臘以來的傳世經典和原創哲學。

1　〔元〕范德璣：《詩格》。參見「每日頭條」https://kknews.cc/culture/oygn82m.html。

2　龐樸：《龐樸文集・第四卷・一分為三》（濟南：山東大學出版社，2005 年），第 109-110頁。

9.1.1 起：前古典經濟學（前五世紀–1776年）

大致而言，西方經濟學思想史的第一階段，應該起源於西元前5世紀至1776年的前古典經濟學時期。雖然色諾芬（Xenophon, 前440年左右–前355年）的《經濟論》，在古希臘被認為是一門家庭管理規範的學問，也就是「管家」學，但仍可作為第一部西方經濟學著作，因為它在其中設立了人類經濟思想的起點。色諾芬借用蘇格拉底和他人的對話，不僅提出「經濟」這個詞，還闡述了農工商的關係、人類物質幸福的內涵、擁有和增加財富的途徑和手段、人才對經濟發展的動力，以及貨幣的作用等。[3]隨後，柏拉圖、亞里士多德等先賢都對經濟哲學作出了奠基性的貢獻。

色諾芬、柏拉圖、亞里士多德都生活在軸心時代，這時期的東方則出現了孔子、老子、釋迦牟尼等先賢。學術界經常面對一大困惑：為何在軸心時代，人類的精神資源迅速豐富、思想大師突然輩出？其實，軸心時代思想的突變，不可能是什麼神示和天啟的結果，主要是因為當時人類文明已有2000年左右的歷史進程，人類的需求開始遠遠超過社會的供應，人性的貪慾膨脹，導致貧富分化、社會動盪、戰亂不斷，如雅典開始漫長的伯羅奔尼亞戰爭，而中國的春秋戰國時期，血緣氏族逐漸解體，群雄爭霸。對此，先賢們敏銳地看到了人類的致命弱點，把哲學思考從宇宙和自然轉到了人和社會的存在。

很顯然，軸心時代的先賢們知道自己只是一介書生，難以直接貢獻生產力、發展科技和增加物質供應，但他們能夠通過思想啟蒙和宗教啟迪，提升道德、修為和情操，宣揚廉潔、節慾、中庸、適度，張揚道德德性和忠孝禮義廉恥。一旦人類貪婪的慾念在思想道德方面得到控制與減少，其客觀後果就是減少了需求、增加了供應，有助於社會經濟走向供需適度平衡，為社會和諧、避免戰爭提供治本之道。所以，軸心時代的先賢們不是經濟學家，卻是勝似經濟學家的思想家。

在前古典主義時期，12–14世紀的經院學派大致繼承了古希臘傳統，促使中世紀的經濟學大多由神學和哲學主導，並形成了兩大經濟

---

3 Xenophon, *Oeconomicus* (Oxford: Oxford University Press, 1995).

學原則：一是倫理性，由神學對經濟原理做出了三大界定和規範：禁慾、利他、節儉；二是自然法則，給道德穿上理性的外衣，在自然法基礎上開拓思想。隨後的重商主義和重農主義也都對經濟學思想史作出了重大貢獻。

所以，大致而言，前古典主義時期的經濟學思想可以歸納為三大主題：宗教主導、道德主導、政府主導，它們共同奠定了西方經濟學思想的起點與基點。

9.1.2　承：古典和新古典經濟學（1776年–1936年）

如果第一階段的前古典主義時期代表「起」，那麼1776年–1936年的古典和新古典主義時期代表「承」，它既有繼承的一面，更有發展的一面。多數學者習慣將古典與新古典分成兩大階段，但筆者以為，儘管古典與新古典主義在方法、理論、手段和政策方面存在不同，但他們的主體思想是一脈相承，因為它們共同信奉經濟學的三大要義：自由開放、市場主導、理性利己。其中主要人物和學派包括古典經濟學大家亞當・斯密、李嘉圖（David Ricardo, 1772–1823）、馬爾薩斯（Thomas Malthus, 1766–1834）、以及提出功利主義的邊沁（Jeremy Bentham, 1748–1832）和薩伊（Jean-Baptiste Say, 1767–1832）等。對於1870年後的新古典主義，必須高度肯定傑文斯（William Jevons, 1835–1882）、門格爾（Carl Menger, 1840–1921）和瓦爾拉斯（Léon Walras, 1834–1910）創立的邊際學派，尤其是馬歇爾創立的劍橋學派和均衡價格理論等，他們在思想上繼續堅持市場主導、自由放任，但具有更多的科學元素和數理色彩。

9.1.3　轉：凱恩斯經濟學派（1936年–1970年代）

西方經濟學思想史的第三階段出現大轉向，因為1936年凱恩斯發表了《就業、利息和貨幣通論》，建立了凱恩斯主義經濟學。面對1930年代全世界的經濟大蕭條，主張政府干預、強調市場失靈的凱恩斯主義應運而生。在哲學意義上，這是對前古典或重商主義的重複或揚棄。很顯然，凱恩斯開始挑戰古典和新古典主義的市場均衡理論，提出市場不均衡觀點，強調資本主義的需求不足是天生和必然，所以必須通

過政府的貨幣政策和財政政策來維持社會經濟的穩定。他還在就業、收入、價格、貨幣等領域提出自己全新的見解。凱恩斯因此被稱為「現代宏觀經濟學之父」，此後建立在凱恩斯理論基礎上的經濟學理論大都被稱為宏觀經濟學。

必須指出，儘管凱恩斯主義的觀點鮮明，少有適度與平衡的思想元素，但是在當時全世界經濟大危機時期，歐美各國面臨着要麼走德國法西斯主義、要麼走蘇聯共產主義道路的兩大極端選擇之時，凱恩斯主義其實指出了一條資本主義改良的第三條道路，通過政府干預、刺激總需求、推動充分就業來緩解社會與階級矛盾。美國的羅斯福新政就是採納了許多凱恩斯主義的經濟政策，成功擺脫了經濟危機、挽救了資本主義。從這個意義上說，凱恩斯主義和政策在當時情境下，也是一種適度的努力、折中的成果。所以，儘管凱恩斯主義代表了經濟學思想史上的「轉」，但不是「急轉」或「逆轉」，而是具有平穩、綜合、漸進意義的「轉」。

9.1.4　合：現代經濟學派（1970年代–2021年）

進入20世紀70年代以後，西方經濟出現滯漲危機，凱恩斯主義逐漸失靈，經濟學主流思想再度出現逆轉，以貨幣主義、理性預期主義、公共選擇學派等為首，強烈反對凱恩斯主義，並以反政府干預為主要使命，全面復興古典和新古典的自由市場思想。但是，與此同時，西方現代經濟學也開始走向整合與回歸，存在復興部分前古典主義思想的趨勢。

例如，新制度經濟學開始挑戰和修正數學化的主流經濟學，側重動態的經濟歷史、軟性的制度變遷、特殊的具體案例。2015年羅默（Paul Romer）發表論文，挑戰自己的恩師盧卡斯（Robert Lucas），因為盧卡斯在2009和2014年兩篇論文中，出現數學模型的推斷錯誤，於是，羅默就強調如今的經濟學已經過度使用數學。[4]同時，行為經濟學、文化經濟學和複雜經濟學開始淡化數學崇拜，推動經濟學走向弱化數學、模型與普世的傾向，開始強調適度發展、相對價值、道德經濟和宗

4　Paul Romer, "Mathiness in the Theory of Economic Growth," *American Economic Review, 105* (2015): 89–93.

教規範，並出現了三大特點：反制凱恩斯主義、提倡有限理性、強調適度綜合。

西方經濟學思想的四大階段發展，部分反映了哲學意義的起（前古典）、承（古典和新古典）、轉（凱恩斯主義）、合（現代經濟學）。儘管這種合的趨勢尚未進入主流，但適度經濟學思想的逐漸成形，有效強化了這種複合與綜合的動能與可能。很顯然，這種起承轉合不是線性發展，而是思辨意義的循環，它在經濟學思想史的發展進程中，存在許多哲理性的啟示。

總之，過去2500年，保守與自由的經濟學思想激盪正好完成了兩大輪迴，一是保守的凱恩斯主義與保守的前古典經濟學（如重商主義）的重合；二是自由的現代經濟學與自由的古典和新古典主義經濟學的交叉。但是面對這種鐘擺式的左右思想變遷，面對二十一世紀更為微妙複雜的經濟環境，是不是該到了突顯適度理論、中道思想和一分為三哲學的時代？基於此，西方戰後出現的新制度經濟學、行為經濟學、文化經濟學和複雜經濟學等學派所展示的思想、理論和方法，值得深度關注。

9.2 適度經濟學思想的獨特觀點與研究方法

置身於1970年代後出現的西方現代經濟學集群之中，適度經濟學思想既有強化西方經濟學走向「合」的第四階段的意義，與前古典、古典、新古典和凱恩斯學派保持區隔，更與「同道」的現代經濟學派存在不同，具有自己獨特的經濟學思想地位和貢獻。根據適度經濟學思想的原則要求，適度經濟學思想需要通過三個變量或學派的比較，才能較為清晰地發現其中一個學派的基本特色。基於此，筆者將把適度經濟學思想與新古典經濟學和複雜經濟學主要理論和觀點，進行簡單明瞭的分析對照，來凸顯適度經濟學思想的獨特性。

9.2.1 確定與不確定

關於經濟學的確定與不確定問題，新古典推崇靜態和數學建模，所以對經濟學的不確定問題，新古典基本不當作核心問題來考慮，因

為其基本宗旨是強調確定性，推崇秩序、理性與完美。這種思想主要是受18世紀啟蒙運動的影響，認為混亂無序只是表面現象，其背後有一隻「看不見的手」，能夠富有神性地維持秩序與和諧。這種美好的哲學理念應用到經濟學的研究方法，就出現了運用簡單的數理方程和定律，來解釋經濟學理論的複雜內核，將千變萬化的經濟現象實行有序化、規律化與簡約化，並將它們發展成為放之四海而皆準的公理。這種「公理」具有強大的排他性，抑制了多元性，導致許多不同於這些「公理」的經濟學理論和方法難以發展，經濟學成了「一個無法接納其他思想的封閉體系」。[5]

作為對比，複雜經濟學認同奈特 (Frank Knight, 1963–2015) 所發現的「不確定性」理論，認為風險是一種能被預先計算和預期的「不確定性」，而不能被預先計算與評估的風險則是不確定性，包括提出利潤是來自不確定性的論點，以此強調，風險與不確定既相互聯繫，又互相獨立。[6]複雜經濟學鼻祖布萊恩·阿瑟對不確定性的新解是，經濟主體不僅不清楚經濟客體如何反應，更不知道其他經濟主體將如何對你的反應做出反應，這就出現了不確定中的不確定，可謂雙重或者多重的不確定，為人類的經濟行為和對策提出了更大的挑戰。例如，2020年中國這個經濟主體，不僅要因應疫情這個客體，還要面對美國這個經濟主體怎麼對中國主體的防疫做出反應，而且世界存在近200個國家的經濟主體，所以，中國需要面對的不確定的經濟主體，難以計數，不確定性的程度急劇增加。

對此，適度經濟學思想大體認同不確定性理論，認為不確定性與適度的複雜性觀點密切相關。正因為現實中存在太多的不確定性，經濟主體就很難做到適度，找到不偏不倚、恰到好處的區間。這種「奈特」式的不確定性，要求每個經濟主體的重中之重是正確和精確地「認

5 W. Brian Arthur, *Complicity and the Economy* (NY: Oxford University Press, 2015), p. xx.

6 Frank Knight, *Risk, Uncertainty, and Profit—Economic Theory of Uncertainty in Business Enterprises, and Its Connection to Profit and Prosperity in Society* [1921] (NY: Adansonia Press, 2018), pp. 7–33; pp. 347–376.

知」和「理解」問題，促使經濟學研究必須與認知經濟學和行為經濟學產生密切關聯。[7]

但是，正因為不確定的存在、短期行為的普遍，所以更加需要運用適度政策，對付搖擺的認知，運用長期的平衡行為，對付短期的忽冷忽熱。在不確定的年代，經濟主體尤為需要適度的決策者和適度的自我理念與言行，形成「定海神針」的理性、穩定和長期的效應，為制定相對穩定和適度的經濟政策提供保障。

9.2.2 均衡與不均衡

在均衡與不均衡問題上，新古典經濟學推崇一般均衡，薩繆爾森在1983年認為：「不穩定的非均衡狀態 (unstable equilibrium) 即使真的存在，也必定只是暫時的、非持久的狀態……讀者們，你們幾時曾見過豎起來的雞蛋呢？」(egg standing on its end?)。[8]瓦爾斯在1909年與熊彼得討論時，也曾表達了類似觀點，「生命的本質是消極的……，因此，平穩過程 (stationary process) 的理論，實際上構成了理論經濟學的全部」，[9]這種「消極」有助於「平穩」的說法，與中國道家的消極無為、秩序恆常思想有點類似。所以，新古典經濟學家堅持均衡就是經濟運行的自然狀態。

而複雜經濟學強烈批判均衡，他們認為經濟學「是均衡經濟學向非均衡情況下自然的延伸」，[10]所以複雜經濟學與非均衡 (non-equilibrium) 經濟學存在密切相關。複雜經濟學強調經濟始終處於變化之中，所以，非均衡狀態才是經濟的自然狀態，而且這種狀態來自經濟內部，非外界影響。他們批判新古典經濟學的均衡理論，「假設了一個理想化和理性化的世界，過於純粹 (too pure)、過於脆弱 (too

---

7　布萊恩・阿瑟：〈布萊恩・阿瑟訪談錄〉，見布萊恩・阿瑟：《複雜經濟學》，賈擁民譯（杭州：浙江人民出版社，2018年），第 xvi 頁。

8　Paul Samuelson, *Foundations of Economic Analysis* [1947] (Cambridge, MA: Harvard University Press, 1983). 轉引自 Arthur, *Complicity and the Economy*, pp. 4–5.

9　W. Tabb, *Reconstructing Political Economy* (NY: Routledge, 1999). 轉引自 Arthur, *Complicity and the Economy*, p. 5, footnote 5.

10　阿瑟：〈布萊恩・阿瑟訪談錄〉，第 xviii 頁。

brittle）」，導致「新古典經濟學生活在一個有序、靜態、可知、完美的柏拉圖式的世界當中」，[11]既不現實，也不自然。對此，複雜經濟學堅持經濟學的主流應該是非均衡，而非均衡才能代表社會經濟的活力、動態、內生、自然和現實。

很顯然，適度經濟學思想與複雜經濟學存在不同之處，但又是互補的。首先，複雜經濟學所推崇的非均衡現象，也可以從均衡視角予以理解。非均衡的本質是技術進步，促使制度和技術不斷自我更新（self-creating one）、內生性更新（self-producing）、自創性更新（autopoietic），[12]如果截取其中破壞和毀滅的一段，也可以理解為非均衡，但一旦技術和制度更新與轉型成功，就會出現均衡。至於從時間長度而言，是創造長於毀滅，還是均衡長於非均衡，需要具體主題具體分析。類似適度，適度與不適度（包括不及與過度）何者存在的時間更長，就需要以具體時間、地點和人群作為參照。例如，經濟危機的出現就表明供需失衡，出現負反饋、收益遞減、非線性，但歷史事實證明，1980年代以來，美國經濟危機與此前的經濟危機所發生的頻率和時長相比，顯然正在縮短。

同時，適度經濟學思想承認非均衡是經常發生的事實，因為人類經濟行為常常出現不適度，要麼不及，要麼過度，而適度與均衡都屬於一種理想狀態，現實中能夠達到完美的供需平衡、恰到好處的「金髮女孩經濟」，應該是非常態和小概率事件。但不同的是，複雜經濟學徹底放棄和否定了均衡狀態或適度狀態的理想，認為即使偶然、霎那間所出現一些均衡與適度，也是沒有意義。而適度經濟學思想強調適度的理想很難實現，但並不意味着可以放棄理想，其中的本質區別是對經濟哲學的樂觀與悲觀。複雜經濟學是悲觀的，因為它的理念是既然難以達到，那就全盤放棄、甚至否定；而適度經濟學思想認為，正因為難以達到，所以更應該積極努力，堅持理想。

這種悲觀與樂觀之爭，類似美國《憲法》與《獨立宣言》所展現的不同哲學。美國《憲法》對人性和官員的自覺德性充滿悲觀，所以希望

11　Arthur, *Complicity and the Economy*, p. 4.

12　Arthur, *Complicity and the Economy*, p. 20.

通過建立三權分立的制度建設，將權力關在制度的籠子裏；而《獨立宣言》則對人性充滿樂觀，信奉人人都有追求平等、自由和追求幸福的權利，而且堅信這種「人人平等」的理想必須高揚，因為它完全可能實現。

另外，正如本書第八章所述，隨着人類心智的進步、制度的完善、技術的進步、政策工具的充沛，非常態的適度經濟現象日趨頻繁出現，經濟泡沫破滅和經濟體系崩潰的頻率愈來愈低，即使出現大的危機，如2008年金融危機和2020年新冠危機，都能在一定時期內得到遏制，避免了世界經濟出現像1929年大蕭條和1970年代大滯漲那樣的長期惡化。

最後，適度經濟學思想認為，均衡/不均衡和靜態/動態問題直接相關。很明顯，新古典強調經濟學的靜態，輕視動態的時間，這也是新古典思想的一大根基。例如，羅賓遜 (Joan Robinson) 就認為，「一旦承認經濟存在於時間之中，承認歷史是從一個不可逆轉的過去向不可預知的未來的一個方向發展，那麼，均衡概念就難以立足 (untenable)，而且所有傳統經濟學都需要重新考慮 (be thought out afresh)」，[13]因為在均衡狀態下，一個結果會一直延續，時間與演化就沒有意義。所以，經濟學其實就是一個名詞性 (a noun-based)，而不是動詞性的科學 (verb-based science)。[14]而複雜經濟學和其他現代經濟學派，都假定經濟運行的前提必須是動態的，時間、歷史和演化皆為關鍵因素，時間將決定結構、功能、制度、技術，以往的經驗與教訓所形成的路徑依賴，對今日和明日經濟的糾錯與改進意義重大。

對此，適度經濟學思想認為，經濟研究和經濟運行不能與靜態和動態發生截然的對立，猶如歷史既要繼承（靜態），又要發展（動態）一樣，有動有靜、似動似靜、半動半靜，才是經濟運行的正常狀態。而且，經濟運行的靜態與動態是互為因果、互相依賴，猶如日出與日落，今天的靜（日落）是為了明天的動（日出），沒有昨天的靜，何談今天的動？這種基本的思辨意識，應該成為經濟學家的一個常識。經濟學應該既

13　J. Robinson, "Time in Economic Theory," *Kyklos, 33* (1980): 219–229. 轉引自 Arthur, *Complicity and the Economy*, p. 23.

14　Arthur, *Complicity and the Economy*, p. 23.

是名詞,也是動詞,有時還是一個形容詞,成為其他主題的點綴而已,如經濟的哲學,就是旨在研究影響哲學這個主題的經濟因素。

其實,適度經濟學思想不僅強調經濟學的時間性,也強調空間性。縱向的時間很重要,但也不能忽略影響時間的空間性。即使在同一個時間點,不同地點的經濟現象都存在明顯的不同。經濟發展不是一個簡單的時間系統,它是隨着空間、國家的不同,存在截然不同的結構與功能。經濟學理論可以指導A空間,不等於可以完全適用B和C地區,放之四海而皆準的經濟理論日益受到挑戰。

9.2.3 收益遞增與遞減

新古典主義的一大標籤和基石是邊際主義的理論,它主張收益遞減,投入超過一定程度之後所獲得到的邊際效益,不斷遞減。

相反,複雜經濟學的領軍人物阿瑟在1980年代提出收益遞增理論(increasing return),與新古典收益遞減和價格均衡理論發生嚴重衝突,這也是對馬歇爾靜態均衡(static equilibrium)理論的嚴重挑戰。眾所周知,這一收益遞增理論已經在市場分配理論、國際貿易理論、技術選擇進化理論、經濟地理學,以及貧困化和族群隔離模式的研究中,得到廣泛的「殺手級應用」。[15]此理論認為,在不均衡的經濟運行中,經濟系統將出現負反饋現象和收益遞增現象。所以,表面上,複雜經濟學推崇收益遞增和負反饋,但它同時又強調負反饋與正反饋需要交互作用,啟動經濟系統。

這種通過兩元互動產生新的「第三元」能量,正是適度經濟學三元理論所堅持的。適度哲學強調相對性思想,為了達到適度,需要通過不及和過的兩端不斷試錯,才能慢慢找到適度的區間。其實,適度經濟學思想承認收益遞增,但遞增必須有極限,一旦過了極限,一定會出現收益遞減。例如,在一些發展中國家經濟的初期發展中,短缺經濟是常

---

15 Brian Arthur, *Increasing Returns and Path Dependence in the Economy* (Ann Arbor: University of Michigan Press, 1994); E. Helpman and P. R. Krugman, *Market Structure and Foreign Trade* (Cambridge, MA: MIT Press, 1985); Brian Arthur, "Competing Technologies, Increasing Returns, and Lock-in by Historical Events," *The Economic Journal, 99* (1989): 116–131.

態，不斷地投入一般能夠導致收益遞增，如中國的1980年代；但是，一旦經濟轉型起步，短缺有可能開始轉變為過剩，如果繼續不顧結構、地區和產業的不同，盲目和過度地投入，就可能產生收益遞減。同時，有時對待收益遞減需要耐心，並不是一旦出現收益遞減，就是不適度，經濟收益增減的顯現需要時間，需要進行理性和耐心的觀察和比較。很顯然，適度也是一種有序和完美的理想，但它往往不是經濟發展的常態。

對此，適度經濟學思想堅持認為，收益遞減和收益遞增的現象經常出現，遞增與遞減是兩位一體的系統，缺一不可，並認為負反饋與正反饋也常常發生交互作用，兩者經常相互疊加。如果一個系統只存在負反饋或收益遞減，那麼系統很快就會收斂到均衡狀態，行為出現靜態；但如果一個系統只存在正反饋，那麼系統就會偏離均衡，表現出爆炸性行為 (explosive behavior)。只有同時包含正反饋和負反饋，系統才有可能出現適度行為，並由此啟動經濟系統。這種通過正負反饋的兩元互動所產生新的「第三元」能量，是適度經濟學思想的三元理論一再強調的。

而且，適度哲學強調相對性，為了達到適度，需要不斷試錯。當一群人收益遞增的同時，往往意味着另一群人的收益遞減，如身處同一個教學環境中的教授與學生，在新冠疫情期間，教授的收入也許不增不減，但網上教學節省了交通等各種成本，所以，新冠期間的隔離時間愈久，也許意味着部分教授的收益在相對遞增；但對學生或者學生家長而言，他們所付的學費不變或變動不大，而他們所得到的教學質量和享受校園生活的機會大大受損，這種保持社交距離的規則實施愈長，也許就意味着部分學生的收益愈遞減。

所以，適度經濟學思想強調演化、系統、有機和相對，因為今天的收益遞增有可能成為明天遞減的原因，而昨天的遞減正是今天遞增的動力和原因。所以，對待收益遞減或遞增的評價，需要價值中立。

9.2.4　三元研究視角

關於如何運用多重視角分析經濟行為的問題，新古典一般靜態的一元或二元，如影響市場價格的供與需的二元要素。而複雜經濟學則

堅持反對一元或二元的觀點來分析複雜的經濟現象，認為一元、二元甚至三元視角都是不夠的，應該推崇使用計算機系統，進行多元觀察與設計。

而適度經濟學思想堅持三元，因為一元太簡單，二元太對立，多元則太龐雜，而三元是尋找、權衡、發現適度的良好視角。不過，複雜經濟學在多元論問題上的觀點，對適度經濟學思想的三元論有着三方面啟示。

一是幫助適度經濟學思想認識政府作用的適度邊界。適度經濟學思想主張當市場失靈，如2008年金融危機和2020年新冠危機，政府必須有所作為，既要避免「無為」的道家風格，也要防止「強為」的法家作風，政府的「手」應該定位在自由主義家長式的「推手」這一區間，不能不推，但也不能強推，更不能亂推。

二是要以理性和平常的心態來面對經濟的崩潰和市場的泡沫。崩潰與泡沫就是意味着經濟的過冷或過熱，或者是通貨膨脹或通貨緊縮。面臨2020年新冠病毒的突襲和持續襲擊，人們更要防止非理性或有限理性，因為這是一個無常、無奈的新狀態。但是，市場的起落和進退始終存在一個臨界點，物極必反、否極泰來，類似「鐘擺理論」所揭示的，最後有可能走向適度的中道。

三是以經濟發展的前後「垂直依賴」（路徑依賴、歷史進化）和左右「平行依賴」（組合進化、共時合作）來看，複雜經濟學比較側重平行依賴和組合進化，否定和批判達爾文式的歷史進化。而適度經濟學思想希望在這種垂直依賴和平行依賴之間，在均衡與非均衡、線性和非線性、靜態和動態的兩極變動之間，尋找執二用中的可能。正因為經濟現象的複雜性，決定了經濟運作的不確定性，也決定了得到最優和最佳結果的難度，所以我們的行為和預期只能適度、中道。

基於上述確定與不確定、均衡與不均衡、收益遞增與遞減、以及視角的一元、二元、多元還是三元等經濟學理念的異同，促使我們反思未來的經濟學是否需要重回亞里士多德的「適度」德性和亞當·斯密的「適度」情操，達到真正超越新古典和複雜經濟學的兩極研究框架，並吸取古典經濟學的平衡性、新古典經濟學的均衡性、制度經濟學的演化

性、行為經濟學的有限性、文化經濟學的共享性，以及複雜經濟學的不確定性等學術營養，建構和完善適度經濟學思想的研究框架和主題。

9.2.5 獨特研究方法

除了經濟學思想和理論方面，適度經濟學存在一定的獨特性之外，在研究方法上，也存在自己的特點。

其一，適度經濟學主張對定性和定量兩種方法進行適度結合，進化和優化定性與定量研究相結合的混合方法。首先，可以將這種混合方法的順序適度顛倒，既可以先定量、後定性、再定量，也可以先定性、後定量、再定性，更可以先連續定量，再連續定性。其次，也可以將混合研究方法加入更多回合的定量與定性循環，也就是說，如果第一輪的定性/定量/定性研究結果，還不能完整和精確地理解研究的對象，就需要進行第二輪的定性/定量/定性研究，甚至第三輪，直至研究成果更令人信服。

其二，將現場實驗、生理實驗與計算機實驗進行組合，本書第六章所提到的辛格、格萊瑟、扎克、阿克塞爾羅德和阿瑟等人所從事的三種不同的實驗方法，大多沒有使用數學的計量方法，也拒絕數學建模，而是使用腦電圖、滴鼻式、計算機和統計學等方法。適度經濟學思想強調研究方法的相容並包，根據不同的研究對象，選擇最為有效的方法組合與綜合。它表明，不能輕視和無視簡單的研究方法，它們有可能成為組合進化的一塊寶貴的「墊腳石」和一塊「積木」。而且，單向、單維的實驗方法是不夠的，需要多種實驗方法的組合與綜合，才能發現它們之間的互補和互動效應。但是，實驗方法的組合需要適度，多種實驗和方法的組合並不是愈多愈好，因為這有可能導致系統的混亂和紊亂。

其三，將歸納、演繹和溯因等研究方法實行有機複合。當新古典經濟學與複雜經濟學執着於演繹和歸納方法誰優誰劣之爭時，適度經濟學思想認為研究方法只是一種工具，具有天然的工具理性，不存在好壞之分，只有有效無效之別，完全取決於它們所服務的研究對象與課題。而且，面臨這種兩極之爭，適度經濟學思想的三元理論有助於啟發

學者跳出兩端，尋求第三種方法，如溯因法，因為溯因法對各種已經發生的經濟現象之原因的追溯，具有獨特的追溯性、創造性、試錯性、隨機性，尤其是，它為三種研究方法的進化組合提供了條件。

筆者很讚賞阿瑟在闡述自己研究複雜經濟學的過程中一則故事：有物理學家曾經提出：經濟學家為什麼一定要研究均衡？沒有均衡的經濟學，會怎樣？而阿瑟也提出，如果沒有重力的物理學，又怎樣？[16] 與此相對應，筆者的問題是：沒有「假設」的經濟學，又怎樣、會怎樣？這就是「思想實驗」（thought experiment）、「思想市場」和學術想像的魅力！

9.3 未來經濟學走向的思考

通過對2500年來西方經濟學思想史的回顧，也通過對適度經濟學思想的特點總結，我們可以溫故知新、推陳出新，思考未來經濟學的可能走向和選擇。

9.3.1 回歸「初心」的可能

面對新時代極端的不確定、不穩定、不理性的焦慮和躁動，也面對經濟學思想的忽左忽右、研究方法的忽「硬」忽「軟」，未來的經濟學研究需要回歸西方經濟學思想的「初心」和重溫經濟學思想史的「起點」，努力追求適度、中道與定力，探尋前古典主義所蘊涵的信仰基因、道德經濟、宗教關懷等三大要旨。儘管理性是主流經濟學的本質、科學是現代經濟學的基石，但前古典經濟學所追求的精神秩序、適度哲學、宗教情懷，並沒有在漫長的經濟學思潮中消亡和過時。相反，它們應該被賦予新時代的價值，得到進一步的發掘和發展。

其一，經濟學與人類的主觀偏好密不可分。現代經濟學所出現的許多「不可能性定理」和無數「悖論」，其本質就是如何解決經濟的科學性和經濟行為選擇的主觀性之間的矛盾。只要經濟學仍然堅持研究

16　Arthur, *Complicity and the Economy*, p. xii.

人的主觀偏好，就無法迴避人的信仰和意識，而不同信仰一定存在不同偏好。信奉節儉和樂於奢靡的消費人群，一定產生不同的消費行為和市場效應。隨着全球不同宗教和不同文明張力的加大和擴大，這種不同性和對立性將更加明顯、尖銳，甚至難以調和。此外，任何經濟主體不存在單一不變的偏好（a single set of preferences），而有可能出現具有互相競爭與衝突的偏好（competing preferences），包括肉體vs.精神、意識vs.無意識、善vs.惡、以及快vs.慢等差異。

其二，離不開偏好與信仰的經濟學，也就繞不開人的非理性、半理性、有限理性或者適度理性的一面。信仰既有理性的一面，但更存在感性與率性的一面。只要理性與情境相遇，理性與具體的時間、地點和人群相撞，理性就一定逃不過這個主觀的「情」，無法避免有情之理與有理之情。情理與情境交錯，不僅僅是物理反應，更會產生化學和生物反應。同樣，只要理性與個人的歷史背景不可分割，理性就具有個別性、特殊性和歷史性，也就難以達成理性的普遍性、一致性和科學性。這樣，如果經濟學研究離不開主觀偏好，撇不掉感性選擇，那麼經濟學就不應該是一門純而又純的理性科學。

休謨曾認為，理性是而且只應當是激情的奴隸，除了服從激情和為激情服務之外，不能扮演其他角色。[17]既然理性是激情的奴隸，那理性就成了服務於激情的工具。休謨思想的商業意義在於承認，人根本就是感情動物。當人與人溝通之時，很多時候不動之以情，就根本不要指望曉之以理。同樣的一份產品、同樣的顧客和同樣的推銷商，為什麼交易的結果常出現不同？答案就是因為情與理的運用方法、時機和順序不同。

尼采（Friedrich Nietzsche, 1844–1900）在《悲劇的誕生》中説，人有兩種精神氣質：一是酒神精神（Dionysian）；二是太陽神精神（Apollonian）。酒神精神代表感性激情，推崇熱烈、樂觀、浪漫和理想，並有強烈的宗教情懷，超越個體生命的局限，追求終極關懷與終極目的；而太陽神精神則代表理性，遵守道德律令，強調自知之明，追求

17　David Hume, *A Treatise of Human Nature* (London: Longmans, Green, and Co., 1890), pp. 472–477.

清晰、寧靜、規則支配下的個人自由和社會秩序。[18]表面上，堅持太陽神精神是理性的表現，但知易行難，所以，如果過度強求常人嚴格仿效太陽神，就成了另一種理想主義，並演變為太陽神自己所反對的酒神，導致兩極相遇、復歸為一的現象。所以，在面對酒神和太陽神之間的糾結時，經濟主體的內心最好能夠自設一個第三神：「適度神」，既不偏不倚，又執二用中。

其三，經濟學難以逃避道德規範的束縛。早在1215年，前古典經濟學的中世紀學院派大師托馬斯就創立了道德經濟學。另外，儘管斯密是古典主義經濟學的鼻祖，但他卻是道德哲學教授出身，平生最看重的不是自己1776年出版的「優術」之書《國富論》，而是發表於1759年的「明道」之作《道德情操論》。然而道德與經濟的關係始終充滿爭議，其中一大難點是經濟理性是否存在價值判斷？是否需要追問道德的理性和不道德的理性？歐洲人殘殺印第安人，是不是理性？大饑荒時期，人吃人是否理性？這樣的「理性」是應該張揚、鼓勵，還是禁止和抑制？而且，講道德的經濟學就很難定量，更無法數學建模，也就很難被定義為純科學。

其四，既然經濟學不能迴避偏好、信仰、感性和道德，那麼經濟學就繞不過宗教。作為堅定主張經濟學是科學的新古典主義大師馬歇爾，他竟然提出經濟學存在兩個最長期、最根本的因素：第一是經濟因素；第二是宗教因素。他認為，這是社會理論的兩項公理，所以他把宗教的力量寫在名著的序言裏。[19]馬克斯・韋伯也認為，經濟決定制度演進的起點，但文化和宗教決定制度演進的方向，宗教不僅僅是一種信仰，它還具有一種重大的制度效應，如宗教儀式和程序，就是規範信徒的行為；[20]宗教教義就是指引信徒的行為準則，如伊斯蘭教規定教徒不能從事高利貸活動，而且《舊約》和《可蘭經》還存在懲罰機制，具有宗教法典的效用。另外，著名的《羅伯特議事規則》，就是由作者羅伯特（Henry Robert,

---

18 〔德〕弗里德里希・尼采：《悲劇的誕生》（上海：三聯書店，1986年），第6頁、第15頁。轉印自李同路：〈周作人：中國現代解構批評的先驅〉，王寧主編：《文學理論前沿（第三輯）》（北京：北京大學出版社，2006年），第276-277頁，第274-318頁。

19 Alfred Marshall, *Principles of Economics: Unabridged Eighth Edition* (NY, Cosimo, Inc., 2009) [1890], pp. 1–11.

20 Max Weber, *General Economic History* (NY: Cosimo, Inc., 2007), p. 271.

1837–1923) 在美國教會中首先使用。[21]一些著名的科學家也是虔誠的教徒，愛因斯坦曾說：沒有宗教的科學是跛子，沒有科學的宗教是瞎子。[22]同時，美國相當數量的大選投票所也設在教會之中，因為教會不僅具有高度組織性，更能增加選民對選舉程序公正、公平、公開的信任。歷史上能夠可長可久的制度與規則，大多來自宗教與意識形態。對此，以研究人類行為和制度為一大使命的經濟學，不應該、也不可能對宗教置若罔聞。而且，「落後」的宗教不一定對社會阻礙社會文明的進步，例如，在黑暗中世紀天主教主導下的歐洲，14世紀的文藝復興和16世紀的宗教改革卻順利展開；也正是在羅馬教皇巨額資助下，米開朗基羅 (Michelangelo Buonarroti, 1475–1564)、達芬奇 (Leonardo da Vinci, 1452–1519) 等文藝復興大師，成功完成了傳世之作。

如今，美國的宗教經濟學 (economics of religion)、宗教市場學 (religious marketing) 正方興未艾的事實，也許應驗了這種趨勢。只要人的理性有限，宗教就有存在的機會。科學與宗教的關係也如此，只要科學不是萬能，宗教就有空間；只要宗教不是萬能，科學就必須存在。面對物慾橫流的社會，是否需要多一點節制？瘋狂發展，是否需要多一點德性？在信仰迷失的時代，是否需要多一點靈性資本 (spiritual capital)？[23]

其五，復興經濟學的人文精神和人本思想。除了神本和物本，未來人類更需要的是人本。經濟學研究的主要使命是研究人類資源的稀缺，但不同時期存在不同的人力、資本和資源的稀缺。鑒於人工智能將有助於人類緩和人力數量和資金管理的不足，也鑒於人類既愈來愈理性、冷酷，又愈來愈激情、撕裂、對立，所以，未來經濟最稀缺的資源應該是人性、感性和德性。具體而言，未來經濟最缺乏的資源可能是適度的言行與信任，也將包括人性的同情和恕道，誰能掌握這些稀缺資源，

---

21 Abraham Pais, *Subtle is the Lord: The Science and the Life of Albert Einstein* (Oxford: Oxford University Press, 2005), p. vi; Max Jammer, *Einstein and Religion: Physics and Theology* (Princeton: Princeton University Press, 2011), p. 94.

22 Friedrich Hayek, *The Road to Serfdom* [1960] (Chicago: The University of Chicago Press, 2011), pp. 47–56.

23 Samuel Rima, *Spiritual Capital: A Moral Core for Social and Economic Justice* (London and New York: Routledge, 2016), pp. 109–130.

包括人力資本、社會資本和靈性資本，誰就具有經濟學思想的敏銳，並將主導和影響未來經濟學的發展。

很顯然，2020年美國總統大選所出現的危機與混亂，已導致許多人對美國民主選舉制度出現了信任危機。可以說，美國國父們所設計的選舉制度已相當完備，在過去250年間經受了嚴峻考驗，包括美國內戰時期。但是，這些制度的成功運作需要建立在一個基本的政治文明和人文精神之上，包括遵守規則、服從法律、面對現實、理性和平。如果一旦丟失了上述底線，再完美的制度也會失靈，再先進的文化，都會顯得蒼白無力。畢竟，制定制度和執行制度的主力是人，而這些人的人性、人本和人道直接決定了所有制度和文化的成敗。

所以，經濟學界在強調制度經濟學、文化經濟學的同時，需要復興人文經濟學（Humanist Economics）的精髓，提倡尊重道德、價值和生命，保障人的幸福和尊嚴，維護弱勢群體和地區的權利與公平，平衡神本、物本和人本，推動經濟與社會、人類與自然、物質與精神的和諧發展，[24]而適度經濟學思想正是體現了人文、人本和人道的精神本質。儘管適度是一種理想，但理想一旦與人性結合，就能提升經濟學的術、算、計等為特徵的淺層產品（shallow goods），並將這些產品提升到道、恕、仁等深層產品（deep goods），賦予經濟學以厚重深沉的精神生命。

總之，我們需要回歸與不忘經濟學思想史的「初心」，重溫前人的德性、德政、德行、德治，吸取前古典經濟學思想中的信仰、道德與宗教三大精華，由此張揚和創新精神秩序、適度哲學和宗教情懷。其實，對於不完美的人性，宗教希望改善人性，而經濟學一般認為人性自利，難以改變，只能通過改變制度來改善和制約人的行為。問題是，通過內生的宗教信仰和外生的法律制度的合力，從法治和德治兩個維度來限制人的貪慾，是否更能有效張揚人性的美德？尤其是當一個社會豐衣足食、進入小康之餘，人們是否更需要關心形而上的哲學，注重「無用之用方為大用」的精神秩序、道德情操和終極關懷？

---

24 Mark Lutz, *Economics for the Common Good: Two Centuries of Social Economic Thought in the Humanistic Tradition* (London and New York: Routledge, 1999), pp. 15–18; Howard Bowen, "Toward a Humanist Economics," *Nebraska Journal of Economic and Business, 11* (4) (1972): 9–24.

表9.1　三大經濟學思想與研究方法對比[25]

舊經濟學	新經濟學	適度經濟學
收益遞減	收益遞增	收益遞減與遞增交互糾纏
最大化原則	秩序原則	滿意最大化
偏好給定	偏好形成	偏好是競爭、相對與不斷變動
個體自利	個體不一定自利	個體的利己與利他交互產生
技術給定	技術可變	技術只是工具
決定論、可預測	非決定論、不可預測	非決定論，但可適度預測
建立在19世紀物理學（均衡、穩定）	建立在生物學（結構、模式、自組織、週期）	建立在歷史學（演化、動態、三元影響論）
不考慮時間（靜態）	時間是核心（動態）	動態的時間和空間都是核心
強調數量、價格、均衡	強調結構、模式和功能	強調信仰、意識、價值、道德
計量為主（19世紀的數量、博弈、拓撲）	比較定性，突出博弈論和計算機等工具	突出「軟性」的非數學，強調定性與定量的適度組合
關注宏觀的社會；大量使用統計指標	關注微觀的特殊制度和個體；粗略的度量	關注中觀的群體與地區，定性為主
強調均衡	強調不均衡、不穩定	承認不均衡、不適度，但追求均衡和適度
假設、定律可檢驗	假設必要，但真正的定律不存在	假設不是充分和必要條件
將研究對象簡單化	將研究對象複雜化	將研究對象適度化
將經濟學視為「軟」的物理學	將經濟學視為複雜科學	將經濟學視為非自然科學的經濟哲學
交換、資源驅動經濟	收益遞增、外部性、差異驅動制度、社會和經濟	適度的理性、發展、交換、競爭驅動經濟

25　左面和中間兩欄表格的內容，整理自 Arthur, *Complicity and the Economy*, pp. 189–191.

所有這些前古典經濟學思想所揭示的經濟主體行為的意識性、相對性、道德性，都是適度哲學的基本元素，也與適度經濟學思想完全契合與異曲同工，更有可能為未來經濟學的發展方向提供一些啟示。

9.3.2 未來趨勢與方向

阿瑟在其《複雜經濟學》附錄中提出「未來的經濟學原則」，將古典和新古典經濟學定義為舊經濟學，戰後的現代經濟學或他自己創立的複雜經濟學定義為「新經濟學」。筆者在阿瑟的新舊思想對比的列表中，加上第三類經濟學思想：適度經濟學思想，也可稱為「未來經濟學」或「新新經濟學」，進行三種經濟學思想的比較（見表9.1）。

基於上述表9.1的區別，筆者以為，未來經濟學的發展需要完成西方經濟學思想史的第四階段，促進經濟學思想在起、承、轉的基礎上，完成「合」的歷史和學術使命。自1970年代以來，現代經濟學家已經開始了「合」的努力，尚未完成。適度經濟學思想的使命之一，就是要完成這一「合」的過程。這個「合」的使命主要包含三大內涵。

第一是方法複「合」（combination）。當代經濟學研究方法層出不窮、眼花繚亂，但經濟學家的主要任務不是創造更多、更新的研究方法、技術和工具，而是對現有的方法實行進化式、演化式和創造式的組合。阿瑟和複雜經濟學家們在過去近40年的努力，為經濟學方法的進化組合，提供了理念準備與現實成果，樹立了經濟學方法組合的榜樣。

但是，經歷近半個世紀的努力，現代經濟學方法的組合趨勢仍然沒有成為主導。古典和新古典依舊佔據着公認的主流，它們所推動的完美理性假設和完美均衡假設，日益將資源配置問題轉化為一個數學問題。然而，經濟的形成和發展難以被這種簡單、劃一的數學所解決，因為它們既不能被簡化和限制為「靜態」（stasis），也不能被局限在完備理性（rationality）。[26]

26　Arthur, *Complicity and the Economy*, pp. 22–23.

所以，適度經濟學和未來經濟學所主張的研究方法是，包容、組合所有合理、有效的研究工具，不能唯數學獨尊，也不能視數學為洪水猛獸；不能鄙視定量，也不能歧視定性；更不能在演繹與歸納方法之間，搞非此即彼的二分。數字化、空間化、大數據、機器學習和人工智能等先進技術的迅猛發展，正在給經濟學方法和技術的整合與組合，提供巨大的可能與契機。這些新的科學技術將很有可能與傳統的實證研究、數學建模、計算機模擬、生理學、生物學、腦神經等實行創造性組合，將現有的各種方法相容並包，置放在一個雲端或演算法之中，進行有機生成。同時，也可以建立空間智慧數據分析系統，將前台分析流程簡化使用，並通過機器學習，進行動態更新、推薦常用報告、合成圖標與地圖；還可以通過模式識別，選擇合宜的時間與空間，借鑒生態鏈的模型，分析數據之間的關係。更可以實行大數據嵌入，根據各種文獻與網絡資源的數據，提供更加精細和清晰的指標與關係分析。最後，根據每個學者研究主題的需要，擇宜、擇優、擇效選用，融會貫通。人工智能的出現，既是對經濟學研究方法的挑戰，更為經濟學組合方法煥發青春、走向未來提供機會。未來經濟學的研究方法不僅需要組合傳統經濟學的靜態、複雜經濟學的動態，將它們組合為時空互動的系統，更需要將傳統的線性、平面和立體思維，繼續升維至四維狀態，實行升維思考、降維行動的思想實驗。

第二是學派綜「合」（synthesis）。未來的經濟學不僅需要方法的組合，更需要學派的綜合。在這裏，美國第一位諾貝爾經濟學獎得主薩繆爾森就是學派綜合的典範。他曾經創立「新古典綜合學派」（Neoclassical Synthesis），試圖綜合馬歇爾的微觀和凱恩斯的宏觀，旨在將相對激進的新古典經濟學與相對保守的凱恩斯經濟學進行適度妥協、雜交和綜合，更希望把凱恩斯主義主張的政府干預論與新古典經濟學派信奉的市場調節論，予以綜合，建議在不同時間與地點，適度使用不同政策。[27]

例如，薩繆爾森認為，當需求不足、嚴重失業時，政府需要干預經濟，旨在刺激總需求，促使充分就業；但在經濟達到充分就業以後，如

---

27 Paul Samuelson, *Economics: An Introductory Analysis* (New York: McGraw-Hill Book Co., 2009), 19th ed.

5%失業率左右之時，就應該讓市場發揮更多的配置資源的作用。新古典綜合學派不認為自由放任可以導致充分就業，但相信通過適度的政府政策調控和資源傾斜，充分就業是可能的。第二次世界大戰後，由於美國的充分就業已經出現，所以薩繆爾森主張回歸馬歇爾的新古典主義。薩繆爾森還認為，這個適度、妥協、中道和綜合的理論，應該為95%的經濟學家接受，「除了大約5%的極左和極右的經濟學家以外」。[28] 所以，未來經濟學需要減少僵化的決定論立場（rigid sense of determinism），也要逐漸削弱實證主義思想（positivist thinking），減少機械性、絕對性、普適性，增加權變性、相對性、有機性和適度性。[29]

其實，這類學派綜合的努力，與適度經濟學思想的精髓和未來經濟學的發展方向高度吻合。未來的經濟學既需要微觀，也需要宏觀，但更需要微觀、宏觀與中觀互相綜合，共同提高經濟學研究的有效性和精確性；同時，未來的經濟學既需要政府助推，也需要市場主導，更需要政府、市場、企業、社區、道德等要素多種合力，形成經濟學研究的綜合能力。另外，未來的經濟學既需要邏輯，但不應該是新古典所執迷的純邏輯；需要理性，但不可能達到完備理性；需要社會秩序，但不需要「純粹秩序」（pure order）；需要尋求一般性原理，但不能奢望舉世公認的公理性的規律大量湧現。[30] 其核心就是，我們需要交流、妥協、綜合，但更需要適度，包括適度邏輯、適度理性、適度秩序、適度規律，以及適度綜合。

第三是思想的「和合」（integration）。鑒於世界日益對立，尤其是2020年新冠病毒帶來了空前的「意識病毒」、「種族病毒」和「偏見病毒」，導致世界更加對立、撕裂，甚至孤立，以意識形態為主導的新冷戰有可能全面重啟。所以，未來經濟學研究的一大使命是以適度哲學和適度經濟學思想為指導，促使主張各大經濟思想的學者加強對話、交流，促進互補、合作，追求中道、建構和諧。為了「合」，先要「和」；而為了「和」，則需要發現「中」，共同探討在左右兩極、內外兩端、上下

---

28 Samuelson, *Economics*, p. 212.

29 Arthur, *Complicity and the Economy*, p.172.

30 Arthur, *Complicity and the Economy*, pp. xx–xxi.

兩面之間的第三條中間道路。最後，從「和」走向「合」，在和而不同、合而不一的學術環境中，共同面對新時代的挑戰。

舊制度經濟學派的代表康芒斯在經濟思想和現實政治的「和合」方面，已經為經濟學家建立了範例。他推崇法律和法院的「和合」功能，強調集體和組織對個人不同意見的「和合」效應，堅持理性溝通是解決政府與民眾對立、資本與勞動鬥爭的基本準則，更主張制度是調解衝突和矛盾最有效的載體。所以說，如果方法「組合」是第一層次的「合」，學派「綜合」是第二層次的「合」，那麼，思想「和合」或「融合」，則是更高層次的經濟學思想的「合」。

美國經濟歷史的發展進程已經成功揭示了不同黨派、路線、意識和思想的「和合」意義。自19世紀末20世紀初老羅斯福（Theodore Roosevelt, 1858–1919）推動進步主義運動、小羅斯福（Franklin Roosevelt, 1882–1945）主導羅斯福新政以來，美國的資本主義經濟政策不斷向社會主義經濟政策妥協、組合、綜合與「和合」，包括公平、公正、關懷、分享等社會主義經濟原則，已經深入美國社會的各個方面，導致自由與保守、政府與市場、資本與勞工的意識對立，日益弱化與模糊，儘管近年來有逆向回潮之勢。[31]

所以，未來經濟學不僅需要方法的「組合」、學派的「綜合」，更要努力實現思想的「和合」，共同完成2500年來西方經濟學思想史的大開大「合」，並與前古典經濟學的合理與合宜的思想要素結合，實現更高階段的辯證回歸、揚棄和轉型，為新一輪的「起承轉合」提供契機。

在結束本書之前，筆者想最後總結和強調三個問題。第一，有關適度經濟學的定義。本書第二章已經論述了中庸思想和適度哲學的定義（2.1.2），第五章討論了適度經濟學思想的定義（5.3.1），但筆者迴避了對於適度經濟學的定義，而且也沒有將這本小書題為《適度經濟學導論》，因為一般而言，一個獨立的經濟學科和學派的建立，需要有嚴格、邏輯、精緻的數學建模，但限於筆者有限的知識結構和數學能力，

---

31 Thomas Piketty, *Capital in the Twenty-First Century* (Cambridge: The Belknap Press of Harvard University Press, 2014); Thomas Piketty, *Capital and Ideology* (Cambridge: The Belknap Press of Harvard University Press, 2020).

也鑒於自己一貫不主張經濟學的數學崇拜，所以，暫且將書名定為《適度經濟學思想導論》。

不過，在數學模式缺位的情況下，筆者覺得還是有必要對適度經濟學，做出一個大致的定義，旨在區別它與其他經濟學派的不同。適度經濟學是以適度哲學思想為指導、以三元理論為框架、以三角思維為範式、以第三變量為主要研究對象（見第六章），並以適度曲線為基本依據、以組合和混合方法為特徵（見第七章），設計和實施適度經濟政策（第八章）。

作者希望借此小書，拋磚引玉，激發更多的學者思考「適度經濟學」。如果我們能夠清晰、系統、深入地定義和構建「適度經濟學思想」，那就有可能為未來的「適度經濟學」的數理模型，奠定思想基礎、提供發展方向。對此，真誠期待各位專家學者，能夠不斷關注、嘗試、完善和創新適度經濟學，共同催生一門富有潛力和魅力的新學派。

第二，關於思想在經濟學中的地位。適度經濟學思想的重中之重，是張揚思想在經濟研究和經濟發展中的重要意義。似乎，科技是經濟發展的第一生產力，但科技只能將1變成N，無法將零變成1，更無法使科技的發展可持續；於是，創新就變成第一生產力，旨在增加和保證將零變成1的能力。但是，沒有好的制度激勵創新和保護創新，創新將成空談，如沒有對知識產權的嚴格保護制度，偷盜一定橫行，創新只會導致劣幣驅逐良幣，創新者就不願、不敢、也不能創新，這樣，制度就變得尤為重要。然而，好的制度還需要健康文明的文化土壤予以支持，旨在為制度創新安排軟性支撐。如果社會有一把「壞文化」的軟刀子，就可能導致全社會嫉妒創新、打擊創新、仇恨創新。而且，儘管有一個懲罰偷盜知識產權的嚴苛立法和制度，似乎能夠做到「有法可依」，但如果罪犯「有法不依」，不信法治文化，只信權力文化，加上，社會大眾缺乏知識產權的保護意識，寬容「山寨」行為，信奉「竊書不算偷」，那麼所有的高科技、大創新、好制度，都會被「壞文化」打敗。

於是，我們需要繼續追問，如果有了好的科技、創新、制度、文化，就一定有了高速、穩定、可持續的經濟發展嗎？不一定！經濟發展最重要、更稀缺的一個資源是思想，因為人的思想決定科技發明、改革創新、法律制度與先進文化。如果沒有科斯所提倡的「思想的市場」，如何形成一個可長可久的經濟市場、科技市場、創新市場、制度市場、文化市場？

所以，筆者以為，當今世界，思想是第一生產力，涵蓋醒、悟、理、道四大元素（見本書導論），文化第二、制度第三、創新第四、科技第五。

第三，關於適度思想所能顯現超越經濟學意義的問題。儘管本書側重適度經濟學思想，但它的適用範圍遠遠超過經濟學。例如，馬歇爾提出的價格均衡，其實能夠啟發人們將均衡的原則，擴大到制度均衡和人性均衡，即通過制度安排，實現人的均衡與全面發展，倡導主觀為自己、客觀為你我他的風氣，實現利己人性與利他人性的均衡發展。

同時，舊制度經濟學派所提倡的相對價值理論，也為經濟學和非經濟學的發展提出了可能路徑：相對或適度的理性、相對或適度的自由，以及相對或適度的干預等。另外，面對一些意識形態的紛爭，經濟學界和非經濟學界更需要尋找介於自由與干預、市場與政府、微觀與宏觀之間或者之外的第三條道路。還有，有限理性也有助於啟發非經濟學者的更多想像：現實中是否存在有限市場、有限自由、有限之「手」的可能？包括一半看得見、一半看不見的「手」？有時看得見、有時看不見的「手」？有人看得見、有人看不見的「手」？而且，鑒於完全適度的高難，適度經濟學思想所提倡和包容的有限適度、局部適度、相對適度、短暫適度，都為各類非經濟學科提供啟發，也就是說，是否需要追求「先有後好」的漸進，而不是完備、完美的立竿見影？有意思的是，適度經濟學思想源自適度哲學，但又對哲學和其他社會科學產生啟示，這就是學科交叉的力量。

總之，身處今日兩極對立、左右撕裂的時代，適度經濟學思想的三元理論、三角範式、適度曲線，有助於我們制定與實施求穩、求新、求變、求適度的經濟政策。適度是一個極為複雜的哲學、理論和操作系統。一方面，適度是多數常人所認同的常識與習慣；另一方面，又是常人言行中難以達到的目標。這種悖論，既表明知易行難的千古困境，又說明適度所固有的複雜、變異、高難特性。這不僅需要開啟民智的教育啟蒙和文化改造，也需要提升決策者的心智和心力，更需要將思想、文化、制度、創新、科技等五種生產力合力推動，促進未來經濟學的方法組合、學派綜合和思想和合，共同完善和提升人類經濟行為的適度和中道，促進適度自利、適度理性、適度發展。[32]

32　洪朝輝：〈適度經濟學思想的跨學科演化〉，《南國學術》，2020年第三期，第413頁。

參考文獻

一、中文資料

子思 (2016)。《中庸全解》。北京：中國華僑出版社。

孔子 (2004)。《論語》。長春：吉林攝影出版社。

山琳琳 (2012)。〈關於我國經濟增長的幾個問題的探討〉，《宏觀管理》。6期，7–8頁。

王夫之 (1996)。《船山全書》。長沙：岳麓書社。

王岳川 (2007)。〈中西思想史上的中庸之道──《中庸》思想的發生與本體構成〉，《湖南社會科學》。6期，36–43頁。

王岳川 (2009)。〈「中庸」的超越性思想與普世性價值〉，《社會科學戰線》。5期，133–150頁。

王先謙 (1988)。《荀子集解》。北京：中華書局。

王維嘉 (2019)。《暗知識──機器認知如何顛覆商業和社會》。北京：中信出版集團。

王禮強 (2014)。《仁源論與仁源易經》。南京：東南大學出版社。

王積業 (1990)。〈關於確定適度經濟增長率的幾個問題〉，《投資研究》。7期，1–3頁。

中華大典工作委員會 (2007)。《中華大典》。昆明：雲南教育出版社。

左丘明 (2017)。《左傳》。武漢：湖北辭書出版社。

弗里德里希‧尼采 (Nietzsche，Friedrich) (1986)。《悲劇的誕生》。上海：三聯書店。

田國強 (2018)。《高級微觀經濟學》。北京：中國人民大學出版社。

布萊恩‧阿瑟 (Arthur, Brian)，賈擁民 (譯) (2018)。《複雜經濟學》。杭州：浙江人民出版社。

甘筱青、袁柯鎮 (2017)。〈從軸心時代的中和思想到現代文明對話〉，《深圳大學學報》。3期，21–25頁。

老子 (2019)。《道德經》。北京：中華書局。

朱熹 (2006)。《四書章句集注‧中庸章句》。上海：上海古籍出版社。

朱樹民、楊驊、王海林 (2004)。〈鯰魚效應與現代圖書館人力資源管理〉，《湖南工業大學學報 (社會科學版)》。10期，89–90頁。

西蒙 (Simon, H)，黃濤 (譯) (2002)。《西蒙選集》。北京：首都經濟貿易大學出版社。

李約瑟 (2016)。《李約瑟中國科學技術史》。北京：科學出版社。

李同路 (2006)。〈周作人：中國現代解構批評的先驅〉。見王寧主編，《文學理論前沿 (第三輯)》。北京：北京大學出版社。274–318頁。

李京 (2007)。〈從中、庸到《中庸》〉，《孔子研究》。5期，46–50頁。

李華、劉瑞主編 (2001)。《國民經濟管理學》。北京：高等教育出版社。

李剛、王斌、劉筱慧 (2015)。〈國民幸福指數測算方法研究〉，《東北大學學報 (社會科學版)》。17期，376–383頁。

李龍新 (2013)。〈從企業到企業文化的經濟學解釋〉，《商業研究》。2期，115–120頁。

汪丁丁 (2015)。《行為經濟學要義》。上海：上海人民出版社。

汪丁丁 (2018)。〈理解湧現秩序〉。見布萊恩·阿瑟，《複雜經濟學》。杭州：浙江人民出版社。1–5頁。

佚名 (2016)。《爾雅譯註》。上海：上海古籍出版社。

佚名 (2017)。《尚書》。布拉格：藝雅出版社。

佚名 (2018)。《周禮》。北京：中州古籍出版社。

佚名 (2018)。《易傳》。布拉格：藝雅出版社。

林金忠 (2011)〈從「看不見的手」到「市場神話」〉，《經濟學家》。7期，10–14頁。

范德璣 (2020)。《詩格》。「每日頭條」https://kknews.cc/culture/oygn82m.html

武學文 (2008)。〈三元理論基礎和應用舉例〉，《中外醫療》。9期，41–45頁。

周延霖 (2016)。〈龍樹與僧肇的「變遷」哲學——《中論》與《物不遷論》的對比〉，《中華佛學研究》。17期，34–37頁。

周文王姬昌 (2016)。《周易》。北京：中華書局。

孟子 (2017)。《孟子》。布拉格：藝雅出版社。

洪朝輝 (1988)。〈中觀史學導論〉，《光明日報·史學》。1月8日。

洪朝輝 (1994)。《社會經濟變遷的主題——美國現代化進程新論》。杭州：杭州大學出版社。

洪朝輝 (2020)。〈適度經濟學思想的跨學科演化〉，《南國學術》。3期，397–413頁。

洪朝輝 (2020)。〈誰弄丟了美國？——中美關係急劇惡化新解〉，《當代中國評論》。2期，70–81頁。

洪朝輝 (2021)。〈「一隻看不見手」的百年誤讀——文獻還原亞當·斯密的隱喻〉，《南國學術》。澳門：澳門大學出版社。1期，4–15頁。

洪朝輝 (2021)。《美中社會異象透視》。紐約：博登書屋。

洪漢鼎 (2001)。《詮釋學：它的歷史和當代發展》。北京：人民出版社。

約翰・霍蘭 (John Holland) (2019)。《隱秩序——適應性造就複雜性》。上海：上海科技教育出版社。

柯漢琳 (1995)。〈中和美的哲學定位〉，《華南師範大學學報 (社會科學版)》。4期，71–78頁。

荀況 (2015)。《荀子》。西安：西安交通大學出版社。

郭于華 (2016)。〈導讀：福山的慧眼：社會資本的積累與自我社會的力量〉。見福山 (郭華譯)，《信任：社會美德與創造經濟繁榮》。桂林：廣西師範大學出版社。i–xiii頁。

郭婷 (2010)。〈大院往事——晉商發家史 (三)〉，《中華人》(Chinese People) 網站。http://www.zhonghuaren.com/Index/detail/catid/10/artid/424ffcd2-0f5b-4818-b066-9d4be3e137a1/userid/0b7717c5-0834-4f0f-861e-28d4fc70b458

徐遠 (2019)。《從工業化到城市化》。北京：中信出版社。

徐復觀 (2005)。《中國人性論史》。上海：華東師範大學出版社。

徐弢 (2013)。〈倪柝聲的三元論思想探究〉，《中國神學研究院期刊》。1期，第30–40頁。

哥譚派 (2020)。〈在美華裔涉嫌欺詐領280萬企業舒困款被捕〉，《洛杉磯華人資訊網》。8月19日。https://www.chineseinla.com/hotnews/1942129.html

唐翼明編 (2017)。《顏氏家訓解讀》。北京：國家圖書館出版社。

莊子 (1986)。《諸子集成》。上海：上海書店。

梁培寬編 (2013)。《梁漱溟文稿手蹟選・禮記大學篇伍嚴兩家解說合印序》。上海：上海人民出版社。

張林 (2005)。《新制度主義》。北京：經濟出版社。

張瑞編 (2017)。《易經》。廣州：廣東旅遊出版社。

許慎 (2016)。《說文解字》。杭州：浙江古籍出版社。

程頤 (2016)。《周易程氏傳》。北京：中華書局。

曾國藩 (1991)。《曾國藩家書家訓》。天津：天津古籍書店。

葉福翔 (2010)。〈三元哲學核心思想〉。https://wenku.baidu.com/view/d473416ca45177232f60a25b.html

葉鷹 (2000)。〈建立在三元邏輯基礎上的三元科學〉，《浙江大學學報 (農業與生命科學版)》。3期，330–338頁。

福山 (Fukuyama, Francis)，郭華 (譯) (2016)。《信任：社會美德與創造經濟繁榮》。桂林：廣西師範大學出版社。

賈根良 (2014)。〈溯因法和回溯法：演化經濟學的科學創造方法〉，《演化與創新經濟學評論》。1輯，84–94 頁。

厲以寧 (2018)。《文化經濟學》。北京：商務印書館。

魯迅 (2005)。《魯迅全集》第3卷。北京：人民文學出版社。

劉春泉 (2003)。〈關於經濟適度增長的幾個理論問題〉，《經濟師論壇》。11期，252–253頁。

劉春成、候漢坡 (2012)。《城市的崛起——城市系統學與中國城市化》。北京：中央文獻出版社。

鄭起東 (2008)。〈試論清政府鎮壓太平天國後的讓步政策〉，《清史研究》。北京：中國人民大學出版社。3期，59–69頁。

蕭高彥 (2012)。〈西塞羅與馬基維利論政治道德〉，《政治科學論叢》。16期，5–10頁。

戴聖編 (2017)。《禮記》。布拉格：藝雅出版社。

鍾祥財 (2004)。〈中國古代能產生市場機制嗎？兼與盛洪先生商榷〉，《探索與爭鳴》。2期，19–20頁。

羅衛東 (2006)。《情感、秩序、美德：亞當·斯密的倫理學世界》。北京：中國人民出版社。

羅衛東、劉璐 (2016)。〈基於亞當·斯密「合宜性」理論的人類個體行為模型〉，《社會科學戰線》。7期，38–45頁。

羅豪才 (2010)。《軟法的理論與實踐》。北京：北京大學出版社。

龐樸 (2005)。《龐樸文集·第四卷·一分為三》。濟南：山東大學出版社。

二、英文資料

Ahmad, Syed. (1990). "Adam Smith's Four Invisible Hands," *History of Political Economy, 22*: 142–150.

Alchian, Armen A. (1965). "Some Economics of Property Rights," *Politico, 30* (4): 818–840.

Anderson, P. W. (1972). "More is Different," *Science, 177* (4047): 393–396.

Aristotle. (1999). *Nicomachean Ethics.* Canada: Batoche Books.

Arrow, Kenneth. (1950). "A Difficulty in the Concept of Social Welfare," *Journal of Political Economy, 58* (4): 328–346.

Arrow, Kennth. (1983). "The Principle of Rationality in Collective Decisions," in *Collected Papers of Kenneth J. Arrow: Social Choice and Justice*, Kennth Arrow, ed. Cambridge: The Belknap Press of Harvard University Press. pp. 45–58.

Arrow, Kennth. (1983). "The Trade-off between Growth and Equity," in *Collected Papers of Kenneth J. Arrow: Social Choice and Justice*, Kennth Arrow, ed. Cambridge: The Belknap Press of Harvard University Press. pp. 190–200.

Arthur, Brian. (1989). "Competing Technologies, Increasing Returns, and Lock-in by Historical Events," *The Economic Journal, 99* (394): 116–131.

Arthur, Brian. (1994). *Increasing Returns and Path Dependence in the Economy*. Ann Arbor: University of Michigan Press.

Arthur, Brian. (1999). "Complicity and the Economy," *Science*, 284 (107): 108–110.

Arthur, Brian. (2015). *Complicity and the Economy*. NY: Oxford University Press.

Arthur, Brian and Wolfgang Polak. (2006). "The Evolution of Technology within a Simple Computer Model," *Complexity, 11* (5): 23–31.

Axelrod, Robert and W.D. Hamilton. (1981). "The Evolution of Cooperation," *Science, 211* (4489): 1390–1396.

Ayres, Clarence. (1971). *Toward a Reasonable Society*. Austin: University of Texas Press.

Bennett, Nathan and G. James Lemoine. (2014). "What VUCA Really Means for You," *Harvard Business Review*, (January-February): 27–40.

Bernanke, Ben. (2013). "The Great Moderation," *Federal Reserve History*, November 22. https: //www.federalreservehistory.org/essays/great_moderation

Blaug, Mark. (1992). *The Methodology of Economics: Or, How Economists Explain*. Cambridge: Cambridge University Press.

Boole, George. (1847). *The Mathematical Analysis of Logic, Being an Essay towards a Calculus of Deductive Reasoning*. London, England: Macmillan, Barclay & Macmillan.

Bowen, Howard. (1972). "Toward a Humanist Economics,"*Nebraska Journal of Economic and Business, 11* (4): 9–24.

Bowles, Samuel. (1998). "Endogenous Preferences: The Cultural Consequences of Markets and Other Economic Institutions," *Journal of Economic Literature, 36* (1): 75–111.

Bush, Paul. (1987). "The Theory of Institutional Change," *Journal of Economic Issues, 21* (3): 1075–1090.

Buttonwood, D. (2017). "Economic Optimism Drives Stockmarket Highs," *The Economist*, October 17.

Carole, Lewis. (2015). *A Survey of Symbolic Logic*. London: Forgotten Books.

Castellani, Marco. (2019). "Does Culture Matter for the Economic Performance of Countries? An Overview of the Literature?" *The Society for Policy Modeling, 41* (4): 703–717.

Cheung, Steven. (1973). "The Fable of the Bees: An Economic Investigation," *Journal of Law and Economics, 16* (1): 11–33.

Chobham, Thomas de. (1968). *Summa Confessorum.* Paris: Béatrice Nauwelaerts.

Chrystal, Alec and Paul Mizen. (2001). "Goodhart's Law: Its Origins, Meaning and Implications for Monetary Policy," working paper, November 15–16. http: // cyberlibris.typepad.com/blog/files/Goodharts_Law.pdf

Cicero. (1990). *De Officiis.* Latin Text with an English Translation by Walter Miller. Cambridge: Harvard University Press.

Clarke, Arthur C. (1990). *The Ghost from the Grand Banks.* London: Gollancz.

Colander, D. and R. Kupers. (2014). *Laissez-Faire Activism: The Complexity Frame for Policy.* Princeton: Princeton University Press.

Coase, R. H. (1937). "The Nature of the Firm," *Economica, 4* (16): 386–405.

Coase, R. H. (1959). "The Federal Communications Commission," *Journal of Law and Economics, 2* (October): 1–40.

Coase, R. H. (1960). "The Problem of Social Cost," *Journal of Law and Economics, 3* (October): 1–44.

Collins, Jim. (2001). *From Good to Great: Why Some Companies Make the Leap... and Others Don't.* NY: Harper Business.

Commons, John. (1936). "Institutional Economics," *American Economic Review, 26* (1): 237–249.

Commons, John. (1967). *A Sociological View of Sovereignty.* New York: Augustus M. Kelley.

Commons, John. (1995). *Legal Foundation of Capitalism.* New Brunswick: Transaction Publishers.

Commons, John. (2009). *Institutional Economics: Its Place in Political Economy.* New Brunswick: Transaction Publishers.

Crosona, Rachel and Simon Gächterb. (2010). "The Science of Experimental Economics," *Journal of Economic Behavior & Organization, 73* (1): 122–131.

Cuito, Anrora and Cristina Montes. (2002). *Antoni Gaudi: Complete Works.* Madrid: H. Kliczkowski-Only Book.

De Krey, Grey. (2007). *Restoration and Revolution in Britain: A Political History of the Era of Charlies II and the Glorious Revolution.* NY: Palgrave Macmillan.

Deng, Julong. (1982). "Control Problems of Grey Systems," *Systems and Control Letters, 5*: 288–94.

Deng, Julong. (1989). "Introduction to Grey System Theory," *The Journal of Grey System, 1*: 1–24.

Diderot, Denis. (2016). "Regrets on Parting with My Old Dressing Gown," translated by Kate Tunstall and Katie Scott. *Oxford Art Journal, 39* (2): 175–184. https: // doi.org/10.1093/oxartj/kcw015

Dietrich, Michael. (1994). *Transaction Cost Economics and Beyond: Towards a New Economics of the Firm*. London: Routledge.

Drucker, Peter. (2017). *The End of Economic Man——The Origins of Totalitarianism*. London and NY: Routledge.

Editorial. (1952). "The Uneasy Triangle," *The Economist*, August 9, 16, & 23.

Epstein, Richard. (1985). *Takings: Private Property and the Power of Eminent Domain*. Cambridge: Harvard University Press.

Erickson, Millard. (1998). *Christian Theology*. Grand Rapids: Baker Books.

Fine, Gail. (2014). *The Possibility of Inquiry: Meno's Paradox from Socrates to Sextus*. Oxford: Oxford University Press.

Fogel, Robert. (1989). *Without Consent or Contact: The Rise and Fall of American Slavery*. NY: W.W. Norton & Company.

Fogel, Robert and Stanley Engerman. (1974). *Time on the Cross—The Economics of American Negro Slavery*. NY: W.W. Norton & Company.

Galbraith, J. K. (1990). *A Short History of Financial Euphoria*. NY: Penguin Books.

Gibbin, John. (2011). *In Search of Schrodinger's Cat: Quantum Physics and Reality*. NY: Random House Publishing Group.

Glaser, Barney G. and Anselm Strauss. (2017). *The Discovery of Grounded Theory: Strategies for Qualitative Research*. NY: Routledge.

Glaeser, Edward, David Laibson, Jose Scheinkman, and Christine Soutter. (2000). "Measuring Trust," *Quarterly Journal of Economics, 115* (3): 811–846.

Gödel, Kurt. (1986). *Collected Works. I: Publications 1929–1936*. Oxford: Oxford University Press.

Granovetter, Mark. (2017). *Society and Economy: Framework and Principles*. Cambridge: The Belknap Press of Harvard University Press.

Griffin, Jennifer and John Mahon. (1997). "The Corporate Social Performance and Corporate Financial Performance Debate: Twenty-five Years of Incomparable Research," *Business and Society, 36* (5): 5–31.

Guiso, Luigi, Paola Sapienza and Luigi Zingales. (2006). "Does Culture Affect Economic Outcomes?" *Journal of Economic Perspectives, 20* (2): 23–48.

Hahn, Frank. (1991). "Next Hundred Years," *Economic Journal, 101* (404): 47–50.

Hamakawa, Yoshihiro. (2000). "New Energy Option for 21st Century: Recent Progress in Solar Photovoltaic Energy Conversion," *Oyobutsuri, 69* (8): 993–998.

Hanson, Norwood. (1958). *Patterns of Discovery*. Cambridge: Cambridge University Press.

Harrison, Lawrence E. (2000). "Why Culture Matters," in Lawrence E. Harrison and Samuel P. Huntington, eds., *Culture Matters: How Values Shape Human Progress*. NY: Basic Books, pp. xvii–xxxiv.

Hayek, Friedrich. (2011). *The Road to Serfdom*. Chicago: The University of Chicago Press.

Heller, Robert. (2001). *Bill Gates*. London: Dorling Kindersley.

Helpman, E. and P. R. Krugman. (1985). *Market Structure and Foreign Trade*. Cambridge: MIT Press.

Hett, Benjamin. (2018). *The Death of Democracy: Hitler's Rise to Power and the Downfall of the Weimar Republic*. NY: Henry Holt and Company.

Hicks, John. (1969). *A History of Economic Theory*. Oxford: Oxford University Press.

Holton, Judith A. and Isabelle Walsh. (2017). *Classic Grounded Theory: Applications with Qualitative & Quantitative Data*. Los Angeles: SAGE.

Hong, Zhaohui. (2015). *The Price of China's Economic Development: Power, Capital, and the Poverty of Rights*. Lexington: The University Press of Kentucky.

Hong, Zhaohui and J. Jin. (2016). "The Digital and Spatial Study of Catholic Market in Urban China," in *Urban Cry: Power vs. People in Chinese Cities*, Xiaobing Li and Xiansheng Tian, eds. New York: Lexington Books. pp. 121–134.

Hong, Zhaohui and J. Jin. (2016). "Spatial Study of Mosques: Xinjiang and Ningxia as Case Studies," *Review of Religion and Chinese Society, 3* (2): 223–260.

Hong, Zhaohui and Y. Sun. (1999). "The Butterfly Effect and the Making of 'Ping-Pong Diplomacy'," *Journal of Contemporary China, 9* (25): 429–448.

Hong, Zhaohui, J. Yan and L. Cao. (2014). "Spatial and Statistical Perspectives on the Protestant Church Shortage in China: Case Studies in Hangzhou, Zhengzhou, Hefei and Fuzhou Cities," *Journal of Third World Studies, 31* (1): 81–99.

Hu, Bingxin. (2004). *Breaking Grounds—The Journal of a Top Chinese Woman Manager in Retail, translated* from the Chinese by Chengchi Wang. Paramus, NJ: Homa & Sekey Books.

Hudson, Michael. (2013). "The Bubble Economy: From Asset-Price Inflation to Debt Deflation," *Counterpunch*, July 5.

Hughes, Jonathan and Louis Cane. (2011). *American Economic History*. NY: Pearson Education, Inc.

Hume, David. (1998). *Dialogues Concerning Natural Religion*. NY: Hackett Publishing Co.

Hume, David. (2003). *A Treatise of Human Nature: Being an Attempt to Introduce the Experimental Method of Reasoning into Moral Subjects*. NY: Cover Publications.

Hurwicz, Leonid. (1973). "The Design of Mechanisms for Resource Allocation," *The American Economic Review: Papers and Proceedings. American Economic Association, 63* (2): 1–30.

Hurwicz, Leonid and Stanley Reiter. (2008). *Designing Economic Mechanisms*. NY: Cambridge University Press.

Isocrates. (1980). *Isocrates with an English Translation in Three Volumes*. Cambridge: Harvard University Press.

Jacobs, Alan Adams. (2000). "Free Will and Predetermination," *Advaita Vision*. http://www.advaita.org.uk/discourses/teachers/freewill_jacobs.htm

Jammer, Max. (2011). *Einstein and Religion: Physics and Theology*. Princeton: Princeton University Press.

Jaspers, Karl. (2010). *The Origin and Goal of History*. NY: Routledge.

Kahnemman, Daniel and Amos Tversky. (1979). "Prospective Theory: An Analysis of Decision under Risk," *Econometrica, 47* (2): 263–292.

Kahneman, Daniel, Jack L. Knetsch and Richard Thaler. (1986). "Fairness and the Assumptions of Economics," *The Journal of Business, 59* (4): 285–300.

Kahneman, Daniel, Jack L. Knetsch and Richard Thaler. (1986). "Fairness as a Constraint on Profit Seeking: Entitlements in the Market," *The American Economic Review, 76* (4): 728–741.

Kahneman, Daniel, Alan B. Krueger, David A. Schkade, Norbert Schwarz, and Arthur A. Stone. (2004). "A Survey Method for Characterizing Daily Life Experience: The Day Reconstruction Method," *Science, 306* (5702): 1776–1780.

Kaldor, Nicholas. (1939). "Welfare Propositions of Economics and Interpersonal Comparisons of Utility," *The Economic Journal, 49* (195) (1939): 549–552.

Kant, Immanuel. (2004). *Critique of Pure Reason*. NY: Barnes & Noble.

Kant, Immanuel. (2015). *The Critique of Practical Reason*. Cambridge: Cambridge University Press.

Keynes, John Maynard. (1936). *The General Theory of Employment, Interest and Money*. London: Macmillan.

Kidd, Celeste, Steven T. Piantadosi and Richard N. Aslin. (2012). "The Goldilocks Effect: Human Infants Allocate Attention to Visual Sequences That Are Neither Too Simple nor Too Complex," *Plos One*, May 23.

Kim, Siew, Jean Lee and Kelvin Yu. (2004). "Corporate Culture and Organizational Performance," *Journal of Managerial Psychology, 19* (4): 340–359.

Kirman, Alan. (1989). "The Intrinsic Limits of Modern Economic Theory: The Emperor has No Clothes," *The Economic Journal, 99* (395): 126–139.

Knight, Frank. (2018). *Risk, Uncertainty, and Profit—Economic Theory of Uncertainty in Business Enterprises, and Its Connection to Profit and Prosperity in Society.* NY: Adansonia Press.

Krakauer, David and Geoffrey West. (2020). "The Damage We're Not Attending to: Scientists who Study Complex Systems Offer Solutions to the Pandemic," *Nautilus,* July 8. http: //nautil.us/issue/87/risk/the-damage-were-not-attending-to

Laffer, Arthur, Stephen Moore and Peter Tanous. (2008). *The End of Prosperity: How Higher Taxes Will Doom the Economy—If We Let It Happen.* NY: Threshold Editions.

Lands, David. (2000). "Culture Makes Almost All the Difference," in *Culture Matters: How Values Shape Human Progress,* Harrison Lawrence and Samuel Huntington, eds. NY: Basic Books. pp. 2–13.

Larrimore, Mark Joseph. (2001). *The Problem of Evil: A Reader.* NY: Blackwell.

Le Bon, Gustave. (1897). *The Crowd: A Study of the Popular Mind.* NY: The Macmillan Company.

Lee, Patrick and Robert P. George. (2008). *Body-Self Dualism in Contemporary Ethics and Politics.* Cambridge: Cambridge University Press.

Lindenfeld, David. (1993). "The Myth of the Older Historical School of Economics," *Central European History, 26* (4): 405–416.

Little, Peter. (2003). *Somalia: Economy without State.* Bloomington: Indiana University Press.

Loemker, Leroy. (1958). "Gottfried Wilhelm Leibniz. Philosophical Papers and Letters," *Philosophical Quarterly, 8* (32): 283–285.

Loshitzky, Yosefa, ed. (1997). *Schindler's Holocaust: Critical Perspective on Schindler's List.* Bloomington: Indiana University Press.

Lutz, Mark. (1999). *Economics for the Common Good: Two Centuries of Social Economic Thought in the Humanistic Tradition.* London and New York: Routledge.

Mabsout, Ramzi. (2015). "Abduction and Economics: The Contributions of Charles Peirce and Herbert Simon," *Journal of Economic Methodology,* (April): 1–26.

Macfie, A. (1971). "The Invisible Hand of Jupiter," *Journal of the History of Ideas, 32* (4): 595–599.

Marshall, Alfred. (2009) [1890]. *Principles of Economics: Unabridged Eighth Edition.* NY: Cosimo, Inc.

Marshall, Alfred. (2013). *Principles of Economics,* 8th ed. London: Palgrave Macmillan and Co.

McCracken, Grant David. (1988). *The Long Interview—Qualitative Research Methods Series 13*. Newbury Park, CA: A Sage University Paper.

Metcalf, Allan A. (2002). *Predicting New Words: The Secrets of Their Success*. Boston: Houghton Mifflin Co.

Middleton, Karen and Meheroo Jussawalla, eds. (1981). *The Economics of Communication: A Selected Bibliography with Abstracts*. NY: Pergamon Press.

Mullainathan, Sendhil and Richard Thaler. (2000). "Behavior Economics," *National Bureau of Economic Research Working Paper Series* 7948. Washington, D.C.: National Bureau of Economic Research.

Nathan, Andrew, Zhaohui Hong & Steven Smith. (1999). *Dilemmas of Reform in Jiang Zemin's China*. Boulder: Lynne Rienner Publishers.

Nell, Guinevere. (2017). *The Driving Force of the Collective: Post-Austrian Theory in Response to Israel Kirzner*. NY: Palgrave Macmillan.

North, Douglass. (1989). "Institutions and Economic Growth: An Historical Introduction," *World Development, 17* (9): 1319–1332.

North, Douglass. (1992). "Institutions and Economic Theory," *The American Economists, 36* (1): 3–6.

North, Douglass. (1994). "Economic Performance Through Time," *American Economic Review, 84* (3): 359–368.

Obstfeld, Maurice, Jay C. Shambaugh and Alan M. Taylor. (2005). "The Trilemma in History: Tradeoffs among Exchange Rates, Monetary Policies, and Capital Mobility," *The Review of Economics and Statistics, 87* (3): 423–438.

Pais, Abraham. (2005). *Subtle is the Lord: The Science and the Life of Albert Einstein*. Oxford: Oxford University Press.

Pareto, Vilfredo. (1935). *The Mind and Society*, Arthur Livingston, ed. NY: Harcourt, Brace & Company.

Pearl, Judea and Dana Mackenzie. (2018). *The Book of Why: The New Science of Cause and Effect*. New York: Basic Books.

Peirce, Charles. *Reasoning and the Logic of Things*. (1992). Cambridge: Harvard University Press.

Phillips, A. W. (1958). "The Relation between Unemployment and the Rate of Change of Money Wage Rates in the United Kingdom, 1861–1957," *Economica, 25* (100): 283–299.

Pigou, A. C. (1929). *The Economics of Welfare*. London: Macmillan and Co.

Piketty, Thomas. (2014). *Capital in the Twenty-First Century*. Cambridge: The Belknap Press of Harvard University Press.

Piketty, Thomas. (2020). *Capital and Ideology*. Cambridge: The Belknap Press of Harvard University Press.

Pinker, Steven. (2002). *The Blank Slate: The Modern Denial of Human Nature*. London: The Penguin.

Plato. (1968). *The Republic of Plato*. Translated with notes and an interpretive essay by Allan Bloom. NY: Basic Book.

Popper, K. R. (1972). *Objective Knowledge: An Evolutionary Approach*. Oxford: Oxford University Press.

Ramstad, Yngve. (1995). "John R. Commons' Puzzling Inconsequentiality as an Economic Theorist," *Journal of Economic Issues, 29* (4): 991–1012.

Raphael, D. D. (2007). *The Impartial Spectator: Adam Smith's Moral Philosophy*. New York: Oxford University Press.

Rawls, John. (1999). *A Theory of Justice* (revised edition). Cambridge: Harvard University Press.

Reischauer, Edwin. (1989). *Japan: The Story of a Nation*. NY: Alfred A. Knopf, Publisher.

Richardo, David. (2001). *On the Principles of Political Economy and Taxation*. Ontario, Kitchener: Batoche Books.

Rima, Samuel. (2016). *Spiritual Capital: A Moral Core for Social and Economic Justice*. London and New York: Routledge.

Robinson, J. (1980). "Time in Economic Theory," *Kyklos, 33* (2): 219–229.

Rodrik, Dani. (2011). *The Globalization Paradox: Democracy and the Future of the World Economy*. NY: W.W. Norton & Company.

Romer, Paul. (2015). "Mathiness in the Theory of Economic Growth," *American Economic Review, 105* (5): 89–93.

The Royal Swedish Academy of Sciences. (2019). "Press Release: The Prize in Economic Sciences 2019," October 14. https: //www.nobelprize.org/prizes/economic-sciences/2019/press-release/

Rutherford, Malcolm. (1995). "The Old and the New Institutionalism: Can Bridges Be Built?" *Journal of Economic Issues, 29* (2): 443–451.

Rutherford, Malcolm. (2009). "Introduction to the Transaction Edition," in *Institutional Economics: Its Place in Political Economy*, John Commons. New Brunswick: Transaction Publishers. pp. i–xxii.

Samuelson, Paul. (1983). *Foundations of Economic Analysis*. Cambridge: Harvard University Press.

Samuelson, Paul. (2009). *Economics: An Introductory Analysis*, 19th ed. NY: McGraw-Hill Book Co.

Sathe, Vijay. (1983). "Implications of Corporate Culture: A Manager's Guide to Action," *Organizational Dynamics, 12* (2): 5–23.

Schein, Edgar and Peter Schein. (2018). *Humble Leadership—The Power of Relationships, Openness, and Trust.* Oakland: Berrett-Koehler Publishers, Inc.

Schelling, Thomas. (1960). *The Strategy of Conflict.* Cambridge: Harvard University Press.

Schneberger, Scott, Hugh Watson and Carol Pollard. (2007). "The Efficacy of 'Little t' Theories," *IEEE Proceedings of the 40th Hawaii International Conference on System Sciences*, 1–10.

Schor, Juliet. (1999). *The Overspent American: Why We Want What We Don't Need.* NY: Harper Perennial.

Schumpeter, Joseph. (1961). *The Theory of Economic Development.* London: Oxford University Press.

Schumpeter, Joseph. (2000). *The Concise Encyclopedia of Economics*, Library of Economics and Liberty. https: //www.econlib.org/library/Enc/bios/Schumpeter.html

Schumpeter, Joseph. (2006). *Capitalism, Socialism and Democracy.* NY: Routledge.

Sedláček, Tomáš. (2011). *Economics of Good and Evil: The Quest for Economic Meaning from Gilgamesh to Wall Street.* Oxford: Oxford University Press.

Sen, Amartya. (1970). "The Impossibility of a Paretian Liberal," *The Journal of Political Economy, 78* (1): 152–157.

Sharp, L. and J. Frechtling. (1997). "Overview of the Design Process for Mixed Method Evaluation," in *User-Friendly Handbook for Mixed Method Evaluations,* L. Sharp & J. Frechtling, eds. http: //www.nsf.gov/pubs/1997/nsf97153/start.htm.

Simon, Herbert. (1955). "A Behavioral Model of Rational Choice," *The Quarterly Journal of Economics, 69* (1): 99–118.

Simon, Herbert. (1972). "Theories of Bounded Rationality," in *Decision and Organization*: *A Volume in Honor of Jacob Marschak*, C. B. McGuire and Roy Radner, eds. Amsterdam: North-Holland Publishing Company. pp. 161–176.

Simon, Herbert. (1977). *Models of Discovery.* Dordrecht: Reidel.

Simon, Herbert. (1991). "Rationality and Organizational Learning," *Organization Science, 2* (1): 125–145.

Simon, Herbert. (1997). *Models of Bounded Rationality: Empirically Grounded Economic Reason.* Cambridge: The MIT Press.

Simon, Herbert. (2000). "Bounded Rationality in Social Science: Today and Tomorrow," *Mind & Society, 1* (1): 25–39.

Single, Tania and Matthieu Ricard, eds. (2015). *Caring Economics: Conversations on Altruism and Compassion, between Scientists, Economists, and the Dalai Lama.* NY: Picador.

Skrabec, Quentin. (2014). *The 100 Most Important American Financial Crises: An Encyclopedia of the Lowest Points in American Economic History.* NY: Greenwood.

Smith, Adam. (1980). *The Glasgow Edition of the Works and Correspondence of Adam Smith.* Oxford: Oxford University Press.

Smith, Adam. (1982). *The Theory of Moral Sentiments.* Indianapolis: Liberty Fund, Inc.

Smith, Adam. (2014). *The Wealth of Nations.* NY: Shine Classics.

Snowball, Jeanette. (2008). *Measuring the Value of Culture.* NY: Springer.

Sober, Elliott. (2013). *Core Questions in Philosophy: A Text with Readings.* Boston: Pearson Education.

Sombart, Werner. (1975). *War and Capitalism.* New Hampshire: Ayer Company.

Sternberg, Robert. (1985). *Beyond IQ: A Triarchic Theory of Human Intelligence.* NY: Cambridge University Press.

Sternberg, Robert, ed. (2000). *Handbook of Intelligence.* Cambridge: Cambridge University Press.

Sternberg, Robert and Karin Sternberg, eds. (2018). *The New Psychology of Love.* Cambridge: Cambridge University Press.

Stigler, George and Gary Becker. (1977). "De Gustibus Non Est Disputandum," *American Economic Review, 67* (2): 76–90.

Swenson, Peter A. (1989). *Fair Shares: Unions, Pay, and Politics in Sweden and West Germany.* NY: Cornell University Press.

Tabb, W. (1999). *Reconstructing Political Economy.* NY: Routledge.

Thaler, Richard. (1985). "Mental Accounting and Consumer Choice," *Marketing Science, 4* (3): 199–214.

Thaler, Richard. (2016). *Misbehaving: The Making of Behavioral Economics.* NY: W.W. Norton & Company.

Thaler, Richard and Cass R. Sunstein. (2009). *Nudge: Improving Decisions about Health, Wealth, and Happiness.* NY: Penguin Books.

Tideman, Nicolaus. (2006). *Collective Decision and Voting: The Potential for Public Choice.* Burlington: Ashgate Publishing Company.

Towse, Ruth. (2019). *A Textbooks of Cultural Economics.* Cambridge: Cambridge University Press.

Trimble, V. (1987). "Existence and Nature of Dark Matter in the Universe," *Annual Review of Astronomy and Astrophysics, 25* (1): 425–472.

United Nations, Department of Economics and Social Affairs, Population Division. (2019). *World Urbanization Prospects: The 2018 Revision.* NY: United Nations.

Ura, Karma, Sabina Alkire, Tshoki Zangmo and Karma Wangdi. (2012). *A Short Guide to Gross National Happiness Index*. Thimphu, Bhutan: The Centre for Bhutan Studies.

Veblen, Thorstein. (1898). "Why is Economics not an Evolutionary Science?" *The Quarterly Journal of Economics, 12* (4): 373–397.

Veblen, Thorstein. (1899). *The Theory of the Leisure Class——An Economic Study of Institutions*. NY: Macmillan.

Walras, Léon. (2014). *Elements of Theoretical Economics: The Theory of Social Wealth*. Cambridge: Cambridge University Press.

Wanniski, Jude. (1978). "Taxes, Revenue, & the 'Laffer Curve'," *The Republic Interests, 50*: 1–12.

Weber, Max. (2007). *General Economic History*. NY: Cosimo, Inc.

Witt, Ulrich. (1993). *Evolutionary Economics*. UK: Edward Elgar Publishing, Inc.

Witt, Ulrich. (2008). "What is Specific about Evolutionary Economics?" *Journal of Evolutionary Economics, 18* (5): 547–575.

Wolensko, Jan. (1994). "Jan Lukasiewiez on the Liar Paradox, Logical Consequence, Truth, and Induction," *Modern Logic, 4* (4): 392–400.

Xenophon. (1995). *Oeconomicus*. Oxford: Oxford University Press.

Zadeh, L.A. (1965). "Fuzzy Sets," *Information and Control, 8* (3): 338–353.

Zak, Paul, ed. (2008). *Moral Markets: The Critical Role of Values in the Economy*. Princeton, Princeton University Press.

Zak, Paul. (2008). "The Neurobiology of Trust," *Scientific American, 298* (6): 88–92.

Zak, Paul. (2011). "The Physiology of Moral Sentiments," *Journal of Economic Behavior & Organization, 77* (1): 53–65.

Zak, Paul and S. Knack. (2001). "Trust and Growth," *The Economic Journal, 111* (470): 295–321.

Zak, Paul, Karla Borja, William Matzner, and Robert Kurzban. (2005). "The Neuroeconomics of Distrust: Sex Differences in Behavior and Physiology," *American Economic Review Papers and Proceedings, 95* (2): 360–363.

索引